傅斯年文选

傅斯年　著

泰山出版社·济南·

图书在版编目（CIP）数据

傅斯年文选 / 傅斯年著. -- 济南：泰山出版社，
2025.6. --（中国近现代思想文库）. -- ISBN 978-7
-5519-0928-0

Ⅰ.C52

中国国家版本馆CIP数据核字第2025R8V433号

FUSINIAN WENXUAN

傅斯年文选

责任编辑　王艳艳
装帧设计　路渊源

出版发行　泰山出版社
　　　　　社　　址　济南市泺源大街2号　邮编　250014
　　　　　电　　话　综 合 部（0531）82023579　82022566
　　　　　　　　　　出版业务部（0531）82025510　82020455
　　　　　网　　址　www.tscbs.com
　　　　　电子信箱　tscbs@sohu.com
印　　刷　山东通达印刷有限公司
成品尺寸　165 mm×240 mm　16开
印　　张　18
字　　数　280千字
版　　次　2025年6月第1版
印　　次　2025年6月第1次印刷
标准书号　ISBN 978-7-5519-0928-0
定　　价　49.00元

凡　例

一、本书收录了作者的经典文章或片段节选，主要展现了作者的学术造诣、思想追求和情感操守，以及当时的时代风貌等。

二、将所选文章改为简体横排，以符合现代阅读习惯。原文存在标点不明、段落不分、标题缺失等不便于阅读之处，编者酌情予以调整。

三、所选文章尽量依照原作，保持原作风格及其时代韵味，同时根据需要，对原文进行了适当的删减和订正。

四、对有些当时惯用的文字，如"的""地""得""作""做""哪""那""化钱""记帐"等，仍多遵照旧用。

目　录

东北史纲 / 001

　告　白 / 001

　卷首　引语 / 002

　论本书用"东北"一名词不用"满洲"一名词之义 / 004

　第一卷　古代之东北（自最初期至隋前）/ 008

　　第一章　渤海岸及其联属内地上文化之黎明 / 008

　　第二章　燕秦汉与东北 / 027

　　第三章　两汉魏晋之东北郡县 / 036

　　第四章　两汉魏晋之东北属部 / 095

　　第五章　汉晋间东北之大事 / 137

中国古代文学史讲义 / 148

　叙　语 / 148

　泛　论 / 152

　史料论略 / 182

　论伏生所传书二十八篇之成分 / 192

　诗部类说 / 208

　最早的传疑文人——屈原、宋玉、景差 / 225

　楚辞余音 / 227

贾　谊 / 233

儒　林 / 239

五言诗之起源 / 271

附　录 / 279

东北史纲

告 白

一、本书共分五卷，外附彩色地图若干幅。兹因便于读者起见，每卷分别出版，待五卷出完，地图印就后，即不分售。

二、本书五卷之标目如次：（一）古代之东北（傅斯年）；（二）隋至元末之东北（方壮猷）；（三）明清之东北（徐中舒）；（四）清代东北之官制及移民（萧一山）；（五）东北之外交（蒋廷黻）。

三、本书目录、例言、序等，均待第五卷出版时附入。

四、本书文稿及图稿均已写定，预计二十一年年尾出齐，惟印刷事件，非吾等所能管理，如小有延期，读者谅之！

卷首 引语

　　中国之有东北问题数十年矣。欧战以前，日俄角逐，而我为鱼肉。俄国革命以后，在北京成立《中俄协定》，俄事变一面目，而日人之侵暴愈张。所谓"大陆政策"、"满蒙生命线"者，皆向我施其露骨的进攻之口号，而国人之酣梦如故也。民国二十年九月十八日，遂有沈阳之变。吾国愈求诉之于公道及世界公论，暴邻之凶焰愈无忌，战嫩江，取锦州，李义山诗所谓"太息先朝玄菟郡，积骸伏莽阵云深"之景象，扩充至数万方里之国土。今东寇更肆虐于上海，国民革命军第十九路军奋起御敌，世界观瞻为之一变。国人不尽无耻之人，中国即非必亡之国！然而前途之斗争无限，知识之需要实殷，持东北事以问国人，每多不知其蕴，岂仅斯文之寡陋，亦大有系于国事者焉。吾等明知东北史事所关系于现局者远不逮经济政治之什一，然吾等皆仅有兴会于史学之人，亦但求尽其所能而已。己所不能，人其舍诸？此吾等写此编之第一动机也。

　　日本人近以"满蒙在历史上非中国领土"一种妄说鼓吹当世。此等"指鹿为马"之言，本不值一辨，然日人竟以此为其向东北侵略之一理由，则亦不得不辨。退一步言之，东三省是否中国，本不以历史为其根据。所谓某地是否为某国者，原有两种条件：其一，依国法及国际公法之意义所规定，或以承袭，或以割让，通之于本国之法令，见之于国际之约章。依此意义，东北之为中国，在一切法律的意义及事实上，与河北或广东之为中国领土无殊也。即日人与俄人订其《波次茅斯条约》，涉及中国者，亦须明定其必得中国许可然后有效也。其二，依民族自决之义，必其地之人民多数不与其所属之国同族，然后始可成为抗争之论。今吾国人在东北三省者三千万，日本人不满二十万，其中大多数在租借地及南满铁道区，其在中国统治之若干万方里中仅数千人！如许东北人民自决者，当直将作祸之日本人逐出境外而已。有此二事，东北之为中国，其意义正如日月经天者尔！历史之谈，本不相干。然而即就历史以论，渤海三面皆是中土文化发祥地，辽东一带，永为中国之郡县，白山黑水久为中国之藩封，永乐奠定东北，直括今俄领东海滨阿穆尔省，满洲本大明之臣仆，原在职贡之域，亦即属国之人。就此二三千年之历史看，东北之为中国，与江苏或福建之为中国又无二致也。今不得已辨此本用不着辨者，此吾等写此编之第二动机也。

  本编所用材料，在前代者以正史及通鉴为宗，近年吾国学人所考辑者，亦颇引用。关于明清两代者，新发见之材料颇多，持以实证，当感兴会。日本学人近于东北史地之致力颇有功绩，今亦引其吾人得见而可信者，借以循是非不以国界为限之义，且以见日本治历史者，如公实立言，亦只能将东北史作为中国学之一部研究之，亦不能不承认东北史事为中国史事之一部，其地或为中国郡县，或为中国藩封，且东北在历史上永远与日本找不出关系也。史学家如不能名白以黑，指鹿为马，则亦不能谓东北在历史上不是中国矣！

论本书用"东北"一名词不用"满洲"一名词之义

日本及西洋人之图籍中，称东三省曰"满洲"，此一错误，至为浅显，而致此错误之用心则至深。满洲一词，本非地名，《满洲源流考》辩之已详。又非政治区域名，从来未有以满洲名政治区域者。此一地段，清初为奉天宁古塔两将军辖境，而奉天府尹辖州县民政，与山海关内之府厅州县制无别。康熙以来曰盛京省，清末曰东三省，分设督抚。有清二百余年中，官书私记均未尝以满洲名此区域也。此名词之通行，本凭借侵略中国以造"势力范围"之风气而起，其"南满"、"北满"、"东蒙"等名词，尤为专图侵略或瓜分中国而造之名词，毫无民族的、地理的、政治的、经济的根据。自清末来，中国人习而不察，亦有用于汉文中者，不特可笑，抑且可恨，本编用"中国东北"一名词以括此三省之区域，简称之曰"东北"，从其实也。

然满洲一词之原委不可不辩。关于此事，清代之官样文章《满洲源流考》云：

天男乘舠顺流下，至河，步登岸。……众曰："此天生圣人也，不可使之徒行。"遂交手为舁，迎至家。三姓者议推为主，遂妻以女，奉为贝勒，居长白山东鄂多理城，建号满洲。是为国家开基之始。以国书考之，满洲本作满珠，二字皆平读。我朝光启东土，每岁西藏献丹书，皆称"曼珠师利大皇帝"。翻译名义曰："曼珠，华言妙吉祥也。"又作曼殊室利，《大教王经》云："释迦牟尼师毗卢遮那如来，而大圣曼珠室利为毗卢遮那本师。"殊珠音同，室师一音也。当时鸿号肇称，实本诸此。今汉字作满洲，盖因洲字义近地名，假借用之，遂相沿耳。实则部族而非地名，固章章可考也。

然此书前面所载之乾隆四十二年八月十九日上谕则又曰：

史又称金之先出靺鞨部，古肃慎地。我朝肇兴时，旧称满珠所属曰珠申，后改称满珠，而汉字相沿，讹为满洲，其实即古肃慎，为珠申之转音，更足征疆域之相同矣。

按，满洲固非地名，然其来源殊自地名之建州出。去年北平故宫博物院发现之《清太祖武皇帝实录》（按《清太祖实录》今已发见者有三本。最早者为此一本，其为最早可以其称武皇帝证之，康熙初年以后已禁此称。此本绝少汉文修饰，称明曰"大国"，自居曰"夷君"，可见其未经改造。次为沈阳故宫所藏《满洲实录》本，此本已有修饰，然尚不多。次为中央研究院历史语言研究所所藏之稿本，涂改数遍，每改则修饰愈多。最后之本为故宫藏第二本，今已印行者，此本已全非本来面目矣）。有下列之记载：

"三姓人息争，共奉布库里英雄为主，以百里女妻之。其国定号满洲，乃其始祖也。"（南朝误名建州。）按，此书成于清初，彼时满洲人尚不深自讳饰其来源，康熙南巡谒孝陵时，乃九叩首也。康熙末年始有"得国至正"之辩，雍正始著《大义觉迷录》，乾隆始窜改国史，广作焚书，抹杀明代，藻饰其祖，而《满洲源流考》正成于乾隆四十二年，较之清初本之《太祖武皇帝实录》，盖后一百余年，其时因汉化后自惭而改其祖迹之事，已极不可究诘矣。满洲为清代祖号一说之不可信者，有数事可证。一、天命天聪时皆称金国汗，其远祖至多亦是为明人"忠顺看边"（见《清太宗伐明告示》，载北京大学《国学季刊》一卷二号）者耳，焉得为人称曰大皇帝？如谓斯号为天聪时所造，犹可说，归之始祖，徒见其虚诞。二、《源流考》卷一所说与书首上谕所说全异，一谓肃慎之音译，一谓番僧之赠号，然乾隆所作《全韵诗词》注则又曰："我国家肇基于东，故西藏每岁献丹书皆称曼珠师利大皇帝，至今汉字作满洲者，盖因洲字义近地名，假借用之，遂相沿从俗。"同在一书而有二说，同在一人而有二说，足明此号之源，清盛时本无定论。

最初本《太祖实录》以满洲建州为一名，而以建州为汉语之误，此大可注意者。考建州一词之成立，最后亦当在唐渤海国时。《唐书·渤海传》记其府州之名数，于率宾府下有建州，《满洲源流考》于此名下注云：

《元一统志》金上京之南曰建州。

《明实录》永乐二年置建州卫（按我朝肇兴之地，即渤海建州之故壤也。辽金元皆有建州，并在今喀喇沁及土默特境，为辽时所移，非渤海之旧）。唐晏《渤海国志》于建州下云：

按，《元代一统志》，"混同江俗呼松阿里江，源出长白，北流经旧建州西五十里"，以此考之，则建州之地应在吉林东南额多力城之西，本国朝发祥之地。考《宁古塔纪略》云："宁古塔城东有觉罗村，传为我朝发祥之地。"而《柳边纪略》则作觉罗城。《大清一统志》云："鄂多理城在兴京东一千五百里，本朝最初建都于此。"《盛京通志》引《元史·塔出传》："乃颜叛塔出，弃妻子，与麾下十二骑直抵建州，距咸平千五百里。"咸平，今开原县境，以地考之，则额多力城去开原固有千里余，正可与《元一统志》互证建州所在。则前人谓明建州卫即渤海建州信矣。

据此，渤海之建州为一地名，历辽金元而未改，明永乐之设建州卫，实沿千年之习俗，并非创制（按明代东北诸卫所创之名皆译音，其有此等雅称者，皆文化旧壤）。建州之称既远在先代，满洲之称尚不闻于努尔哈齐时，两字若为一词，只能满洲为建州之讹音，决不能建州为满洲之误字。

依上所分解，有五事可得指实者：一、建州之称，至明中季至少已数百年，约定俗成，官民共喻。二、满洲一词，清初未经掩饰之记载谓即建州，所谓"伪作"者，正指其本为一词耳。三、清代远祖居微小之部落，为明"忠顺看边"（见《清太宗伐明告示》），断无被西番称为"曼珠师利大皇帝"之事。且清初名金国，不称满洲，已由学者论定。四、满洲一词之来源，乾隆自己有两意见，全不相干。五、此词在满语中却作曼珠。将此五事并合，只能有一解释，即努尔哈齐所凭以创业之诸部，名建州者久矣，彼虽立金国之号，部落旧称之习俗不改，且汉化愈深愈知金号之并非特别体面，于是借番蒙语中（蒙古经典名词多出自番）曼殊之词，以讹汉语中建州之字，曼珠一词之施用，自当亦东部蒙古喇嘛教之者。盖喇嘛自元季以来，几成北部部族之国教，清族初年文化，非汉即蒙，而其文书乃蒙古也。然其造此满洲一词之用心，固昭然为迁就建州一词，盖建州一词，彼之先祖久已承认，入于神话故事，势不能改，只好讹之。然则满洲一词，谓为建州一词之亥豕鲁鱼可也（按满建二词，虽四声不同，然在今北方土音中是叠韵。故以满洲讹建州，其事甚便）。

建州改号之经过，及满洲一词之制度的意义，本书第三卷中另有专篇论之。

第一卷　古代之东北（自最初期至隋前）

第一章　渤海岸及其联属内地上文化之黎明

第一节　东北与中国北部在远古为同种

环渤海黄海岸，有济水、黄河、滦河、辽河、鸭绿江（古名马訾水）、大同江（古名水）之冲积地。此一区域，在汉唐明清之盛，属于同一之最高政治组织，当南北朝五季之衰，犹不失文化之一统。过此以北，至于松花江、乌苏里江、嫩江、黑龙江流域，虽在永乐以前中国之统治系统不过藩封（金元除外），然其民族固皆是所谓"东夷"，通古斯族其一，城郭礼俗，最近中土，南向望化，封贡不绝。且所谓通古斯族者，或谓其正是黄河流域乃至长江下流民族构成之一基本元素，今试看所谓满洲人者，人体组织有与黄河乃至长江流域人民巨大之不同乎？人量学之记载，关于此数地者，今尚未有充实之材料可作大规模之比较，以为深入之结论。然表面看去，关内人与关外人（无论有汉姓或无汉姓），除关外人因幼时仰卧而后脑骨稍平外，实无他异也。

近年在远东之考古学颇发达。以安特生、步达生诸君之贡献，吾等今已确知虽在混用新石器时代，东北区域在人种及文化上已与北中国为一体。民国十年，安特生先生在奉天（今辽宁）沙锅屯发掘一穴居留遗，其研究报告见于地质调查所出版之《古生物志》丁种第一号第一册。依此报告，此遗迹中所藏乃混用新石器时代之文化的遗物，而与安君在河南渑池县仰韶村所发见者异常的合同。其结论云，彼在仰韶所发见之贝环，在此奉天穴居中"惊人的常遇到"，且在此奉天穴居之下层中并发见带彩陶器残片，此种陶器"正是在河南遗址所发见用具系统中最可注意的一事也"（本书第四十二叶）。凭此两点之重要，安君作结论云："此一奉天穴居之留遗，与彼一河南遗址，不特时代上大致同期，且正属于同一的民族与文化的部类，即吾所谓仰韶文化者也。"

此两地所出之人骨遗留曾由步达生先生研究之，彼之结论亦谓此两地之混用新石器时代文化居住者大体上是一事。彼云："经比较之后，知沙锅屯居民与仰韶居民并与今日北部中国人为一类。"（见《古生物志》丁种第一号第三册。）

按，安君为系统的研究中国带彩陶器之人，其发见已为世界古代文化史辟一新章，步君为动荡一时学界之"北京原人"之寻求及研究者。以两君学术上之威权论，其结论自有重大的价值。凭此科学的根据，谓史前时代东北在文化及民族上即为中国之一部，可以不谬也（此意据李济先生，应声明）。

在东北考古得如此结论者，不特两君为然，日本学人之凭证据者，亦未能立异说也。日本东京帝国大学滨田耕作教授于1928年发掘旅顺之貔子窝，其工作之细密，印刷之精工，颇堪叹服。所附人骨研究，为京都帝国大学医学部清野谦次教授等所作，其结论云：

> 总结说来，貔子窝人在许多点上与近代中国人及朝鲜人较远，而与石器时代之仰韶村人及沙锅屯人为近。如想到貔子窝人与近代人种的体躯的关系，吾人可说，在甚多骨骼的形质上，貔子窝人对近代人种中，独与中国人为最近。然则此石器时代之貔子窝人，谓为与近代中国人之祖先为一事，实最可通之说也。

滨田君虽未说得如此决断，然亦是同意于此者，其言曰：

历史指示吾人，当年此一中国地段大有为通古斯民族之名肃慎后号挹娄或勿吉者居住之可能。鸟居博士数年前曾谓在南满洲之新石器遗址为通古斯人，《晋书》所谓肃慎者所留，此类人在汉武东征前即住此地，至于砖墓贝墓则应归之于武帝后之汉人耳。此虽可聊备一说，然而谁知其曾于周汉时代占南满洲耶？又谁能否认纪元前一世纪武帝时以前汉民族之伸张一次再次不止耶？吾人诚不能免于置信者，即武帝时之汉人东渐，不过是前此中国人伸张之重现，而武帝之成功，正以其本地原有相当的民族的根据耳。此区中鬲式甗式陶器之常见，应归之于汉代，前中国人之伸张，而不应以为仅是文化之浮面的带入。纵使貔子窝附近区域曾受通古斯民族相当之影响，吾敢谓此地大体上仍多是中国式，文化上、人种上皆然也。此一说实根据在此所得骨骼的及文化的材料之最自然的结论。即置此人种的问题而不论，此地所出带有中国形质之陶器与石器及中国自出之泉币与铜器，其众多已足指示其不能仅为一种表面的移植，而必是深密结构于人民生活中者，只是带彩陶器之来源尚待后来研究，以断其究为本地所生抑是自外引入耳。

至于以通古斯人为自中国北部向东北移徙之民族，因而中国人与之有一共同之基本之一说，如史禄国诸君所谈者，事关推测，不遑悉录。

第二节　肃慎——挹娄——女真

中国史之起点，据传说在五千年以前，然舍神话及传说而但论可征之信史，实始于殷商之代，唐虞夏后，文献不足征也。所谓肃慎朝鲜者，地当东北，而时代则并起于殷周之世。兹撮录中国最古记载此两地者。

《左传·昭公九年》：昔武王克殷……肃慎燕亳，吾北土也。

《国语·鲁语下》：仲尼在陈，有隼集于陈侯之庭而死。楛矢贯之，石砮，其长尺有咫。陈惠公使人以隼如仲尼之馆问之。仲尼曰："隼之来也远矣，此肃慎氏之矢也。昔武王克商，通道于九夷、百蛮，使各以其方贿来贡，使无忘职业，于是肃慎氏贡楛矢、石砮，其长尺有咫。先王欲昭其令德之致远也，以示后人，使永监焉，故铭其楛曰'肃慎氏之贡矢'，以分大姬，配虞胡公，而封诸陈。古者分同姓以珍玉，展亲也，分异姓以远方之职贡，使无忘服也，故分陈以肃慎氏之贡。君若使有司求诸故府，其可得也。"使求得之金椟，如之。

《周书·王会解》：西面者正，北方稷慎大麈（孔广森曰，稷慎，肃慎也）。

《书序》：成王既伐东夷，息慎来贺。王赐荣伯，作贿息慎之命（文从《史记·周本纪》）。

以上肃慎。

《尚书·大传》：武王胜殷，继公子禄父，释箕子之囚。箕子不忍，周释走之朝鲜。武王闻之，自以朝鲜封之。箕子既受周之封，不得无臣礼，故于十二祀来朝（引见《太平御览》第七百八十）。

《史记·宋世家》：于是武王乃封箕子于朝鲜而不臣也。

《汉书·地理志》：殷道衰，箕子去之朝鲜，教其民以礼义田蚕织作。

以上朝鲜（又肃慎朝鲜皆见《山海经》及西汉各书，不悉录）。

夫朝鲜为殷商之后世，肃慎为诸夏之与国，东北历史与黄河流域之历史，盖并起而为一事矣。中国对四裔部落每多贱词，独于东夷称之曰仁，戎狄豺狼之秽词，莫之加也。举例如下：

《论语》：子欲居九夷，或曰："陋，如之何？"子曰："君子居之，何陋之有？"

《说文》：儿，仁人也。古文奇字人也（按儿当为夷之奇字）。

《后汉书·东夷传》《王制》云："东方曰夷。"夷者，柢也，言仁而好生，万物柢地而出，故天性柔顺，易目道御，至有君子不死之国焉。夷有九种，曰畎夷、于夷、方夷、黄夷、白夷、赤夷、玄夷、风夷、阳夷，故孔子欲居九夷也。昔尧命羲仲宅嵎夷，曰旸谷，盖日之所出也。夏后氏太康失德，夷人始畔。自少康已后，世服王化，遂宾于王门，献其乐舞。桀为暴虐，诸夷内侵。殷汤革命，伐而定之。至于仲丁，蓝夷作寇。自是或服或畔，三百余年。武乙衰敝，东夷寖盛，遂分迁淮岱，渐居中土。及武王灭纣，肃慎来献石砮楛矢。管、蔡畔周，乃招诱夷狄，周公征之，遂定东夷。康王之时，肃慎复至。后徐夷僭号，乃率九夷以伐宗周，西至河上，穆王畏其方炽，乃分东方诸侯，命徐偃王主之。偃王处潢池东地方五百里，行仁义，陆地而朝者三十有六国。穆王后得骥之乘，乃使造父御以告楚，令伐徐，一日而至。于是楚文王大举兵而灭之。偃王仁而无权，不忍斗其人，故致于败。

乃北走彭城武原县东山下，百姓随之者以万数，因名其山为徐山。厉王无道，淮夷入寇，王命虢仲征之，不克，宣王复命召公伐而平之。及幽王淫乱，四夷交侵。至齐桓修霸，攘而却焉。及楚灵会申，亦来豫盟。后越迁琅邪，与共征战，遂陵暴诸夏，侵灭小邦。

秦并六国，其淮泗夷皆散为民户。陈涉起兵，天下崩溃，燕人卫满避地朝鲜，因王其国，百有余岁，武帝灭之，于是东夷始通上京。王莽篡位，貊人寇边。建武之初，复来朝贡。时辽东太守祭肜威慑北方，声行海表，于是濊貊倭韩万里朝献，故章和已后使聘流通。逮永初多难，始入寇抄，桓、灵失政，渐滋曼焉。自中兴之后，四夷来宾，虽时有乖畔，而使驿不绝，故国俗风土可得略记。东夷率皆土著，喜饮酒歌舞，或冠弁衣锦，器用俎豆，所谓中国失礼求之四夷者也（按所谓土著者，应指久居其地附土为生而言，以对迁徙无定之游牧人）。

《魏志·东夷传》：挹娄……古之肃慎氏之国也。

按范氏所举之夷，包括实广，如所说，则河淮下游在大一统前之古代与东北有民族之共同性，此待后论。《左传》、《国语》所谓肃慎，其地名不可指实，证以"肃慎燕亳，吾东土也"一语，必去燕不远，当在今辽河流域，或内及滦河，外及鸭绿，正是战国时燕之东土。《后汉书》以挹娄当之，然挹娄"在夫余东北千余里，东滨大海，南与北沃沮接，不知其北所极"，在地理上殊不合。范氏所谓"挹娄古肃慎之国也"，亦自有所本。《大荒北经》郭注云："肃慎国……《后汉书》所谓挹娄者也。"郝懿《行笈疏》云："今之《后汉书》，非郭所见，而此注引《后汉书》者，《吴志·妃嫔传》云：'谢承撰《后汉书》百余卷。'"然则挹娄即肃慎一说至后亦见于魏初之史籍，更前于陈寿说矣。肃慎在

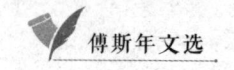

古为名部，彤弓弧矢，所以成嘉命者，而秦汉时反不闻，《后汉书》及《晋书》转记之。然魏晋时固有以肃慎名国者，则无可疑。《魏志》：明帝青龙四年，"五月丁巳，肃慎献楛矢"。《晋书》更言之凿凿，不曰"挹娄古肃慎之国也"，而径曰"肃慎氏一名挹娄"，且记其事云，"及文帝作相，魏景之末，来贡楛矢、石砮、弓甲、貂皮之属……至武帝元康初，复来贡献。元帝中兴，又诣江左，贡其石砮。至成帝时，通贡于石季龙，四年方达"。如此，则魏晋时有以肃慎名国者，即挹娄，非谢氏陈氏范氏稽古而加挹娄以肃慎之名也。吴士鉴《晋书》斠注云："据高丽《好太王碑》，言其践阼之八年戊戌，偏师出肃慎，掠得其城地人民，云云。戊戌为东晋安帝隆安二年，是晋之末造肃慎国尚安然无恙，迨后高丽益强，肃慎挹娄始俱为所并。观隋炀帝征高丽，分二十四军，其右翼有肃慎道，知其时地入高丽已久，但不悉亡于何年。"（按，《好太王碑》原文云：一、八年戊戌，教遣偏师，观慎土谷，因便抄得莫新罗城加太罗谷男女三百余人。）又《满洲源流考》言"挹娄疆域与肃慎正同"，其说不误。又谓肃慎、挹娄、珠申、女真为一音之转，亦确。然则肃慎部落，虽汉字之名谓屡易，而东陲之习称不改。周初肃慎西界，必达于辽河山海关间，或更及于关内，其因东向之殖民，燕秦之拓土，而肃慎部落失其西疆耶？然其在东北山泽林木中者，广阔数千里，虽部落历有起伏，而民称迄无改变。今吾人知女真之语言，即可藉以推知肃慎之族类矣。

且女真者，东北众多民族中之一支而已。此族自靺鞨时始大，前此在东北之重要民族乃是濊貊（参看本书第一卷第四章），而非女真。濊貊与汉族之关系尤切。濊貊虽自高丽灭后失政治之独立（在朝鲜半岛者除外），其遗民固为东北新族之大成分，新族之文化易于进展者亦以此也（此亦详后）。且即就女真言之，女真所出之挹娄人与最近中国之濊貊族夫余人异语异文而同人形（见《后汉书》），明其种族之大同，或混合之深切。女真语固与汉语不同族，然语言是语言，种族是种族。黄河流域史前世人与东北史前世人既为一类，而为今北部中国人之祖，已如上节所说，今更可以习俗证历代东夷部落与中国为近。诸史《东夷传》所载之习俗，如居栅寨而不游牧，饲豕箕坐，妇贞，三年丧（三年丧见《唐书·室韦传》等），以弓矢为最要战具，巫俗等皆与中国人生活有基本的共同。汉语在黄河流域何时演成，今尚不能推定，然大致当在夏商时，在此语演成之先，当有一共同之民族或种族，为黄河下半淮水、济水、辽水、浿水各流域或更至松花江、乌苏里江、嫩江流域之后代居民，安置一个基础的元素。故考人类者，见东北与关内人种之共同，治比较民俗学者，见其下层文化之相关，虽后来因黄河流域文明迈进之故，在东北者一时追不上，若文质异途者，究不过上层差别，故易于因政治之力量而混同也。大凡民族或部落相处，虽斗争愈近愈大，然同情心则不然，民族愈相近者，同情必愈多，愈远者反感必愈多。中国人对漠南游牧族自始少同情，而戎狄胡虏皆成丑字丑词，独于东夷，名之曰仁人，称之曰君子，班、陈、谢、范异口同词。如非同类，决无是言。是则中国人自觉与东夷为一类，历殷周秦汉而然，逮乌桓鲜卑化于匈奴，中国始变其态度焉。

成王时邻于燕亳之肃慎必较挹娄之疆域为近于中国，当是黄河流域文明迈进而东向发展之后，肃慎部落之西部落入新文化中，或其语言亦随之而变，远居山林者，仍旧贯耳。

第三节　朱蒙天女玄鸟诸神话

神话之比较研究，乃近代治民族分合问题者一大利器。例如犹太民族，方言尚有差异，其齐一处反在其创世神话。又如希腊罗马同为印度欧罗巴民族西南支派，其关系之密切可以其全神系统证之。中国东北历代各部落之"人降论"，见于《朱蒙天女》等传说者，分析之虽成数种传说，比较之却是一个神话。兹录此神话之重

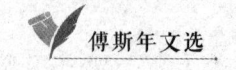

要材料如下：

《论衡·吉验篇》 北夷橐离国王侍婢有娠，王欲杀之。婢对曰："有气大如鸡子，从天而下，我故有娠。"后产子，捐于猪溷中，猪以口气嘘之，不死。复徙置马栏中，欲使马藉杀之，马复以口气嘘之，不死。王疑以为天子，令其母收取，奴畜之，名东明，令牧牛马。东明善射，王恐夺其国也，欲杀之。东明走，南至掩㴲水，以弓击水，鱼鳖浮为桥，东明得渡，鱼鳖解散，追兵不得渡。因都王夫余，故北夷有夫余国焉。（《魏志·三十夫余传》注引《魏略》同。）

《魏书·高句丽传》 高句丽者，出于夫余。自言先祖朱蒙。朱蒙母河伯女，为夫余王闭于室中，为日所照，引身避之，日影又逐。既而有孕，生一卵，大如五升。夫余王弃之与犬，犬不食。弃之与豕，豕又不食。弃之于路，牛马避之。后弃之野，众鸟以毛茹之。夫余王割剖之，不能破，遂还其母。其母以物裹之，置于暖处，有一男破壳而出。及其长也，字之曰朱蒙。其俗言朱蒙者，善射也。夫余人以朱蒙非人所生，将有异志，请除之。王不听，命之养马。朱蒙每私试，知有善恶，骏者减食令瘦，驽者善养令肥。夫余王以肥者自乘，以瘦者给朱蒙。后狩于田，以朱蒙善射，限之一矢。朱蒙虽矢少，殪兽甚多。夫余之臣又谋杀之，朱蒙母阴知，告朱蒙曰："国将害汝，以汝才略，宜远适四方。"朱蒙乃与乌引、乌违等二人弃夫余东南走。中道遇一大水，欲济无梁，夫余人追之甚急。朱蒙告水曰："我是日子，河伯外孙，今日逃走，追兵垂及，如何得济？"于是鱼鳖并浮，为之成桥。朱蒙得渡，鱼鳖乃解，追骑不得渡。朱蒙遂至普述水，遇见三人，其一人著麻衣，一人著衲衣，一人著水藻衣，与朱蒙至纥升骨城，遂居焉。号曰高句丽，因以为氏焉。

高丽《好太王碑》 惟昔始祖邹牟王之创基也，出自北夫余，天帝之子，母河伯女郎，剖卵降出。生子有圣□□□□□命驾巡东南下，路由夫余奄利大水。王临津言曰："我是皇天之子，母河伯女郎，邹牟王，为我连葭浮龟。"应声即为连葭浮龟，然后造渡于沸流谷忽本西城山上而建都焉。永乐□位，因遣黄龙来下迎王，王于忽本东冈黄龙负升天。

高丽王氏朝金富轼撰《三国史记·高句骊纪》 始祖东明圣王姓高氏，讳朱蒙（一云邹牟，一云象解）。先是扶余王解夫娄老，无子，祭山川求嗣。其所御马至鲲渊，见大石，相对流泪。王怪之，使人转其石，有小儿，金色，蛙形（蛙一作蜗）。王喜曰："此乃天赉我令胤乎？"乃收而养之，名曰金蛙。及其长，立为太子。后其相阿兰弗曰："日者天降我曰：'将使吾子孙立国于此，汝其避之东海之滨，有地号曰迦叶原，土壤膏腴，宜五谷，可都也。'"阿兰弗遂劝王移都于彼国，号东扶余。其旧都有人，不知所从来，自称天帝子解慕漱来都焉。及解夫娄薨，金蛙嗣位。于是时得女子于太白山南优渤水，问之，曰："我是河伯之女，名柳花，与诸弟出游，时有一男子自言天帝子解慕漱，诱我于熊心山下鸭绿边室中私之，即往不返，父母责我无媒而从人，遂谪居优渤水。"金蛙异之，幽闭于室中。为日所照，引身避之，日影又逐而照之，因而有孕。生一卵，大如五升许，王弃之与犬豕，皆不食。又弃之路中，牛马避之。后弃之野，鸟覆翼之。王欲剖之，不能破，遂还其母。其母以物裹之，置于暖处，有一男儿破壳而出，骨表英奇。年甫七岁，嶷然异常，自作弓矢射之，百发百中。扶余俗语善射为朱蒙，故以名云。金蛙有七子，常与朱蒙游戏，其技能皆不及朱蒙。其长子带素言于王曰："朱蒙非人所生，其为人也勇，若不早图，恐有后患，请除之。"王不听，使之养马。朱蒙知其骏者而减食令瘦，驽者善养令肥，王以肥者自乘，瘦者给朱蒙。后猎于野，以朱蒙善射，与其矢小，而朱蒙殪兽甚多。王子及诸臣又谋杀之，朱蒙母阴知之，告曰："国人将害汝，以汝才略，何往而不可？与其迟留而受辱，不若远适以有为。"朱蒙乃与乌伊摩离陕父等三人为友，行至淹淲水（一名盖斯水，在鸭绿东北），欲渡无梁，恐为追兵所迫，告水曰："我是天帝子，河伯外孙，今日逃走，追者垂及，如何？"于是鱼鳖浮出成桥，朱蒙得渡，鱼鳖乃解，追骑不得渡。朱蒙行至毛屯谷（《魏书》云，至普述水），遇三人，其一人着麻衣，一人着衲衣，一人着水藻衣。朱蒙问曰："子等何许人也？何姓何名乎？"麻衣者曰："名再思。"衲衣者曰："名武骨。"水藻衣者曰："名默居。"而不言姓。朱蒙赐再思姓克氏，武骨仲室氏，默居少室氏。乃告于众曰："我方承景命，欲启元基，而适遇此三贤，岂非天赐乎？"遂揆其能，各任以事，与之俱至卒本川（《魏书》云，至纥升骨城）。观其土壤肥美，山河险固，遂欲都焉，而未遑作宫室，但结庐于沸流水上居之。国号高句丽，因以高为氏（一云，朱蒙至卒本，扶余王无子，见朱蒙，知非常人，以其女妻之。王薨，朱蒙嗣位）。时朱蒙年二十二岁，是汉孝元帝建昭二年。

《朝鲜实录·本记》（引见今西龙著《朱蒙传说》，内藤博士颂寿纪念。此书为朝鲜王朝秘籍，近由鲜京大学印成数部。）夫余王解夫娄老无子，祭山川求嗣。

所御马至鲲渊，见大石流泪。王怪之，使人转其石，有小儿金色蛙形。王曰："此天赐我令胤乎？"乃收养之，名曰金蛙，立为太子。其相阿兰弗曰："日者天降我曰，将使吾子孙立国于此，汝其避之东海之滨，有地号迦叶原，土宜五谷，可都也。"阿兰弗劝王移都，号东夫余。于旧都解慕漱，为天帝子来都。汉神雀三年壬戌（四月甲寅），天帝遣太子降游扶余王古都，号解慕漱。从天而下，乘五龙车，从者百余人，皆骑白鹄，彩云浮于上，音乐动云中，止熊心山，经十余日始下。首戴乌羽之冠，腰带剑光之剑，朝则听事，暮即升天，世谓之天王郎。城北青河河伯（青河今鸭绿江也），有三女，长曰柳花，次曰萱花，季曰苇花。三女自青河出游熊心渊上，神姿艳丽，杂佩锵洋，与汉皋无异。王谓左右曰："得而为妃，可有后胤。"其女见王，即入水。左右曰："大王何不作宫殿，俟女入室，当户遮之？"王以为然。以马鞭画地，铜室俄成，壮丽于空中。王三席置樽酒，其女各座其席，相欢，饮酒大醉，云云。王俟三女大醉，急出遮。女等惊走，长女柳花为王所止。河伯又怒，遣使告曰："汝是何人，留我女乎？"王报云："我是天帝之子，今欲与河伯结婚。"河伯又使告曰："汝若天帝之子，于我有求婚者，当使媒，云云，今辄留我女，何其失礼？"王惭之。将往见河伯，不能入室。欲放其女，女既与王定情，不肯离去，乃劝王曰："如有龙车，可到河伯之国。"王指天而告，俄而五龙车从空而下。王与女乘车，风云忽起，至其宫。河伯备礼迎之，坐定，谓曰："婚姻之道，天下之通规，何为失礼辱我门宗？"河伯曰："王是天帝之子，有何神异？"王曰："惟在所试。"于是河伯于庭前水化为鲤，随浪而游，王化为獭而捕之。河伯又化为鹿而走，王化为豺逐之。河伯化为雉，王化为鹰击之。河伯以为诚是天帝之子，以礼成婚。恐王无将女之心，张乐置酒，劝王大醉（河伯之酒七日乃醒），与女入于小革舆中，载以龙车，欲令升天。其车未出水，王即酒醒。取女黄金钗，刺革舆，从孔独出升天。河伯大怒其女，曰："汝不从我训，终辱我门。"令左右绞挽女口，其唇吻长三尺，惟与奴婢二人贬于优渤水中。优渤，泽名，今在太伯山南。渔师强力扶邹告金蛙曰："近有盗梁中鱼而将去者，未知何兽也？"王乃使渔师以网引之，其网破裂。更造铁网引之，始得一女，坐石而出。其女唇长，不能言，令三截其唇，乃言。王知天帝子妃，以别宫置之。其女怀牖中日曜，因以有娠，神雀四年癸亥岁夏四月，生朱蒙。啼声甚伟，骨表英奇。初生，左腋生一卵，大如五升许。王怪之，曰："人生鸟卵，可为不祥。"使人置之马牧，群马不践。弃于深山，百兽皆护。云阴之日，卵上恒有日光。王取卵送母养之，卵终乃开，得一男。生未经月，言语并实。谓母曰："群蝇嘬目，不能睡，母为我作弓矢。"其母以荜作弓矢与之，自射纺车上蝇，发矢即中。扶余谓善射曰朱蒙。年至长大，才能兼备。金蛙有子七人，常共朱蒙游猎。王子及从者四十余人，惟获一鹿，朱蒙射鹿至多。王子妒之，乃执朱蒙缚树，夺鹿而去，朱蒙树拔而去。太子带素言于王曰："朱蒙神勇之士，瞻视非常，若不早图，必有后患。"王使朱蒙牧马，欲试其意。朱蒙内怀恨，谓母曰："我是天帝之孙，为人牧马，生不如死，欲往南土造国家，母在，不敢自专，云云。"其母曰："此吾之所以日夜腐心也。""吾闻士之涉长途者，顺凭骏足，吾能择马矣。"遂往牧马，即以长鞭乱捶，群马皆惊走，一骍马跳过二丈之栏。朱蒙知马骏逸，潜以针捶马舌，痛不食水草，其马瘦悴。王巡行马牧，见群马悉肥，大喜，仍以瘦锡朱蒙。朱蒙得之，拔其针加馁云。暗结乌伊摩离陕父等三人。南行至淹滹。一名盖斯水，在今鸭绿东北，欲渡无舟。恐追兵奄及，乃以策指天，慨然叹曰："我天帝之孙，河伯之甥，今避难至此，皇天后土怜我孤子，速致舟桥。"言讫，以弓打水，龟鳖浮出成桥，朱蒙乃得渡。良久，追兵至。追兵至河，鱼鳖桥即灭，已上桥者皆没死。朱蒙临别，不忍睽违。其母曰："汝勿以一母为念。"乃裹五谷种以送之。朱蒙自切生别之心，忘其麦子。朱蒙息大树之下，有双鸠来集。朱蒙曰："应是神母使送麦子。"乃引弓射之，一矢俱举，开喉得麦子。以水喷鸠，更苏而飞去，云云。王行至卒本川，庐于沸流水上，国号为高句丽，王自坐茀绝之上，略定君臣神。（中略）在位十九年，秋九月，王升天不下，时年四十，太子以所遗玉鞭葬于龙山，云云。（下略）

《清太祖武皇帝实录》 （故宫博物院藏本。按，《清太祖实录》今已发现者有三本，一名《太祖武皇帝实录》，藏北平故宫博物院，是最初本。一名《太祖高皇帝实录》，是一稿本，涂改数遍，藏中央研究院历史语言研究所。一亦名《太祖高皇帝实录》，藏北平故宫博物院，已由该院印出，此为最后之本。又有《满洲实录》，藏沈阳故宫博物院，已由该院影印，文饰较少，当在故宫第一本及中央研究院稿本之间。今录故宫第一本，而注明沈阳本之异文。）长白山高约二百里，周围约千里。此山之上有一潭名他们（沈阳本作闼门），周围约八十里。鸭绿、混同、爱滹三江，俱从此山流出。鸭绿江自山南泻出向西流，直入辽东之南海。混同江自山北泻出向北流，直入北海。爱滹江向东流，直入东海。此三江中每出珠宝。长白山山高地寒，风劲不休，夏日，环山之兽俱投憩此山中。（沈阳本此下有云，此山尽是浮石，乃东北一名山也。）

满洲源流。

满洲原起于长白山之东北布库里山下一泊，名布尔（沈阳本作勒）湖里。初，天降三仙女浴于泊，长名恩古伦，次名正古伦，三名佛库伦，浴毕上岸，有神鹊衔一朱果置佛库伦衣上，色甚鲜妍。佛古（沈阳本作库）伦爱之不忍释手，遂衔口中。甫著衣，其果入腹中，即感而成孕。告二姊曰："吾觉腹重不能同升，奈何？"二姊曰："吾等曾服丹药，谅无死理，此乃天意俟尔身轻上升未晚。"遂别去。佛库伦后生一男，生而能言，倏尔长成。母告子曰："天生汝，实令汝为夷国主（沈阳本作以定乱国），可往彼处将所生缘由一一详说。"乃与一舟，"顺水去，即其地也"。言讫，忽不见。其子乘舟顺流而下，至于人居之处，登岸，折柳条为坐具，似椅形，独踞其上。彼时长白山东南鳌莫惠（地名）鳌多理（城名。此两名沈阳本作鄂谟辉、鄂多理），内有三姓夷酋争长（沈阳本作争为雄长），终日互相杀伤。适一人来取水，见其子举止奇异，相貌非常，回至争斗之处，告众曰："汝等无争，我于取水处遇一奇男子，非凡人也。想天不虚生此人，盍往观之？"三酋长（沈阳本作三姓人）闻言罢战，同众往观。及见，果非常人，异而诘之。答曰："我乃天女佛库伦所生，姓爱新 [华语（沈阳本作汉言），金也]觉罗（姓也），名布库理雍顺，天降我定汝等之乱。"因将母所嘱之言详告之。众皆惊异曰："此人不可使之徒行。"遂相插手为舆，拥捧（沈阳本作护）而回。三姓人息争，共奉布库里英雄（沈阳本作哩雍顺）为主，以百里女妻之。其国定号满洲，乃其始祖也（南朝误名建州）。

如上所引，可知此一传说在东北各部族中之普遍与绵长。此即东北人之"人降"一神话。持此神话，可见东北各部族之同源异流（至少是一部分的）。

然而此一神话殊不以东北为限，殷商亦然，岂非大可注意之事欤？欲说明此事，须先疏解殷墟卜辞中之"妣乙"与《诗经》及传记中之"玄鸟"。查殷墟卜辞中常有卜祭妣乙之记载，择录如下：

燮于（妣乙）一牢狸二牢

乙巳卜㱿贞燮于妣乙五牛沈十牛十月在斗

丁巳卜其燮于妣乙牢沈𩰬

戊午卜豆贞燮于妣乙

丁卯卜丙燮于妣乙十牛俎十牛

丙子卜𣪘贞乎巛酒妣乙燮二豕三羊卯五牛

妣乙在商王之先祖先妣系统中，有下列诸特点：

一、其他之妣某皆可寻得其丈夫，因有合祭之礼，并因其虽在特祭时，亦冠其夫之称于上也。

王静安曰："凡卜辞上称王宾某，下称奭某者，其卜曰亦依奭名，皆专为妣祭而卜。其妣上必冠以王宾某（如大甲大乙之类）。奭者，所以别于同姓之他妣，如后世后谥上冠以帝谥，未必帝后并祀也。"（《增订殷墟书契考释》下五八叶。）仅妣乙是永不合祭者，仿佛彼未尝有丈夫也。

二、其他自上甲至于多后之妣，祭礼平常，独妣乙用燮者，仅于夋、土、亥三世用之。夋者，殷之高祖，所谓帝喾者（王静安说）。土者，相土（王静安说），亦即邦社（余说，见所著《古代中国民族》）。亥者，服牛而毙于有易之王亥。皆商之初叶明王。"自上甲至于多后"之祭，虽"帅契"之上甲，成唐之大乙，戡服鬼方之武丁，皆不与于燮祭。燮祭之用，仅限于此，并及于兜，则妣

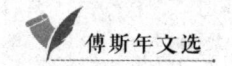

乙必为一特尊之古妣，然后可与帝喾、相土、王亥为一类。

妣乙既不属于"自上甲至于多后"一时代，因其祭礼又可知为与夋、土、亥成一系，则吾人自不免于疑及妣乙岂不即是有娀氏女欤。

此一假设，居然以《吕氏春秋》及《说文》之助明确证明。《吕氏春秋·音初篇》云：

> 有娀氏有二佚女，为之九成之台，饮食必以鼓。帝令燕往视之，鸣若谧隘。二女爱而争搏之，覆以玉筐。少选，发而视之，燕遗二卵北飞，遂不反。二女作歌，一终曰："燕燕往飞。"实始作为北音。

此语是谓有娀氏女是以燕为媒者。此语又有《月令·仲春纪》为佐证，其中有一段云：

> 是月也，玄鸟至。至之日，以太牢祠于高禖。天子亲往，后妃率九嫔御乃礼天子所御带，以弓韣授以弓矢于高禖之前。

而《说文》又明白以乙为玄鸟。《大徐本十二上》："乙，玄鸟也。齐鲁谓之乙，取其鸣自呼……鳦，乙或从鸟。"《系传》及《韵会》所引皆作"燕燕玄鸟也"，各家注说文者皆从之。然则燕即乙，乙即玄鸟，说文所标甚明。小徐曰："《尔雅》，'燕燕，乙'，此与甲乙之乙相类。"惠栋以为"乙与乙不类，一作乙，一作乙"。惠说惑于《说文》之分为二字。不如《说文》分此，只缘欲借以存鳦字而便于释孔、乳二字，乃强建此部首。孔之左旁在《金文》固不从乙，乳则在金文无征。又《诗·商颂》："天命玄鸟，降而生商。"毛曰："玄鸟，鳦也。春分玄鸟降。汤之先祖有娀氏女简狄，配高辛氏帝。帝率与之祈于郊禖，而生契。故本其为天所命，以玄鸟至而生焉。"郑曰："天使鳦下而生商者，谓鳦遗卵，娀氏之女简狄吞之而生契。"

据此等记载，玄鸟生商之故事，至今尚有大体可见。所谓"天命玄鸟，降而生商"，所谓"有娀方将，帝立子生商"者，据传说玄鸟之卵，入有娀氏女之腹，故实为"二而一"。各国神话中"二而一"者，其例甚多。所谓"三位一体"之神学，即是神话之哲学化。然则"妣乙"即是传说中之燕燕，即是商之始祖妣，即是有娀氏女，更无可疑也。

所谓"天命玄鸟，降而生商""有娀方将，帝立子生商"之故事既明，然后持此故事以与本节所引朱蒙天女等传说比较，其为一个神话，更无可疑。此一线索，真明白指示吾人，商之始业，与秦汉以来之东北部落导于一源，至少亦是文化之深切接触与混合也。东北部族与中国历史之为一事，有此证据，可谓得一大路也。

第四节　殷商与东北

且殷商与东北之关系，不仅可以"玄鸟"之故事证之，更有他事可以为证者，一曰亳之地望，二曰朝鲜与箕子之故事。亳之所在，经王国维证其为汉之山阳郡薄县（今山东省曹县），其说至确，而京兆杜陵西亳之说，自不能成立（见《观堂集林》，王氏说实本于胡天游）。然吾按沿济河下游以薄之音转为地名者，尚有多处，薄姑其一也。且"肃慎燕亳"之亳，尤当在今河北省东北境，如谓与商无涉，亦无证据。经分解之后，参以其他证据，以为商之起源，当在今河北东北，暨于济水入海处。汤之先世，溯济水而上，至于商丘。诗所谓"相土烈烈，海外有截"者，其海外当即渤海之东，是汤之先祖已据东北为大国矣。此说见吾所著《民族与古代中国史》一书，二月后出版。文繁，本文中无术移录，请读者参看之。至于朝鲜与箕子之故事，实不啻指示吾人曰，商与东北本

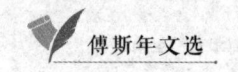

有一密切关系，故于丧败之后，犹能退保辽东，而周公成王征东夷之兵力终不及也。不然，以丧败之余烬，焉能越辽海而王朝鲜？必其原有根基，然后可据地理的辽远形势以自保也。以此二事，可知商之兴也，自东北来，商之亡也，向东北去。商为中国信史之第一章，亦即为东北史之第一叶。就历史之系统论，东北与中国为一体，更不待烦言然后解也。

综合以上四节所说，可成下列之约语：

一、近年来考古学者、人类学者在中国北部及东北之努力，已证明史前时代中国北部与中国东北在人种上及文化上是一事。

二、以神话之比较为工具，已足说明历代之东北部族与开中国历史之朝代有密切之关系。

三、以殷商朝鲜肃慎等地名之核比，知在中国史之初期中，渤海两岸是一体。

四、更以诸史所记东北部族之习俗生活等，知其与所谓"汉人"有一共同的基本成分，转与漠北之牧族、西域之胡人截然不同。

人种的、历史的、地理的，皆足说明东北在远古即是中国之一体。此系近代科学寻求所供给吾等之知识，有物质之证明，非揣测之论断。

第二章　燕秦汉与东北

关于燕秦汉与东北关系之重要史料如下：

《史记·秦始皇本纪》　二十一年……破燕……燕王东收辽东而王之……二十五年，使王贲将，攻燕辽东，得燕王喜（此亦燕有辽东之证）。

《〈史记〉自序》　燕丹散乱辽间，满收其亡民，厥聚海东，以集真藩，葆塞为外臣。此王满臣中国之证。（《太史公序·朝鲜列传》，但说此事，不纪汉武功能者，欲明汉武之举为无谓也。）

《魏略》（引见《三国志注》）昔箕子之后朝鲜侯，见周衰，燕自尊为王，欲东略地，朝鲜侯亦自称为王，欲兴兵遂击燕，以尊周室。其大夫礼谏之，乃止。使礼西说燕，燕止之，不攻。后子孙稍骄虐，燕乃遣将秦开攻其西方，取地二千余里，至满潘汗为界，朝鲜遂弱。及秦并天下，使蒙恬筑长城，到辽东时，朝鲜王否立，畏秦袭之，略服属秦，不肯朝会。否死，箕子准立，二十余年，而陈、项起，天下乱。燕、齐、赵民愁苦，稍稍亡往准，准乃置之于西方。及汉以卢绾为燕王，朝鲜与燕界于溴水。及绾反入匈奴，燕人卫满亡命为胡服，东渡溴水，诣准降。说准求居西界，故中国亡命为朝鲜藩屏。准信宠之，拜为博士，赐以圭，封之百里，令守西边。满诱亡党，众稍多，乃诈遣人告准，言汉兵十道至，求人宿卫。遂还攻准，准与满战，不敌也（按，溴当为字之误）。

《史记·朝鲜列传》　（《汉书》之异文附注于下）

朝鲜王满者，故燕人也（《汉书》无"者"、"故"、"也"三字）。自始全燕时（《汉书》无"全"字）尝略属真番、朝鲜，为置吏，筑鄣塞（《汉书》无"塞"字）。秦灭燕，属辽东外徼。汉兴，为其远难守（《汉书》无"其"字），复修辽东故塞，至浿水为界，属燕。燕王卢绾反入匈奴，满亡命，聚党千余人，魋结蛮夷服，而东走出塞（《汉书》"魋"作"椎"①），渡浿水，居秦故空地上下鄣，稍役属真番、朝鲜蛮夷，及故燕齐亡命者王之（《汉书》"命"作"在"），都王险。会孝惠高后时天下初定（《汉书》无"时"字），辽东太守即约满为外臣，保塞外蛮夷，无使盗边（《汉书》"无"作"毋"），诸蛮夷君长（《汉书》无"诸"字）欲入见天子，勿得禁止，以闻。上许之。以故满得兵威财物（《汉书》"得"下有"以"字），侵降其旁小邑，真番临屯皆来服属，方数千里。传子至孙右渠，所诱汉亡人滋多，又未尝入见，真番旁众国（《汉书》"旁众国"作"辰国"）欲上书见天子，又拥阏不通（《汉书》"拥"作"雍"，"不"作"弗"）。元封二年，汉使涉何谯谕右渠（《汉书》"谯"作"诱"），终不肯奉诏。何去，至界上（《汉书》无"上"字），临浿水，使御刺杀送何者（《汉书》"御"作"驭"）。朝鲜裨王长即渡驰入塞（《汉书》"渡"下有"水"字）。遂归报天子曰，杀朝鲜将。上为其名美，即不诘（《汉书》"即不诘"作"弗诘"），拜何为辽东东部都尉。朝鲜怨何，发兵袭攻杀何。天子募罪人击朝鲜。其秋，遣楼船将军杨仆从齐浮渤

---

① 编者按：魋、椎之古音均定母微部，故两字以双声叠韵可通。

海（《汉书》"渤"作"勃"），兵五万人（《汉书》无"人"字），左将军荀彘出辽东，讨右渠（《汉书》"讨"作"诛"）。右渠发兵距险，左将军卒正多率辽东兵（《汉书》"正多率辽东兵"作"多率辽东士"），兵先纵，败散，多还走，坐法斩。楼船将军将齐兵七千人（《汉书》无"将军"二字）先至王险。右渠城守，窥知楼船军少，即出城击楼船（《汉书》无"城"字）。楼船军败，散走。将军杨仆失其众（《汉书》无"杨"字），遁山中十余日，稍求收散卒，复聚。左将军击朝鲜浿水西军，未能破。自前天子为两将未有利（《汉书》无"自前"二字），乃使卫山因兵威往谕右渠。右渠见使者顿首谢："愿降，恐两将诈杀臣（《汉书》无'两'字），今见信节，请服降。"遣太子入谢，献马五千匹，及馈军粮。人众万余持兵方渡浿水，使者及左将军疑其为变，谓太子已服降，宜命人毋持兵。太子亦疑使者左将军诈杀之（《汉书》无"杀"字），遂不渡浿水，复引归。山还报天子，天子诛山（《汉书》"山还报天子，天子诛山"作"山报天子诛山"）。左将军破浿水上军，乃前至城下，围其西北，楼船亦往会，居城南。右渠遂坚守城，数月未能下。左将军素侍中幸，将燕代卒悍，乘胜，军多骄。楼船将齐卒入海，固已多败亡（《汉书》无"固"字），其先与右渠战，困辱，亡卒，卒皆恐，将心惭，其围右渠常持和节。左将军急击之，朝鲜大臣乃阴间使人私约降楼船，往来言尚未肯决。左将军数与楼船期战，楼船欲急就其约（《汉书》无"急"字），不会。左将军亦使人求间却（《汉书》"却"作"隙"）降下朝鲜，朝鲜不肯，心附楼船（《汉书》无不上"朝鲜"二字）。以故两将不相能（《汉书》"能"作"得"）。左将军心意楼船前有失军罪，今与朝鲜私善（《汉书》"私"作"和"），而又不降，疑其有反计，未敢发。天子曰："将率不能前（《汉书》'率'作'卒'，'前'作'制'），及使卫山谕降右渠（《汉书》'及'作'乃'），右渠遣太子，山使不能剸决（《汉书》无'右渠遣太子山使'七字，又'剸'作'劒'），与左将军计相误（《汉书》无'计'字），卒沮约。今两将围城，又乖异，以故久不决。使故济南太守（《汉书》无下'故'字）公孙遂往征之（《汉书》'征'作'正'），有便宜得以从事。"遂至，左将军曰："朝鲜当下久矣，不下者有状。"言楼船数期不会（《汉书》无"有状言"三字），具以素所意告遂曰："今如此，不取，恐为大害，非独楼船，又且与朝鲜共灭吾军。"遂亦以为然，而以节召楼船将军入左将军营计事（《汉书》无"营"字），即命左将军麾下（《汉书》"麾"作"戏"①）执捕楼船将军（《汉书》"捕"作"缚"），并其军，以报天子（《汉书》无"天子"二字），天子诛遂（《汉书》"诛"作"许"）。左将军已并两军，即急击朝鲜。朝鲜相路人、相韩阴（《汉书》"阴"作"陶"，以下同）、尼谿相参、将军王唊相与谋曰："始欲降楼船，楼船今执，独左将军并将，战益急，恐不能与战，王又不肯降。"阴唊路人皆亡降汉，路人道死。元封三年夏，尼谿相参乃使人杀朝鲜王右渠来降。王险城未下，故右渠之大臣成已又反复攻吏（《汉书》"攻"作"政"）。左将军使右渠子长降相路人之子最（《汉书》无"之"字）告谕其民，诛成已，以故遂定朝鲜，为四郡（《汉书》作"故遂朝鲜为真番、临屯、乐

---

① 编者按：麾、戏古音均晓母歌部，两字以双声叠韵可通。

浪、玄菟四郡")。封参为澅清侯，阴为荻苴侯（《汉书》"荻"作"秋"）。唊为平州侯，长为几侯，最以父死颇有功，为温阳侯（《汉书》"温"作"沮"）。左将军征至，坐争功相嫉，乖计，弃市。楼船将军亦坐兵至列口，当待左将军，擅先纵，失亡多，当诛，赎为庶人（按，此传中《汉书》之不同《史记》处，所关有甚重要者）。

《汉书·地理志》 上谷至辽东地广民稀，数被胡寇。欲与赵代相类，有鱼盐枣栗之饶。北隙乌丸夫余，东贾真番之利。玄菟乐浪，武帝时置，皆朝鲜灭貉句骊蛮夷。殷道衰，箕子去之朝鲜，教其民以礼义、田蚕、织作。乐浪朝鲜民犯禁八条：相杀以当时偿，杀相伤以谷偿，相盗者，男没入为其家奴，女子为婢，欲自赎者，人五十万，虽免为民，俗犹羞之，嫁娶无所仇。是以其民终不相盗，无门户之闭，妇人贞信不淫辟。其田民饮食以笾豆，都邑颇放效，吏及内郡贾人往往以杯器食。郡初取吏于辽东，吏见民无闭臧，及贾人往者，夜则为盗。俗稍益薄，今于犯禁浸多至六十余条。可贵哉仁贤之化也！然东夷天性柔顺，异于三方之外，故孔子悼道不行，设浮于海，欲居九夷，有以也夫！

《晋书·地理志·乐浪郡》 遂城，秦筑长城之所起。

综合以上之史料，可说明燕秦汉与东北之关系如下列之步骤：

一、周汉时之朝鲜（当时之朝鲜境与今不同，当时朝鲜北有今辽宁省之一部，南有今朝鲜境之大半，而所谓三韩者不与），初为箕子后人之国，继为卫满自王之地，较之南粤与中国之关系更近。

二、燕时辽东及朝鲜之一部皆属燕，其建置之可考者有辽东郡（见《史记·匈奴传》）。

三、秦代之东北境有辽东郡、辽西郡、渔阳郡、右北平郡，皆燕时所置（见《匈奴传》），更以朝鲜属辽东外徼。燕秦时今朝鲜西境皆臣服于中国，最南所及，已至今朝鲜京城之南。说详下章论真番一节中。

四、汉兴，稍向内撤守御，"复兴辽东故塞，至浿水（今朝鲜平壤城之大同江）为界，属燕"。然辽东仍为重镇，有高庙（汉高帝庙）。

五、汉武时，以朝鲜王右渠不恭顺为借口而东伐，定其全部，置真番、临屯、乐浪、玄菟四郡，其北境之部族皆率服，其南境之三韩（辰韩、马韩、弁韩）皆入贡。于是朝鲜半岛与今所谓南满及东海滨州者，皆统一于中国之治焉。

汉武之平定朝鲜，其目的固在对匈奴，刘歆所谓"东伐朝鲜，起玄菟、乐浪，以断匈奴之右臂"者是也（见《汉书·韦玄成传》引《歆孝武庙不毁议》）。然汉武所伐国，如本为诸夏之遗，则永世安平，南粤瓯闽是也，如其地本非中国，则虽略其城，固不能终有之，大宛是也。朝鲜一定之后，终西汉魏晋为中国之郡县，直至晋失其驭，然后慕容氏兼有幽营，如朝鲜本非汉人所居，武帝之功或不易如此其速成而持久。《史记》、《汉书》所记，辽水之外远及浿水，自燕以来为东徼所及，其统治者固明明为中国人矣，其人民已明言多是中国亡命矣，然其居民之本体为何如乎？欲答此问题，有两处材料可用。其一为《汉书·地理志》，《汉志》明明将玄菟、乐浪列之燕分。（班云："……皆燕分也，玄菟、乐浪亦宜属焉。"）然此尚无大关系，其最要之材料为《方言》。《方言》一书作于何人，虽有异论，然其材料必为西汉者，可以其所用方域称号皆本战国之旧，汉郡之名全不用，以证之。若谓汉代郡国过小，以称方言区域为不便，故从周旧，则《方言》书中所谓"周、郑之间""吴、扬、江、淮之间""燕、赵之郊"者，正不如直说汉之郡国为便。大凡政治之区域与习俗之区域每不同，习俗因前代之旧，政治从本朝之典。故《汉书·地理志》始以郡国之统计者，从当世，结以列国之分野者，因习俗也。西汉人著书及于习俗必从周代，犹之东汉人著书及于习俗必从西汉耳。然则《方言》一书是否为杨雄手笔，虽不能论定，其与刘歆往来书亦自有可疑处，惟其为西汉之材料（或更在前），则以其区域之名称言之，可以无疑。若为东汉人书，纵不用司隶诸州之号，亦当用前汉郡国之称矣。且此书以春秋战国之地名为区域，明其渊源自昔。此虽汉代方言，然汉代方言之区域如此者，正以上本周代，《方言》之演成区域，非一世之功所能成就。何况此书标题本作《𬨎轩使者绝代语释别国方言》。汉末应劭曰："周、秦常以岁八月遣𬨎轩之使，求异代方言，还奏籍之，藏于密室。及嬴氏之亡，遗脱漏弃，无见之者。蜀人严君平有千余言，林间翁孺才有梗概之法，杨雄好之。"明此书所据材料渊源在昔，非可以杨雄时为限矣。在《方言》一书中，北燕朝鲜自为一方言区域，西与燕小别，南与齐卫各殊［持《方言》一书所记差异，可画为若干方言区，参看林语堂先生所考（见《贡献》第二期）］。而此一区中之方言，试与其他区中者比之，皆汉语之音变，并非异族名词之借用。其近于中国之性质，远在本书中所谓"南楚"者之上。持此可以断定辽东、辽西及朝鲜诸郡久为燕秦汉代之中国人所居，故共成一个中国语之方言区。若汉武帝平朝鲜后，汉人乃徙居朝鲜洌水［洌水即今朝鲜都城汉城（日本名京城）所临水之北支，已在朝鲜中部之南。在汉为带方县，属乐浪郡，在魏晋属带方郡］者，必不能至汉末即与辽东、辽西成一方言区。且《方言》一书中，关于汉武所拓新土，如张掖三郡、南粤诸郡、西南夷诸郡、东瓯闽越诸郡，皆无记载，独"朝鲜洌水之间"与诸夏同有记载，明其与其他新郡之居民不同。然则朝鲜洌水间，就人民论，久为诸夏，故周汉𬨎轩使者得以之与中原旧国并论，若徒然于武昭后始移民，不能立成此一特殊之方言区也。夫箕子王朝鲜，传至箕准而为王满所逐，满又燕人也，传至右渠而为武帝所并，历周汉千年之间，并以诸夏为之君长。即此一事论，已足明朝鲜之对中国关系，纵稍在燕代之后，亦当在粤瓯之前，遑论以《方言》为证，知其居民本说中国语乎？夫朝鲜境内，并其东边，必有东北殊族不说汉语者，然其本体之说中国语，当久在武帝之前矣。兹抄《方言》所记"北燕朝鲜洌水之间"语如下，并载其每条上之目，以明其语异仅由音变，非外夷语也。

　　喧、唏、㥾、㤿，痛也……燕之外鄙，朝鲜洌水之间，少儿泣而不止曰喧。　一·三（上字指卷，下字指叶数，用长沙郭氏本，下同。）

　　䫢、铄、盱、扬、瞭，双也……燕代朝鲜洌水之间，曰盱，或谓之扬。　二·二

　　私、策、纤、茙、稚、杪，小也……燕之北鄙朝鲜洌水之间，谓之策。　二·三

　　揄铺、㡿䘯、帔缕、叶输，毳也……燕之北郊朝鲜洌水之间，曰叶输。　二·六

　　速、逞、摇扇，疾也……燕之外鄙朝鲜洌水之间，曰摇扇。　二·七

　　芿、䛡、譁、湟，化也……燕朝鲜洌水之间，曰湟，或曰譁。　三·一

　　斟、协，汁也。北燕朝鲜洌水之间，曰斟。　三·二

　　凡草木刺人，北燕朝鲜之间，谓之茦，或谓之壮。　三·二

　　凡饮药傅药而毒……北燕朝鲜之间，谓之瘌。　三·三

　　扉、屦、粗，履也……东北朝鲜洌水之间，谓之角。　四·五

　　镀，北燕朝鲜洌水之间，或谓之銚，或谓之銒。　五·一

　　䥶……燕之东北朝鲜洌水之间，谓之瓯。　五·三

櫕，燕之东北朝鲜洌水之间，谓之椴。　五·五

床……其杠，北燕朝鲜之间，谓之树。　五·六

徥，用行也。朝鲜洌水之间，或曰徥。　六·四

斯、掬，离也……燕之外郊朝鲜洌水之间，曰掬。　七·二

膊、晒、晞，暴也……燕之外郊朝鲜洌水之间，凡暴肉，发人之私，披牛羊之五藏，谓之膊。暴五谷之类，秦、晋之间，谓之晒，东齐北燕海岱之郊，谓之晞。　七·二

魏盈，怒也。燕之外郊朝鲜洌水之间，凡言呵叱者，谓之魏盈。　七·三

汉漫、眳眩，懑也。朝鲜洌水之间，烦懑谓之汉漫，颠眴谓之眳眩。　七·四

树植，立也。燕之外郊朝鲜洌水之间，凡言置立者，谓之树植。　七·五

貔……北燕朝鲜之间，谓之貊。　八·一

鸡……北燕朝鲜洌水之间，谓伏鸡曰抱。　八·一

猪，北燕朝鲜之间，谓之豭。　八·一

鸤鸠，燕之东北朝鲜洌水之间，谓之鶝鴀……燕之东北朝鲜洌水之间，谓之鶌。　八·二

鼁䵕，蟾蜍也……北燕朝鲜洌水之间，谓之蟾蛤。　十一·三

滨田耕作君云，"武帝时之汉人东渐，不过是前此中国人伸张之重现，而武帝之成功，正以其本地原有相当的民族的根据"（出处见前），诚确论也。

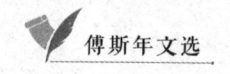

第三章　两汉魏晋之东北郡县

在汉武帝设朝鲜四郡以前，已置苍海郡。《汉书·武纪》元朔元年，"东夷薉君南闾等口二十八万人降，为苍海郡"。又《食货志》云："彭吴穿秽貊、朝鲜，置沧海之郡，则燕齐之间，靡然发动。"又《后汉·东夷传》条下云："元朔元年，濊君南闾等畔右渠，率二十八万口诣辽东内属，武帝以其地为苍海郡。"三条所记，以后书为最明白，其地望可以濊貊求之。貊即句骊之部类，名见《后汉书》，濊则"北与高句骊沃沮南与辰韩接，东穷大海，西至乐浪"（同见《后汉书》）。然则苍海郡当在今朝鲜东北境，吉林东南境，其所谓苍海，乃东朝鲜海，非渤海也（《册府元龟》以夫余当苍海郡地，全误）。灭朝鲜后，此地当分属玄菟、临屯。若谓灭朝鲜前，置郡不应如此辽远，则须知此二十八万口由于归服，非由征伐，故未平朝鲜时，虽不能用兵于此，却可受其归附，一也。汉与朝鲜之争多在浿水（今大同江）上，即今朝鲜西北境，其东北境之部族，正可缘北边而款辽东塞，二也。且《食货志》云"彭吴穿秽貊、朝鲜，置苍海郡"，曰穿，则其地必在秽貊、朝鲜外矣，三也。然则置苍海郡一事，无异扰乱朝鲜之后方，此郡于元朔三年废者，正以朝鲜未平时，越国统治之不易，而朝鲜既平之后，综分四郡，是一整个的计划，无须更有此郡也。

真番、临屯二郡，至昭帝始元五年罢，以半乐浪玄菟（见《后汉·东夷传》）。故其县名不尽见《汉志》。按，真番、临屯旧治仅见于《汉书·武纪》注臣瓒引茂陵书曰："临屯郡治东暆县，去长安六千一百八十三里，十五县；真番郡治霅县，去长安七千六百四十里，十五县。"东暆在《汉志》属乐浪，又后置乐浪东部都尉,所属有七县,而东暆为之首,其中虽华丽沃沮旧属玄菟,然此乐浪东部都尉辖境,大体上可从此测知即故临屯也(按,杨守敬《汪士铎〈汉志释地驳议〉》一文,载在《晦明轩稿》中,论此郡之地望,既明且信。此篇于汉武所置四郡之形势,言之历历可征,读者宜参看之)。真番一郡最难考,兹先列举有关真番所在之材料如下:

一、《史记·自叙》 燕丹散乱辽间,满收其亡民,厥聚海东,以集真藩,葆塞为外臣。

二、《史记》(《汉书》同)《朝鲜传》 自始全燕时,尝略属真番、朝鲜,为置吏筑鄣塞。秦灭燕,属辽东外徼。

三、《史记》(《汉书》同)《朝鲜传》 满亡命……渡浿水、居秦故空地上下鄣,稍役属真番、朝鲜蛮夷,及故燕齐亡命者王之,都王险。

四、《史记·朝鲜传》 满得兵威财物,侵降其旁小邑,真番、临屯皆来服属。

五、《史记·货殖传》 北邻乌桓、夫余,东绾秽貉、朝鲜、真番之利(《汉书·地理志》作"北隙乌桓、扶余,东贾真番之利")。

六、《汉书·朝鲜传》 真番辰国(《史记》作"真番旁众"《通鉴》从《汉书》)欲上书见天子(王右渠),又雍阏弗通。

七、《汉书》 注臣瓒引茂陵书(已见本段上文)。

八、《史记·朝鲜传》 索隐引应劭"玄菟本真番国"。

九、《(史记)集解》 引徐广("略属真番"句下)。辽东有番汗县。

据第六项,朝鲜当夹在汉土与真番之间;据第七项,真番郡治比临屯郡治更远千余里。且第六项《史记》、《汉书》之异文似指示吾人以《史记》所谓"真番旁众国"者即汉国之辰国,辰国之地望既无问题,则真番当在其南,即当在今朝鲜南境矣。持此说之有力者为杨守敬,其《前汉·地理志》图云(二十四叶乐浪郡下),

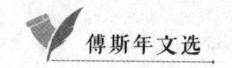

据《汉书·朝鲜传》，真番在朝鲜之南。魏以屯有以南置带方郡，以《晋志》照之，是带方、列口、吞列、长岑、提奚、含资、海冥七县，皆在乐浪之南。又昭明一县云，南部都尉治，亦在乐浪之南无疑，并武帝时真番故县也。

杨氏之汪士铎《〈汉志〉释地驳议》论此更详，兹录其要语如下：

《汉书·朝鲜传》，真番国欲上书见天子，朝鲜雍阏弗通，是真番在朝鲜之南，故朝鲜得以阏之，且远于临屯千里，直与三韩相接矣。

此说甚有可信之处。杨氏所论，乃综合四郡地望而言，互相照应，愈见其说之有力。然吾人对此事不免先发一问曰，据上列一二两项，全燕时已略属真番，以彼时燕之国力能及于朝鲜中南境乎？朝鲜未灭时，燕能置吏筑鄣于朝鲜南境乎？秦之辽东外徼最南果至何地乎？此等问题，今固不能充分作答，然秦之东至实甚辽远，可以《晋书·地理志》为证。《晋志》乐浪郡遂城下云，"秦筑长城之所起"。此遂城见《汉志》，作遂成，又见《续汉志》，作遂城（并属乐浪）。《史记·燕世家》索隐引《晋太康地记》曰："遂城县有碣石山，长城所起（《读史方舆纪要》三十八，遂成废县在朝鲜平壤南境）。"此说必非无稽。秦筑长城，所谓东起辽东者，已远在浿水（今大同江）或马訾水（今鸭绿江）之南，则其辽东外徼必更广阔。秦于东陲只承燕旧，未用力拓土，是则但据长城起点以立论，燕时势力，就最小限度言，固已东南至于今朝鲜中部，所谓略属真番、朝鲜者。以文义论，正为略其地而属之，与羁縻之义差不同也。燕秦威力如此远及之形势，乍看或觉可异，然较诸差后之置郡日南，征伐大宛，亦无足异。且燕秦皆似环渤海黄海四围而拓土，渤海者正燕秦之地中海，海陵交通均便，与山泽所限者不同。燕秦威力及于马訾水之南者既如是，则上文所引一、二、三、四四项，燕秦略土与卫满创代所及之真番，果置之朝鲜中部之南，所谓马韩者之北，固无不可通之处。《货殖传》云"北邻乌桓、夫余，东绾秽貊、朝鲜、真番之利"，所举部族之次叙，均似由近及远者。此叙述之次如无例外，真番当在马韩矣。杨守敬之说诚是最可能之解释也。

然与此说相反之记载亦有不可忽略者，上文所举八、九两项，皆以为真番在玄菟北。九项为徐广说，徐广无何等权威，其时代又后，可以不论。八项为应劭说，应劭乃汉末之史家及民俗研究者，蔚成师儒，其说固不可无端抹杀。且果如应劭说，一二三四诸项，亦更不待说明即可释然。特与五六两项乖违耳。至于七项，如从应劭说，便应以霅县置之今吉林东境然后可，准以夫余为汉部属之例，此亦非不可能者。

在此情形之下，吾等得一头绪，即《汉书》与应劭互乖，不能并从。应劭有史学、地学之权威，惟固不敌班氏，且吾等所见之《汉书》是全书，所见之应劭说乃他书引用。今试看一切集佚工作之结果，一书尚存而有佚文者，其佚文每与存书有异，佚文之不可据也如是（以简为书、以帛为卷之时代，文籍本无定本，故经后人征引成为佚文者，其出于本书或出于追加，每难论定）。今权衡两端，自以从《汉书》为正，杨守敬之解辩，其信然乎？

今以考真番所在之结果，连带证明一事，即燕秦东向已据朝鲜半岛沿黄海之一大部是也。彼时箕子之朝当已夷为附属，逮汉初，威不及远，箕氏或更延余绪。然中国人卫满终有之，并以和汉之政策，兼并四邻，而臻箕氏所不及之版图。汉武之划为四郡，特中国人最后之成功耳，事非创举，遂延绵也。

至于玄菟、乐浪二郡，《汉志》俱在，然武帝初置时，真番、临屯皆在乐浪、玄菟之外，真番自身有十五县，临屯自身亦有十五县，并后乐浪有二十五县，玄菟有三县，非昭帝以来疆土有所失，盖因初为统治部人，多置郡县，守尉之费不赀，故昭帝后历渐归

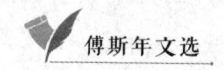

并。其统治不便者，又付之土侯，故不列郡国之籍焉。东汉光武帝时尤好以土侯代汉官，岁时朝贺依然，边境兵革鲜用，此经济的政策也。

汉代诸郡中在东北角者有四，曰辽东、辽西、乐浪、玄菟。历魏晋北朝，代有改动，今制表以明其沿革。此表为余逊君撰，特声明之（表中于涉及诸秦各事中引用洪亮吉《十六国疆域志》。洪志每以意为之，实少可取，杨守敬《四燕疆域图》亦难据。今不得已用之，洪志实不可尽信也）。

汉至隋东北诸郡县沿革表
辽东郡

秦郡，汉领县十八，治襄平，属幽州。后汉省县三，又分二县属辽东属国（《续志》辽东及辽东续国并有无虑。从惠栋、钱大昭、杨守敬诸家说，定辽东属国之无虑为夫黎之讹，而以无虑属辽东。详见《辽东属国夫黎下考释》），分二县属玄菟（《续志》候城重出于两郡，从钱大昕说，以候城属玄菟郡，领县十《续志》有候城，故作十一）。汉末公孙度自立为平州牧，传康恭渊皆屯襄平。初平元年，又分辽东置辽西中辽郡（见《魏志本传》领县未详）。景初二年，渊灭，郡复合于辽东，又分一县属玄菟省二县，领汉旧县七，汉末新置县一（从吴增仅说，《见北丰县下考释》）。是年置平州，郡属焉。寻复合于幽州（见《晋志》）。晋领旧县六，新置县二。咸宁二年，置平州，郡复属。慕容廆于州初置时为刺史，前燕建号，遂有其地。领旧县八，复汉废县三，新置县二，共领县十三。前秦后燕北燕因之（据洪亮吉《十六国疆域志》）。北魏辽东郡领县二，移治固都城（《地形志》）。北齐以后，郡盖没入高句骊矣。（《北史·高句骊传》载慕容宝以句骊王安为平州牧。封辽东带方二国王。略有辽东郡。魏太武拜琏为辽东郡公，高句骊王。琏子孙历受魏封为辽东郡公，至齐周亦然。隋文帝开皇十八年，高句骊率靺鞨万余骑寇辽西，隋文帝命汉王谅讨之，师次辽水。炀帝大业七年，帝亲将讨高句骊，惟于辽水西拔贼武厉逻，置辽东郡及通定镇而还。是后燕以后，高句骊强盛，渐略有辽东郡之大部，故魏置辽东仅领襄平新昌近辽水之二县，隋时高句骊进犯辽西，炀帝征之，仅拔其辽水西之地，则北齐以来，辽水以东，盖全部没入高句骊，其势力达辽水之西矣。至辽东郡以东之乐浪、玄菟带方，其失陷当在辽东之先。观后魏辽东犹领二县，而乐浪郡带方县则侨置于辽西，玄菟郡则地形志不著其名，可以知其故矣。）

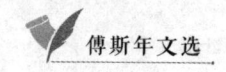

前汉	后汉	魏	晋	前燕	前秦	后燕	北燕	后魏	齐	隋	考释
襄平郡治	襄平 因	襄平 因	襄平 因	襄平 因 《晋书》载记慕容䇲自征辽东克襄平	襄平 因	襄平 因 《晋书》载记襄平令段登等谋反伏诛	襄平 因	襄平 《地形志》云"正光中复"	省		《水经·大辽水注》:"大辽水自望平来,屈而西南流,径襄平县故城下,又《小辽水注》:"小辽水自辽阳来,西南径襄平县,入辽队。"《前汉志》玄菟郡高句骊县下云:"辽水至辽队入大辽水。"按据《清一统志》,大辽水即今辽河,小辽水即今浑河,两水交会处之辽队,既在今辽河之东,浑河之北,辽宁辽阳西北地。

续表

前汉	后汉	魏	晋	前燕	前秦	后燕	北燕	后魏	齐	隋	考释
昌新	昌新	昌新	昌新	昌新。《晋书》载记，县人张衡执县宰降廆。慕容恪为新昌令。韩仁袭新昌，督护王寓击之，遂徙新昌人襄平	昌新	昌新	昌新《北史·高道悦传》曾祖策冯跋时封新昌侯	昌新《地形志》云正光中复	省		《一统志》故城在今海城县东。
无虑西部都尉治	无虑因	无虑因	省								《续书郡国志》，辽东属国下，重出无虑，注云"有医无虑山"，今从惠栋、钱大昕、杨守敬说，断为扶黎之讹。其"有医无虑山"五字，应见于辽东无虑县下（说见《辽东属国表》附注）。据《清一统志》："无虑故城今广宁县治，医无闾山在县西十里。"按广宁县即今辽宁北镇县。

续表

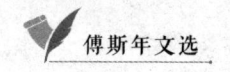

前汉	后汉	魏	晋	前燕	前秦	后燕	北燕	后魏	齐	隋	考释
望平莽曰长说	望平因	望平县，吴增仪。《三国郡县表》云《晋志》属玄菟，疑明帝破公孙渊后移	移属玄菟								《水经·大辽水注》："大辽水自塞外，东流至望平县，西下入襄平。"《前汉志·望平下注》云："大辽水出塞外，南至安市入海。"是望平在襄平北，大辽水东。《清一统志》谓故城在今广宁县（即今北镇县）东北。杨守敬《前汉地理图》位望平于巨流河（巨流河即辽河），铁岭县治，得之。
房	改属辽东属国										《水经·大辽水注》："大辽水自队来，东南过房县西，右合白狼水，下入安市。"《清一统志》："故城在今辽宁北镇县（即今郿郡注）东南。"按，辽队之东南，当在辽队东南，约当今辽宁牛壮营口之间。

续表

前汉	后汉	魏	晋	前燕	前秦	后燕	北燕	后魏	齐	隋	考释
候城 中部都尉治	改属玄菟(注)										(注)按《续志·辽东郡》：玄菟郡并有候城。顾炎武《救文格论》云："候城一玄菟，必有一焉宜删。"钱大昕曰："玄菟郡有候城，故属辽东。"（《廿二史考异》）按辽东郡复置一玄菟，而文矣。云"故属辽东，则此城为龙城。"《后书·陈禅传》："玄菟候城校尉"，是玄菟有候城明甚。今从顾说。据此候城之隶玄菟，于集解引曰：《后汉书·集解》引曰：《后汉书》之候城改属玄菟，而删辽东郡之候城焉。候城今地，杨守敬前汉图及续汉图，均位于今海城县治之南。按辽东郡属县，候城、辽阳三县，其地当相毗连。若候城故治在今海城南则其东为新昌，其西南为安市，后汉均仿属辽东。如居就在水入辽阳，辽阳仍属玄菟国，中间居就以三房，后又属辽东为人房之辽东属国，或居城在安市郭西即西郭郡治之辽阳县，能联络，始须通矣，窃意候城当在高显、与辽阳之其地不宜承附编今释辽东之言辽阳县安市与承附编今释故城在今沈阳承德县(今沈阳县)北(历代地理志部编今释)，盖近之。

续表

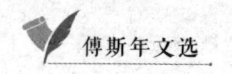

前汉	后汉	魏	晋	前燕	前秦	后燕	北燕	后魏	齐	隋	考释
辽队 莽曰顺睦	省（注）	辽队 复置	省								据《水经注》大辽水至县会小辽水，西下入房（引见《襄平县下》），故城当近泽河辽河交汇处，而位于辽河之西。《清一统志》谓在今海城之西，钱坫云"即今牛庄"（《新斠注地理志》）以地望考之，盖不误。（注）谢钟英云："《魏志·毌丘俭传》，'俭率诸军屯辽队'；《公孙度传》，'公孙渊遣将军卑衍杨祚等屯辽队'，盖汉末复置。"《三国疆域志补注》按《后书·东夷传》，"建光元年，夏，高句骊复与辽东鲜卑八千余人攻辽队"，是安帝时县已复置矣。

续表

	前汉	后汉	魏	晋	前燕	前秦	后燕	北燕	后魏	齐	隋	考释
辽阳荆州辽阴		改隶属玄菟										《前汉志》："大梁水西南至辽阳入辽。"《水经·小辽水注》："大梁水出北塞外，西南流至辽阳，入小辽水。"又"小辽水自玄菟高句骊来，径辽阳县合大梁水下入襄平"。据《清一统志》，大梁水今太子河，又名东梁河，小辽水今浑河。王先谦曰："以《汉志》及《水经注》考之，故城当在今辽阳德（即今辽阳县）之西北界沈德（即今辽宁沈阳）之间。梁水浑河交汇之处。"（《前汉书补注》及《后汉书集解》。）
险渎	险渎	改隶辽东属国			洪亮吉曰："未知何时复置，《晋书》费辰慕按滩讨仁遇仁于险渎。"	险渎	险渎	险渎				《前汉志颜注》引"徐广曰：朝鲜王卫满都也。'臣瓒曰：'王险城在乐浪郡浿水之东。'师古曰："瓒说是也。"以《清一统志》、《后汉书》考之，当在今锦州府广宁县（今辽宁北镇县）东南滨海之地。

续表

前汉	后汉	魏	晋	前燕	前秦	后燕	北燕	后魏	齐	隋	考释
居就	省		居就	居就《晋书》慕容仁所署令刘佩降就以城降就	居就	居就	居就				《前汉志居就县班自注》云："室伪山，北至襄平人梁。"《清一统志》："汤河在辽阳州东南五十二里，源出分水岭流人太子河（即大梁水）。室伪疑即分水岭，汤河疑即室伪水也。"陈澧云："今辽阳州沙河出千山，北流至州西北境，人太子河。"（《汉志水道图说》。）杨守敬《前汉地理志图》从陈说，以沙河为室伪水。按汤河在沙河东，其人太子河处，距襄平过远，陈说是也。居就故城，《清一统志》以为在今辽阳州西南，《读史方舆纪要》以为在海州卫（即辽宁海城县）东北，均不误。惟当位于沙河之南，距汤河较远耳。

续表

前汉	后汉	魏	晋	前燕	前秦	后燕	北燕	后魏	齐	隋	考释
高显	改属玄菟										徐养原云："疑在今开原县境。"杨守敬《三国疆域图》、《西晋地理图》同。
安市	安市	安市	安市（注）	安市	安市	安市	安市	真君九年别置于汉渔阳郡地，今河北密云西北，属安乐郡			《水经·大辽水篇》："大辽水又东过安市县，西南入于海。"《注引十三州志》曰："大辽水自塞外西南至安市人于海。"据此，辽水东岸，安市故城当在房县东南，谓故城在今盖平县东北，是也。（注）《晋志》作"安平"，洪亮吉曰："今本作'安平'，误。"《前燕疆域志》。《清一统志》《晋志》安平，晋初因之，是《晋志》安平为安市之讹。"（《后汉书集解》）。王先谦曰："一统志安平县，

049

续表

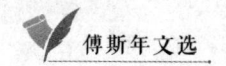

前汉	后汉	魏	晋	前燕	前秦	后燕	北燕	后魏	齐	隋	考释
武次 桓次，东部都尉治	省	省	省《读史方舆纪要》晋省县而城存	武次 洪亮吉曰：《晋书》载记，咸和九年慕容皝征辽东，迁其大姓于襄城，复立县。	武次	武次	武次				《读史方舆纪要》，故城在辽东都司（即今辽宁辽阳县）北。杨守敬《前汉志图》位于辽阳东北承德（今沈阳）东南。按县在西汉北部东部东尉治，自当在辽东境。杨图所定位置，盖得之。
平郭	平郭	平郭	省《读史方舆纪要》晋省县	平郭 洪亮吉曰："未知何时所复。"魏虞少子仁自平郭入伯林为县人所翼，文之得龟，克之，杀仁又慕容格使，东归于平郭。皝讨斩仁。皝以慕容格为度辽将军，镇平郭。"	平郭	平郭	平郭				《清一统志》故城今盖平县（今辽宁盖平）南。

续表

前汉	后汉	魏	晋	前燕	前秦	后燕	北燕	后魏	齐	隋	考释
西安平莽曰北安平	西安平	西安平	西安平	西安平 六国春秋：赵录石虎遣王华袭燕安平，破之	西安平	西安平	西安平				《前汉志·玄菟郡西盖马》下注云："马訾水西北入盐难水，西南至西安平入海。"据《清一统志》，马訾水即鸭绿江。《新唐志》："安东府南至鸭绿江北泊汋城七百里，故安平县也。"《清一统志》，谓故城在今辽阳州城东。《清志》云："据《唐志》当在鸭绿江北迳海处。"（《后汉书集解》引。）杨图西安平位置与马说同。
文莽曰文亭	汶	汶魏志齐王芳纪，正始元年，辽东汶北丰民徙渡海	汶	汶	汶	汶	汶				《通鉴》胡注汶在乐浪郡县西。《读史方舆纪要》："故城今盖州卫（即今辽宁盖平县地）西。"（谢钟英《三国疆域志补注》说同。）按以汶县民徙渡海之事观之，则县必在海滨。胡顾谢之说得之。杨守敬《三国志图》、《晋地理图》、《燕秦图》同。

续表

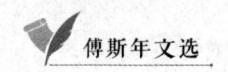

前汉	后汉	魏	晋	前燕	前秦	后燕	北燕	后魏	齐	隋	考释
番汗	番汗因	省									《前志·番汗下注》云："沛水出塞外，西南入海。"陈澧云，今朝鲜国博川城大定江西南流入海，盖沛水也。(《汉志·水道图说》)杨图列番汗于今辽宁昌图县治，以东汉河上流为赫尔苏河。按东辽河固在辽源县东，干沛水，与沛水之西南入海者不合。似以陈说为是。故城当在今博川城洽稍远，大定江左右。卫满初修辽东故塞，以沛水为界。卫满兴起，沛水下流距王险城尚远，卫满兵力所不及，故仍属汉辽东郡也。

052

续表

前汉	后汉	魏	晋	前燕	前秦	后燕	北燕	后魏	齐	隋	考释
沓氏		沓东 沓（注）	因 省								《清一统志》："故城今辽阳州界"。《读史方舆纪要》谓"在金州卫（今辽宁金县）东南，县西南临海，谓之沓渚。《吴志》孙权议讨公孙渊，陆瑁谏曰：'沓渚去渊，道里尚远，'盖泛海至辽沓有其登涉之所也"。杨图位于金州东南，与《纪要》说同。（注）吴增仅《三国郡县表东沓考证》云："《魏志·齐王芳纪》景初三年，辽东东沓县民渡海居齐郡界。《郡国志》有沓氏县。《魏略·载韩传》注引魏略《魏略》云'别遣将韩起等'，'驰行至沓'。《通鉴》青龙元年载胡珣疏云：'辽东郡有沓氏县，西南临渚海'，'沓渚去渊，道里尚远'。胡注：'辽东郡有沓氏，东沓县民渡海，即昔沓之氏，似是一地。然《魏略》作沓，不曰东沓，亦不曰沓氏。'景初三年，东沓诸之氏，疑汉末出氏名为沓，魏以齐郡立沓，故于辽东之沓，加东以别之耳（王先谦说略同，不再引）"。

续表

前汉	后汉	魏	晋	前燕	前秦	后燕	北燕	后魏	齐	隋	考释
		北丰（注）	省								杨守敬《三国疆域图》，位于奉天承德（今辽宁沈阳）西北，汉襄平县东化。（注）吴增仅《三国志·郡县表》卷五：〝北丰考证〞：〝《魏志·齐王芳纪》，辽东次化丰二县民流徙渡海。〞据此，则辽东确有北丰县。又云：〝疑汉末所立。〞
			力城	力城	力城	力城	力城				今地无考。
			乐就	乐就	乐就	乐就	乐就				今地无考。
				和阳（注）	和阳（注）	和阳	和阳				今地无考。
				西乐（注）	西乐	西乐	西乐				（注）《晋书》载记〝慕容皝征辽东，新立和阳武次为汉旧县，就盖复置。和阳西乐，则新立者也。〞

辽西郡

秦郡（故燕郡），前汉领县十四，属幽州，治且虑，后汉徙治阳乐，省六县，又分三县隶辽东属国，故仅领五县。三国魏因。晋复省二县。惠帝之后，幽州没于石勒（《晋志》），郡遂为后赵有，领旧县三，复汉废县一，移属营州（《晋书》石虎建武五年，以李农为使，持节监辽西北平诸军事，营州牧，镇令支。《通鉴》注，赵置营州统辽西北平二郡）。慕容氏强，郡入于前燕，领县如故，移属平州［洪亮吉曰，按《地形志·平州》晋置治肥如城，则郡盖自前燕时移属（《前燕疆域志》）］。历前秦至后燕，又移属营州（洪亮吉曰，《晋书·地理志》慕容熙以营州刺史镇宿军）。载记熙营州刺史仇尼倪。按《地理志》熙以幽州刺史镇令支，冀州刺史镇肥如。是熙时幽、冀、营三州皆在辽西一郡。今幽冀二州，仍从垂时治中山及苏，而以辽西郡归营州（《前燕疆域志》），领旧县四，新置县二。北燕又移属幽州（《晋书》载记冯万泥为幽、平二州牧，镇肥如），领旧县六，复汉废县一（据洪亮吉《十六国疆域志》）。后魏移属营州，领三县（《地形志》）。北齐省郡，并所领海阳入肥如，属北平郡。隋开皇六年，省肥如入新昌。十八年改名卢龙，大业初置北平郡领之，属冀州（《隋志》）。

附

乐良郡　自前燕已徙乐浪郡治于辽东。后魏时，郡入高句骊侨置于汉辽西故地，治连城，邻二县，属营州。北齐移属冀阳郡。

北平郡　本西汉右北平郡，至三国魏去"右"字（《太平寰宇记》），遂只名北平。至后魏侨置朝鲜于肥如，置新昌于肥如之南，置北平郡以领之，治朝鲜，属营州（《地形志》）。于是北平郡，遂移于汉辽西地。北齐合为一县，又省辽西郡以所领肥如属北平。大业初，复置北平郡领之（据《隋志》）。

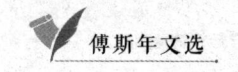

前汉	后汉	魏	晋	后赵	前燕	前秦	后燕	北燕	后魏	齐	隋	考释
且虑郡治莽曰组虑	省											《辽志》兴中府同山县本汉且虑县地。按兴中府故治即今热河土默特旗朝阳县，同山县当在土默特旗境。杨守敬《前汉志图》位且虑县于今朝阳县西，与辽志同。
海阳	海阳	海阳	海阳	海阳	海阳	海阳	海阳	海阳	海阳	天保七年省入肥如		《前汉志》海阳县注云："龙鲜水东入封大水，封大水缓虚水皆南入海。"《水经·濡水》注："封大水……出新安平县西南，流径新安平县故城西，又东南流，龙鲜水注之……乱流南会新河，南流入于海。《地理志》曰：'封大水于海阳县入海'……缓虚水出新安平县东北……东南流经今支城西，西南流与新河合，南流入于海。'《地理志》曰'缓虚水与封大水皆南入海'。"据此，则海阳在新安平之东南，今支之南，即《水经注》引《海阳城注》谓今支城南六十里有海阳城者也。以今地释之，谓今支故城北迁安县（今支故城在迁安南）南，滦县之西南。

续表

前汉	后汉	魏	晋	后赵	前燕	前秦	后燕	北燕	后魏	齐	隋	考释
新安平	省											据《水经·濡水》注，封大水自县东南流下入海阳，缓虚水出县东北，东南流径今支城西，西南流与新河合南人海（引见《海阳下》）。则新安平故城，当在今支西南，海阳西北，地当今河北迁安县西之西。
柳城西部都尉治	省											《清一统志》："故城即后魏及唐之营州，辽金之兴中府，在今锦州边界。"按后魏及唐营州，即今热河朝阳县地。按《太平寰宇记》引十六国春秋慕容皝传："柳城之北，龙山之西，所谓福德之地也。可营制规模，筑龙城，构宫庙，改柳城为龙城。"《水经注》引同。则龙城在柳城之北，盖以故柳城别领龙城为一城也。又按《地形志》，龙城县："后魏置营州，领建德冀阳昌黎郡属焉。真君八年并柳城昌黎棘城等郡，置以故柳城昌黎郡郡治。"皆足以证明龙城与柳城并立。柳城在汉为西部都尉治，当在热河朝阳乐以西，宜在阳乐东，以今地考之，辽宁锦县之西北。《清一统志》以柳城县之西北、失之。

057

续表

前汉	后汉	魏	晋	后赵	前燕	前秦	后燕	北燕	后魏	齐	隋	考释
令支莽曰令氏亭	令支	令支	省 冀地广记晋省	令支。《晋书》石虎建武四年，虎攻段辽，克令支。九年，虎命段兰率所部鲜卑五千人屯令支	令支洪亮吉曰，图经"傅职令支置辽西郡"，则令支是傅置也。《晋书》咸康三年，慕容皝率诸军改段辽为令支，以记诸城，掠五千余户而归	令支	令支。《晋书》载记，徐岩自蓟据令支，慕容农攻兖之，斩岩史弟	令支	省《地形志》真君七年省入阳乐			《水经·濡水》注："缓虚水自新安平东北来，东南径令支城西，下入海阳。濡水自涸阳白檀来，东南流径令支县故城东。"是令支在海阳之东，濡水之西。濡水即今之滦河，令支故城当位于其西。又《前志》《清一统志》注云："孤竹山在卢龙西。""孤竹城。"是令支故城在今河北卢龙县之西北。孤竹龙县之西北，《清一统志》谓令支故城在迁安县西，是也。

058

续表

前汉	后汉	魏	晋	后赵	前燕	前秦	后燕	北燕	后魏	齐	隋	考释
肥如莽曰肥而	肥如	肥如	肥如	肥如《晋书》虎建武四，拟为肥如长	肥如	肥如	肥如《晋书》载记盛幽州刺史寮容肥如。熙大城肥如	肥如《北史》宏黜世子崇今镇肥如。太兴二年，崇以肥如降魏	肥如	肥如天保七年，省海阳人肥如。人省辽西郡并《隋志》	卢龙《隋志》开皇六年，省肥如入新昌，十八年，改名卢龙，大业初置北平郡	《前志·肥如下》注云："玄水东入濡水，濡水南入海阳，又有卢水南人玄水。"《水经·濡水》注："玄水出肥如东北，西南流经肥如县故城，西南至会卢水。玄溪，俗又谓之肥如水，水入今玄支。故《地理志》曰'玄水东入濡，自东而注也'。"据此，则玄水、卢水交干肥如西南，下入今支。玄水再南人濡水，下入海阳。则肥如实在今玄支东北。按汉今支东北，在今河北迁安县西南基址。今迁安县东汤图河人青龙，青龙河西南流至卢北人滦阳。滦河即青龙河，青龙河流较长，当即玄水，而汤图河则卢水也。据此，则肥如故城当在今迁安之东，河汤图河交会处为其南，近之。《清一统志》谓在今卢龙西北三十里，近之。
									新昌本汉辽东郡属县，后魏别置，属北平郡	新昌天保七年并朝鲜人新昌，属北平郡	新昌《魏地形志》北平郡领朝鲜新昌二县。朝鲜即在肥如。《地形志》新昌有卢龙山，又更名卢龙。至隋省肥如人新昌，则并地名亦与今同矣。
									朝鲜本汉乐浪郡治。《地形志》延如元年，徙朝鲜民干肥如，复置属北平郡			

续表

前汉	后汉	魏	晋	后赵	前燕	前秦	后燕	北燕	后魏	齐	隋
宾从莽曰勉武(注)	改属辽东属国作宾徒										

考释：杨守敬《汉志》、《续志》、《三国疆域》、《晋志》诸图以为无考。《读史方舆纪要》谓辽大定府长安富庶归化四县，并在今大宁东南，晋汉宾徒县地。按《纪要》说近是。大宁卫在今热河平泉县东北百八十里，属喀喇沁旗，宾徒当在喀喇沁旗东南，与柳城相近。盖县在后汉属辽东属国，三国以后属昌黎郡，柳城后复置，又同为辽西郡属县，相距当不甚远。惟故城所在，不能确指耳。
（注）《续志》辽东属国有宾徒。王先谦曰：“故属辽西。”《晋志》亦作宾徒。《通鉴》晋王伦贬吴王晏为宾徒县公。秦苻坚封慕容垂宾徒侯，并取此名。《晋书》载记作宾都侯，‘都’‘徒’，音近而误。《辽史》作‘宾从’，‘宾从’《汉志》传写之误。

060

第一卷　古代之东北（自最初期至隋前）

续表

前汉	后汉	魏	晋	后赵	前燕	前秦	后燕	北燕	后魏	齐	隋	考释
交黎	后汉改属辽东属国都尉治昌辽日禽房（注）											《前汉志·交黎》下注云："渝水首受塞外，南入海。""临渝下注"云："渝水首受白狼水，东入塞外。"王先谦《下注》："按塞外止当言出，不当言入之讹。"《说文》："渝水在辽西临渝浿东出塞。"《水经·大辽水注》："白狼水北径黄龙城东，又东北，东流分为二水，右水疑即渝水也。……黄龙城东北，于又为辽西塞外。"按郦释自塞外有受白狼水，故曰："东出塞外出。"按郦释志文，盖谓渝水首受白狼水，流至交黎南入海也。《晋书》载记："咸康二年，慕容皝将讨伐万军二万从昌黎践陵而进。"是昌黎位渝水下游，当海口。《水经·大辽水注》："渝水自临渝东，又南径营丘故城东。"（此北魏侨置之营丘，齐辽南东南人海。""营丘在于而名之于辽燕之间者，盖燕、齐辽迴，侨分所在。"营丘与昌黎，同在渝人海之城。营丘既在渝东，则昌黎宜在水西。渝水故城实在今辽河下流之西，其南临海，而西北远之今大凌河《水经·大辽水注》："白狼水北流经昌黎故城东"之昌黎，顾炎武《京东考古录》论之剧详（引见《辽东国昌黎下考释》）。杨守敬州胖，于交黎故城，名位甚悉，而未尝论及说明。其晦明轩稿《前书地理》县东南百七十里，凌夷方舆纪要》。反此点。王先谦《按即热河朝阳》县东南百七十里，晋棘城以营州为前汉交黎故城。《后书集解》，引用马号龙说，谓唐《大辽水注》，白浪水径昌黎城，故城当在今锦州府义州西北境，以《郦注》龙城西南之昌黎，与汉交黎混而为一，失之远矣。

续表

前汉	魏	晋	后赵	前燕	前秦	后燕	北燕	后魏	齐	隋	考释
											（注《续志·辽东属国昌辽注》云："故天辽属辽西。"顾炎武《京东考古录》云："考之前代史书，并无昌辽之名，而前汉亦无天辽，疑当作'昌黎故交黎'。"白狼水又东北径昌黎县故城西，《地理志》应劭云，今昌黎，故交黎也。然则昌辽故天辽，当作昌黎故交黎也。"子谓'黎''辽'声相近，故昌黎亦作昌辽。犹乌氏为乌枝，库奚为傉奚也。"（《二十二史考异续汉书二》。）惠栋曰："按阚骃《十三州志》云，一辽东属国都尉治昌黎道。"又《前汉志》辽西郡交黎。"应劭云：'今昌黎。'又《通鉴注》云：'昌黎，天辽当作交黎，然则昌辽当作昌黎，汉交黎县，后汉属辽东属国都尉。'"知胡氏所见本，尚不误也。（《后汉书补注》。）按《晋志》："昌黎，汉属辽东。"亦昌辽当作昌黎之证。

续表

	前汉	后汉	魏	晋	后赵	前燕	前秦	后燕	北燕	后魏	齐	隋	考释
阳乐	阳乐 郡治		阳乐	阳乐	阳乐	阳乐《晋书》慕容廆遣慕容翰攻段氏，取新河，至阳乐。前燕以后，移治肥如东界	乐阳	乐阳	乐阳	乐阳 后魏真君七年并令支今资属焉（《地形志》）	省《隋志》："齐省辽西郡并所领海阳县人肥如。"阳乐当以此时省		《水经·濡水注》引《魏土地记》云："海阳城西南，有阳乐城。"马与龙曰："按阳乐县，《郡注》但引《风俗记》《土地记》之说，而不云故城，是郦氏未尝明言《土地记》之阳乐城为汉县也。考，《后书·鲜卑传》：'喝顿据辽西之土'；《魏志》：'苞为辽西太守，迎喝顿到柳城'；《赵苞传》：'是辽西郡治，在柳之西。'按指柳城，汉阳乐亦在柳城之东，辽水之西。马说是也。《清一统志》：'汉阳乐县在永平府东北口外，魏晋时移于肥如东界。'按《晋书》载："慕容廆遣慕容翰攻段氏，取河新城，至阳乐。"考魔以太康十年迁于徒河之青山，元康四年移居棘城，知徒河与棘城相近，则伐段氏，取徒河新城至阳乐，犹未出肥如东界，盖晋世阳乐，当在今辽宁锦县西北，小凌河之青，当在今辽宁锦县西北，小凌河之西。杨守敬图于晋以前，位阳乐于柳城之西，前燕以后，始移于肥如东南，得之。

063

续表

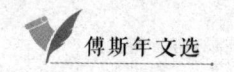

	前汉	后汉	魏	晋	后赵	前燕	前秦	后燕	北燕	后魏	齐	隋	考释
孤苏		省											《前汉志·孤苏》下注云："唐就河至徒河入海。"陈澧云："今蒙古土默特右翼小凌河，东南流至锦县入海，疑即唐就水。"（《汉志·水道图说》）按孤苏当在小凌河发源处，今热河朝阳县西南。
徒河 莽曰河福		改属辽东属国											《前汉志》："唐就水至徒河入海。"据陈澧说，唐就水为小凌河，徒河故城当距海不远。《辽志》："天定府神水县，汉徒河县地。"据《清一统志》谓在今锦县西北。
文成 莽曰言虏		省											杨图无考。《辽志》："中京松山县，汉文成县故地。"按中京即大定府治，在今热河平泉县东北。松山县在平泉北一百八十里（大宁城在平泉北北）。

续表

	前汉	后汉	魏	晋	后赵	前燕	前秦	后燕	北燕	后魏	齐	隋	考释
临渝	临渝	临渝	临渝	省与地广记入阳				临渝《晋书》载记河间人（冯）跋出辽西临渝迎长乐宗族					《前汉志·临渝》下注："渝水首受白狼，东入塞外，又有候水，南入渝。"《水经·大辽水注》："白狼水自交黎来，东南循渝水……西南循渝水，径一故城西，世以为河连城，疑即临渝县之故城。渝水又南流东屈，与一水会，世名之曰临仑水，疑即《地理志》所谓候水北入渝，则临渝在渝水东北也。"据此，则临渝故城南入海者，唯大凌河，东流屈南入海者，唯大凌河，东、今锦县东北。"《汉志水道图说》谓故城当在大凌河西。（今锦县东北。）杨守敬据图位之于义州（今辽宁义县），当近是。
素莽日选武	素			省									《前汉志·素县》下注云："下官水南入海，又有揭石水至官（下）官。"《一统志》（从王先谦说，"官"上夺"下"字。）据旧志，谓下官水即潮河，在今昌黎县东二十里，揭石水即急流河，亥水今饮马河，皆在今昌黎县南。按《水经·濡水》注："濡水自肥如来，东南至素县碣石山。"《一统志》说，按濡水即今滦河，在今昌黎县，素县故城，适当汉肥如县东南，滦河流经其东境，与《水经注》合。

065

续表

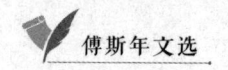

前汉	后汉	魏	晋	后赵	前燕	前秦	后燕	北燕	后魏	齐	隋	考释
							建安 《晋书》载记："盛遣李旱讨辽西太守李朗，师次建安。"（注）	建安因	省			按后魏辽西郡治阳乐，在肥如东界，旱自龙城趋阳乐，道经建安，则建安必在龙城西南肥如阳乐之北，今热河哈喇沁中旗之地。

续表

前汉	后汉	魏	晋	后赵	前燕	前秦	后燕	北燕	后魏	齐	隋	考释
							宿军《晋书》载记："熙大城肥如为宿军，以仇尼倪为营州刺史，镇宿军。"（注）	宿军十六国春秋北燕录："太平十四年，宿军地然，一旬乃灭。"	省			按《晋书》载记："熙大城肥如及宿军，以仇尼倪为营州刺史，镇宿军。上庸公懿为幽州刺史，刘木为冀州刺史，镇肥如。"三县相去疑当不甚远。宿军故城疑在河北迁安县附近。杨图位置亦在迁安县西。（注）洪亮吉曰："宿军建安时所立。"（《后燕疆域志》。）

续表

前汉	后汉	魏	晋	后赵	前燕	前秦	后燕	北燕	后魏	齐	隋	考释
									连城 乐良郡治	省		《魏地形志》："营州乐良郡，正光末复，治连城。"按魏乐良郡领永洛县，真君八年与徒河同并入昌黎郡广兴县。徒河在今大凌河西辽宁锦县之北，永洛必在其左右。乐良郡才领二县，则郡治去属县当不甚远。杨守敬《地形志图》位于辽宁义县地）。按《水经·大辽水》注："渝水首受白狼水西南循山，径一故城西，世以为河连城，疑是临渝县之故城。"按临渝县，晋时省入阳乐（据《舆地广记》），而乐良郡之置，则在正光末。盖《水经注》成书时，郡尚未怀置，故《郦注》以河连城为故城。及正光末置郡治，当即用此。杨图连城之与怀置城县相去不远，而连城之与河连城，名称又巧合，则因俗名而呼之为连城。盖如是，则与所领永洛县方位，当即此，此虽稍邻于意度，然固切合事实也。

068

续表

前汉	后汉	魏	晋	后赵	前燕	前秦	后燕	北燕	后魏	齐	隋	考释
									永洛《地形志》"正光末置，属乐良郡。"《隋志》作永乐	永乐改属冀阳郡		《地形志·营州昌黎郡广兴》下云："真君八年，并徒河永乐燕昌属焉。"又《乐良郡永洛注》云"正光末置"，是真君八年以前已有永乐，要后至正光末又复为魏乐良郡治连城，在今大凌河东，辽宁又县地。（见前）永洛当与郡治相近。又县尝与徒河并入广兴，则《徒河下考释》（今大凌河西辽宁锦县之北，说详《徒河下考释》）相去必不远。而永乐带方，北齐时同属冀阳郡（魏冀阳郡领平刚柳城二县），则故城所在不至城东，锦县之北，疑亦在今辽宁大凌河西、汉徒河故城东北之地。
									带方《地形志》正光末置，属乐良郡	带方属冀阳郡	省	当在永洛附近。按魏乐良郡治，从杨守敬图，位于汉临渝县故城，永洛带方在渝水西岸汉乐阳乐县东北，亦在汉乐阳乐县部，于汉皆属辽西郡，故附见于此。

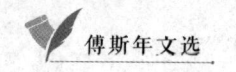

辽东属国　昌黎郡

后汉安帝时分辽东二县，辽西三县，新置一县（《续志》辽东属国有无虑县，从惠栋、钱大昭、杨守敬诸家说，定为扶黎之误。《前汉志》无夫黎，当为后汉时置，详见《夫黎下考释》），属辽东属国都尉，汉末陷公孙氏郡中废。公孙氏灭后，地入魏。正始五年复置，旋改为昌黎郡（吴增仅曰："《魏志·齐王芳纪》：'正始五年鲜卑内附，置辽东属国都尉，立昌黎县以居之。'据此，则辽东属国，汉已省废。《魏志·公孙瓒传》瓒为辽东属国都尉长史，时在光和前。建安十八年，省州并郡，《献帝起居注》所载幽州属郡，犹有辽东属国，盖废于公孙氏，至是复置也。其改为昌黎郡，疑在是年立县后矣"《三国郡县表》）。领县二。晋因。咸宁二年，置平州，郡属焉（《晋志》魏分辽东、昌黎、玄菟、带方、乐浪五郡为平州。吴增仅曰："《方舆纪要》引《典略》云：'景初二年，始以辽东昌黎等五郡为平州，独不言有辽西。'今考昌黎置郡，当在正始中，景初二年安得有昌黎郡乎？昌黎盖辽西之讹。"按如吴说，景初二年置平州，不得有昌黎郡，其说良是。然昌黎郡处辽西辽东之间，其南临海。昌黎不属平州，必依旧隶幽州。然使辽西属平州，则辽西与其他平州领郡，中间昌黎，不相联络，必无是理。疑魏平州只领四郡，《晋志》或因晋平州置后领五郡，有昌黎郡，因而致误。今于昌黎郡从吴说不隶魏平州，辽西郡则依旧属幽州，不列入魏平州）。慕容廆以平州刺史领郡，永嘉乱后，前燕建国，遂有其地。领旧县二，复汉废县一，新置县二。历前秦、后燕、北燕，领县无所增省（据洪亮吉《十六国疆域志》）。后魏领旧县一、新置县二（《魏地形志》）。北齐以昌黎旧县二移属建德郡。隋开皇元年，惟留龙城一县属建德，寻废郡，改县为龙山。十八年，改为柳城，大业初，置辽西郡领之（《隋志》）。

附

营丘郡　《晋书》载记："廆置营丘郡，以统营州流人。"领二县，属平州，历前秦、后燕，存废不可考。惟郡至北燕时犹存（《北史·冯跋传》，太武亲讨之，宏婴城固守，其营丘、辽东、成周、乐浪、带方、玄菟六郡皆降），疑未尝间废。北魏正光末，置营丘郡属营州（《地形志》按据此是后魏初尝废，至是复置），其所领二县，方位与前燕营丘郡同，疑即因故城置县，特更易其名耳（详见二县下考释）。齐篡东魏，郡县并省。

冀阳郡　《晋书》载记慕容廆置冀阳郡，以统冀州流人，领柳城及汉右北平郡之平刚二县，属平州。历符秦后燕废置不可考。北燕有冀阳郡，领县与前燕同（据洪亮吉《十六国疆域志》及杨守敬《四燕疆域图》），疑自前燕立郡后，中未尝间废。《魏地形志·冀阳郡》注云，并昌黎。武定五年复。至北齐冀阳郡，则所领为北魏侨置之乐浪郡二县。旧县悉省。至隋开皇元年，则郡县并废矣（据《隋志》）。

后汉	魏	晋	前燕	前秦	后燕	北燕	北魏	北齐	隋	考释
昌黎故属辽西，《前志》作交黎，《续志》误作昌辽	昌黎	昌黎	昌黎移治龙城西南	昌黎因	昌黎因	昌黎因	省《地形志》真君八年人龙城			顾亭林《京东考古录·考昌黎篇》云："按昌黎有五。《汉书》：'辽西郡……昌黎，渝水首受塞外，南入海……'，应劭曰，今昌黎。《通鉴》注：'昌黎，汉交黎县，属辽西郡，后汉属辽东属国都尉，'《晋书》，成帝咸康二年，慕容皝自昌黎东践水而进，凡三百余里，至历林口。是则渝水下流而当海口，此一昌黎也。《晋书》，慕容盛徙昌黎郡，又云，破宇文归之众，徙其部人五万余落于昌黎。及慕容盛之世，有昌黎尹孙伯仁，刘忠，高云以冯素弗为昌黎尹。冯跋之世有昌黎尹孙伯仁，以史考之，当去龙城不远，此又一昌黎也。魏并柳城，昌黎棘城于龙城，而立昌黎为郡。志云，有尧祠榆顿城狼水。而列传仿如韩麒麟，韩秀……之伦，皆昌黎人。即燕之旧都昌黎，此又一昌黎也。齐以后，昌黎之名废。（下更述以后之考释。）按晋西南大凌河西。至明晰，昌黎变迁。《辽西交黎下考释》。分述晋西以后之昌黎，汉晋东黎水下流海口，当渝水下流为锦州西南大凌河西。至真君。《辽西交黎下考释》。则指郡名而言，慕容就徙昌黎郡，于是龙城附近则有昌黎城。县则并人龙城西，而魏所谓昌黎故城者，又东北迳龙城东，在黄龙城西南白狼水之东，《水经·大辽水注》，白狼水北迳白狼故城东，又东北迳昌黎故城西，又东北迳黄龙城东，燕以后昌黎之故城，是真君八年以后人龙城者也。以今地考之，即前燕，大凌河东北岸（白狼水上流为大凌河），当热河朝阳东南，土默特右翼旗之东，杨图于前燕仍位昌黎于汉晋故地，失之。
宾徒故属辽西	宾徒	宾徒	宾徒	宾徒	宾徒	宾徒	省			今热河喀喇沁旗南，说详《辽西郡宾从下考释》。

续表

后汉	魏	晋	前燕	前秦	后燕	北燕	北魏	北齐	隋	考释
徒河 故属辽西	省	省	徒河 《晋书》段辽寇徒河，慕将张萌击走之，是此时又复置	徒河	徒河	徒河	省《地形志》真君八年，并入〔广〕			今辽宁锦县西北，见《辽西下郡考释》。
扶黎 《续志》作无虑，据惠栋、钱大昭、杨守敬说改	省									惠栋《后汉书补注》曰："顾炎武说，按辽东有无虑县，此不应重出（按顾说见《救文格论》）。按此扶黎也，后人传写误耳。《鲜卑传》云'鲜卑复攻扶黎营'，注云，'扶黎县属辽东，故城在今营州东南。'今《两汉志》无扶黎县，而辽东不应有两无虑，必扶黎之误。又《鲜卑传》云'鲜卑寇辽东属国，乌桓校尉耿晔移屯无虑城以拒之'，明扶黎国扶黎不作无虑也。"钱大昭《续汉书》辨疑曰："安帝纪元初二年，鲜卑围无虑县，又攻夫犁营，注云，夫犁县名，属辽东国。鲜卑传亦同，然则章怀所见本《续说书》，无虑、夫犁国有夫犁，无虑。无虑既属辽东，不应重出。"有医无虑山'句，钱二家不重引。）按惠钱之说是也。《廿二史考异》此扶黎亦当作无虑之下。"（又引见钱大昕《廿二史考异》）杨守敬说略同，钱二家不重引。）按惠钱之说是也。《太平寰宇记》营州柳城下云："扶黎故城在今县东南，其地带龙山，在营州东南，即慕容祭天之所。"按唐营州都督府及末营州柳城，均治前燕所置龙城，今热河朝阳县，则从汉扶黎故城，即在今朝阳县东南。

续表

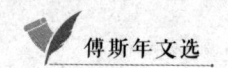

后汉	魏	晋	前燕	前秦	后燕	北燕	北魏	北齐	隋	考释
险渎 故辽东属县	省									故城在今辽宁北镇县东南，详《辽东险渎下考释》。
房 故辽东属县	省									故城在今辽河下流之东，牛庄、营口之间，说详《辽东郡房县下考释》。

续表

后汉	魏	晋	前燕	前秦	后燕	北燕	北魏	北齐	隋	考释
			龙城 汉柳城地。《太平寰宇记》引《十六国春秋·慕容皝传》：柳城之北，龙山之西……可营别都规模。构宗庙，改柳城为龙城，九年，遂迁都龙城	柳城 疑即汉柳城故治	龙城 复因		龙城 真君八年并柳城、昌黎、棘城	龙城 齐省柳城，以龙城隶建德郡	柳城 《隋志》，开皇元年，省冀阳郡，唯留建德一郡，龙城一县。寻又废郡，改县为龙山。十八年，改为柳城，大业初，置辽西郡	自汉至隋，柳城有二。汉辽西郡，其一为柳城，于其北置龙城，前秦时亦有柳城，北燕北魏之柳城，与龙城对立，当即汉旧县，此一柳城也。隋开皇间，改龙城为龙山，十八年，改柳城，此即唐营州之龙城府治所之柳城，亦即前燕至北齐之龙城故地，此又一柳城也。汉柳城北，即今热河朝阳县之西北，辽宁朝阳县之西北之龙城及隋朝柳城故城，则在龙城之南，辽西朝阳县治。《水经·大辽水注》："白狼水自昌黎东，东北径龙山是故城处大凌河之西北。据《太平寰宇记》东至辽河，南至大海三百四十里，与今朝阳县方位恶合。（注）《魏书》魏将冠元不攻冀阳拔之。《地形志》："冀阳郡，领柳城昌黎，并冀阳郡人昌黎，真君八年，并冀阳郡人昌黎，武定五年复。"
						柳城属冀阳郡（注）	柳城 真君八年人龙城，武定五年复，属冀阳郡			

续表

后汉	魏	晋	前秦	后燕	北燕	北魏	北齐	隋	考释
		棘城　洪亮吉曰："《晋书》载记：慕容护跋于魏时始建国于棘城北，至元康四年廆复移居棘城。"《太平御览》引《十六国春秋·前燕录》：'元康四年，定都大棘城。'又引《燕书》：'秋，七月，丁卯，营新殿。''昌黎大棘城县河岸崩，是棘城前燕尝为县也。"	棘城	棘城	棘城	省　真君八年省人龙城			《读史方舆纪要》，今营州故城东南百七十里，晋当为棘城县。按当今辽宁义县左右。
						广兴　《地形志》："真君八年，并徒河永乐燕昌焉。"	广兴属建德郡		杨图不详所在地。按魏并徒河永乐属广兴，永乐即永洛，属良郡。后魏乐良郡治连城在今辽宁义县（从杨图）永洛，均在今锦县西北。徒河自汉至燕秦二县，相去必近，疑亦在今锦县西北，义县之西南。广兴既并治二县之间，故亦当在今锦县西北，义县之西南。

076

续表

后汉	魏	晋	前燕	前秦	后燕	北燕	北魏	北齐	隋	考释
			武宁 燕营丘郡治（注）				定荒 《地形志》： "正光末 置。"	省		无考。
						富宁	富平 《地形志》： "正光末 置。"	省		（注）《晋书》载记："庾置营丘郡，以统青州流人。"《太平寰宇记》引《十六国春秋》："慕容皝东徙河置营丘郡。"《通鉴》注："辽西郡临渝县有渝水，首受白狼水，流径营丘城西，庾所置郡也。"
										洪亮吉曰："《晋书》皝武宁今广平孙兴，《通鉴》注'武宁县亦慕容氏所置'，按《通鉴》云'营丘内史鲜于屈降，赵兴晓谕吏民，收屈余众'，则武宁当属营丘郡，并为郡治也。"

第一卷　古代之东北（自最初期至隋前）

续表

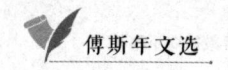

后汉	魏	晋	前燕	前秦	后燕	北燕	北魏	北齐	隋	考释
										《魏书·地形志》，营丘郡，正光末置（属营州），领富平于前燕武宁永安二县，富平当为郡治。杨守敬图位富平于前燕临海，其南临海。按武宁富平先后为营丘郡治。据《通鉴》，注"渝水南流径营丘城西，渝水所置郡也"。又据《水经·大辽水注》："渝水南入海。"道元魏人，所言即魏之营丘城。如郦注胡之说，则燕魏营丘城，同在渝水下流东岸，当为一地。盖前燕置郡，后中废，北魏复置，郡治遂仍慕容氏故城，而更易其县名耳。以今地考之，当在大凌河下流之东，今辽宁义县之东南，锦县之东，其南则近海也。又按营丘郡位置，在前汉为辽东地，在后汉则当为辽东属国属地（渝水西岸临海处为汉昌黎县，营丘郡治所，亦即辽东属国都尉治，其东则属汉险渎治，国领县），故知为辽东属国领地。故附见于此。

078

续表

后汉	魏	晋	前燕	前秦	后燕	北燕	北魏	北齐	隋	考释
			武原国。属营丘郡。洪亮吉曰："《晋书》有魔武原内史常霸。"							县治不能确指，当在营丘郡治武宁附近，今大凌河左之地。
							永安《地形志》云："正光末置，属营丘郡。"	省		当在营丘郡治富平附近。

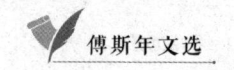

玄菟郡

武帝灭朝鲜，元封三年置郡（《史记·朝鲜传》、《汉书·武帝纪·朝鲜传》均作元封三年置，惟《地理志》作四年。按郡当与乐浪郡同置。《地理志》乐浪郡亦作元封三年置，知此处四为三之误）。初治沃沮，后以夷貊交侵，徙治高句骊（《魏志·东夷传》）。昭帝始元五年，罢临屯郡，分属乐浪玄菟（《魏志·东夷传》）。前汉领县三，属幽州。后汉安帝即位之年，分辽东三县来属，共领六县。汉末，公孙康，徙郡于辽东东北二百里，侨置句骊县为郡治（从吴增仅《三国郡县表》，说见《高句骊下考释》）。魏因之。景初二年，置平州，郡属焉。寻复还合幽州（《晋书·地理志》）。领汉旧县二，移辽东一县来属，凡领三县。晋咸宁二年，置平州，郡复属焉（《晋书·本纪》泰始十年，置平州。此从《地理志》）。平州初置，以慕容廆为刺史。永嘉乱后，郡遂入前燕。历前秦后燕北燕，领县皆如魏旧，无所增损（据《十六国疆域志》）。至后魏建国后，郡遂失。

	前汉	后汉	魏	晋	前燕	前秦	后燕	北燕	后魏	北齐	隋	考释
高句骊郡治	高句骊	高句骊	高句骊	高句骊	高句骊	高句骊	高句骊	高句骊				《前汉志·玄菟高句骊》下注云："辽山辽水所出，西南至辽队入大辽水，又有南苏水，西北经塞外。"按《汉志》辽水，即今浑河，亦即今浑河，《一统志》陈澧诸家之说并同。惟南苏水则解说各异。《清一统志》以南苏半里之苏子河当南苏水。按《魏志·东夷传》"高句骊在辽东千里"（《后书·东夷传》同），兴京城距汉江为南苏，不盈三百里，与魏志之言刺谬。杨守敬图以今松花江为南苏，位前汉距汉辽东郡治，吉林桦甸县辉发河会松花江处之东南，松花江屈折西北流处，与《魏志·东夷传》之言较合。又《郡国志刘注》辽东郡在洛阳东北三千六百里，玄菟郡在辽东北四百里，或疑其与东夷传洛阳东北四千里（且承祚千里之言）不合。按《刘注》是玄菟郡治距洛阳之远近里数耳，辽东两郡治，亦举成数言之耳。刘句骊更在襄平东北，相距固可以千里（且承祚千里之言）。注与《魏志》并不快共也。又按昊增仪《三国郡县表》卷五《玄菟郡考》：《魏志·东夷传》：'汉武帝元封二年，治沃沮城，后为夷貊所侵，徙郡句骊西北，灵帝建宁二年，句骊王伯固降汉，寒平中，伯固求属玄菟。'《通鉴》：'青龙元年，公孙渊置吴使者吴旦等六十八子玄菟，玄菟在辽东二百里。'胡注：'此非玄菟旧治也。'据此，则汉末玄菟已徙近汉玄菟。《东夷传》云：'公孙康破句骊，焚烧邑落，句骊王伊夷模更作新国，王弟拔奇诣康降。'疑是时玄菟复寇，故徙置句骊以为郡治也。"高句骊县内徙之后，还治近辽东，又因拨奇之降，距辽东仅二百里。《水经》、《小辽水篇》：'按高辽山，小辽水所出。'《水经注》作者，《四库提要》定为三国时人，则在有辽山，小辽水所出。

续表

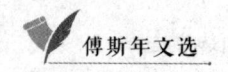

前汉	后汉	魏	晋	前燕	前秦	后燕	北燕	后魏	北齐	隋	考释
	上殷台莽曰下殷台										高句骊移治之时，仍系辽山及小辽水源于县下。及郡道元注《水经》，在后魏治之时已久，亦以辽山之辽水源，属于高句骊。知后高句骊移治之后，其故城距辽山小辽水发源处不远。杨图位于浑河发源处之东，今辽宁开原之南，铁岭之东南，而沈阳之东北，殆近之。
上殷台莽曰下殷台		省									今地不可考。
西盖马莽曰玄菟亭	西盖马《续志》作西盖乌（注）	省									《前汉志·西盖马下》注云："马訾水西北入盐难水，西南至西安平入海。"据《清一统志》"马訾水即鸭绿江，盐难水即佟家江。鸭绿江出长白山西南，流至朝鲜国山阴公城人佟家江"。《清一统志》，则西盖马当在山阴公城东南。杨图位置与此合。西盖马谓汉之盖马，即今平县，远在辽东部滨海之处，玄菟郡岂能越境遥领，盖失之。（注）齐召南曰："按本书东沃沮在高句骊盖马大山之东，知此作乌误。"

082

续表

前汉	后汉	魏	晋	前燕	前秦	后燕	北燕	后魏	北齐	隋	考释
	高显 故属辽东	高显	高显	高显	高显	高显	高显				疑在今辽宁开原县。
	候城 故属辽东	省									当在今辽宁沈阳县北,说详《辽东郡候城下考释》。
	辽阳 故属	省									故城在今辽宁沈阳县西北,界沈阳县之间,梁水浑河交会之处。
东辽		望平 故属辽东(注)	望平	望平	望平	望平	望平				今辽宁铁岭县。(注)吴增仅《三国郡县表》卷五云:"《晋志》属玄菟,疑魏破渊后移来。"

第一卷 古代之东北(自最初期至隋前)

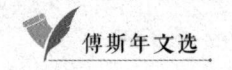

乐浪郡

武帝灭朝鲜，元封三年开郡（后汉属幽州），治朝鲜县。昭帝始元五年，省临屯真番属焉（《汉书·昭纪》及《魏志·东夷传》）。领县二十五（《地理志》）。后汉建武六年，罢都尉官，省单单大岭以东东部都尉所领七县（《魏志·东夷传》），凡领县十八。献帝建安中，公孙康分屯有县以南七县置带方郡（《魏志·东夷传》），省五县，凡领县六。魏因之。景初二年，置平州，郡属焉，寻复还合幽州（见《晋书·地理志》及《方舆纪要》引《典略》）。晋领县如旧（咸宁二年，《晋书·本纪》在泰始十年），置平州，郡复属。慕容廆为平州刺史，遂有其地，复徙郡治于辽东。（洪亮吉曰："《晋书》，张统归廆，廆为之置乐浪郡，以统为太守。按此，则郡及县皆非汉乐浪旧地也。"按为之置乐浪郡者，盖谓在辽东置乐浪郡治所耳，非必更于辽东，侨置郡邑也。郡治移辽东后，所在地今不能详。）自前燕历前秦、后燕、北燕，无所增损（据洪亮吉《十六国疆域志》）。北魏失郡，侨置于汉辽西郡地，治连城，领县二（《地形志》）。北齐省。

前汉	后汉	魏	晋	前燕	前秦	后燕	北燕	后魏	考释
朝鲜郡治	朝鲜	朝鲜	朝鲜	朝鲜郡治移辽东	朝鲜	朝鲜	朝鲜	后魏失郡，怀置县于肥如，属北平郡	杨守敬《晦明轩稿·王险城考》：《史》《汉》并言朝鲜王满都王险城。王险在乐浪水之东。……按臣瓒说在浿水之东，必其城当浿水东南流曲处，故不言南而言东。言浿水东则不在浿水北可知矣。而《水经注》言'王满都险城，今高丽之国都，城在浿水之阳'，是以平壤城当王险城矣。故《括地志》云：'平壤城，即王险也。'《汉》、朝鲜传》注'险城即平壤'，以后说则无以为典据者。余读《史》、《汉》、朝鲜传》，平壤城在浿水之南，其证有四。浿水今大同江也，平壤在大同江之北，而《史》、《汉》并言满渡浿水都王险，证一也。楼船将军从齐浮海至列口，左将军出辽，左将军由陆路攻其西，是汉以楼船由水道攻其南，左将军由陆路攻其北。楼船先至王险。军败遁山中。进退皆不言度浿水，也。右渠恩降，遣太子入谢，方渡浿水太子疑左将军杀之，遂不渡浿水，军击朝鲜浿水西，尚左将军诈之，未能军杀朝鲜，证二也。自朝鲜灭后，武帝灭朝鲜，定为四郡，而乐浪郡治仍名朝鲜，至三国时，皆为魏郡属，都丸都城，为毋丘俭所破，复引归，证三也。魏兵退，高丽始兴，其时乐浪、带方，皆为高丽所有。故城南奔。自朝鲜沃沮，夺其郡治之余，始移都平壤。是平壤城非王险城审矣。"按杨说是也。近时日人原田淑人乐浪发掘报告，谓大正二年以来，在大同江南岸平壤府西南一里半土城，有"乐浪太守章"、"朝鲜右尉"、"朝鲜丞印"三封泥，"乐浪礼信"、"乐浪富贵"、"大晋元康"等铭识之瓦当出土，近年更有"黏蝉长印"、"长岑长印"、"增地长印"、"浑弥长印"、"乐都长印"五印发现，因认定土城为乐浪郡治朝鲜县在浿水南之精审矣。

续表

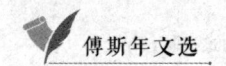

前汉	后汉	魏	晋	前燕	前秦	后燕	北燕	后魏	考释
浿邯	浿邯	省							今地不可考。
浿水莽曰乐鲜亭			省						《前汉志·浿水下》注云："水西至增地入海。"《水经·浿水篇》："浿水出镂方，东南过临浿县，东南入于海。"《郦注》："许慎云：'浿水出镂方，一曰出浿水县。'《十三州志》云：'浿水县在乐浪东，镂方县在郡东。'盖出其县南径镂方也。昔燕人卫满自浿水西至朝鲜，遂灭之。若水东流，无渡浿之理。其水西经朝鲜前西北流，故《地理志》日浿水西至增地入海'也（按增地应为'朝鲜'之误），又汉兴以朝鲜为远，循辽东故塞，至浿水为界。据《十三志》西南流之误，于事差谬，盖经误证也。《郦注》说是也（汉朝鲜县即今平壤城东北），当在今朝鲜平壤城西，阴德之南。发源处，地当今朝鲜永兴之西。
含资（《续志》作贪资）		移带方							《前汉志·含资下》注云："带水西至带方入海。"陈澧云："大同江之南，有驼岑山水，又南有临津江水，源流行里之水。凡五百里，正合今五百里，约得今八百二十里，其水必短，疑即驼岑山水也。"按陈说水近是，惟驼岑山水居西南流，与志云'西流入海'之说不合。《清一统志》及《晦明轩稿》、《续志图》、《前流人稿》谓带水即熊津江，杨守敬驳之（见《清一统志》），含资位于熊津江源左右，志释地驳议），较为得之。

续表

前汉	后汉	魏	晋	前燕	前秦	后燕	北燕	后魏	考释
黏蝉	占蝉	省							《前汉志·吞列下》注云："列水至黏蝉入海。"按列水即今朝鲜临津江（详《含资下考释》）。今临津江至朝鲜丰德县入海，黏蝉故城当在其附近。
遂城		遂城	遂城	遂城	遂城	遂城	遂城		杨图不详所在地。《晋书·地理志》："秦筑长城之所起。"按《史记·蒙恬传》："筑长城，起临洮，至辽东。"《汉书·朝鲜传》："秦灭燕，属辽东外徼。汉兴为远难守，复修辽东故塞，至浿水为界。"则浿水（今大同江）西икак，曾为秦辽东属地。遂成为秦长城所起，自必在浿水以北秦辽东郡界。其后卫满以兵威财物侵降其旁小邑，遂改当以此时入朝鲜，武帝灭朝鲜，要当在浿水（即大同江）之西北，玄菟郡之西南，今朝鲜平安北道之地。《一统志》谓在今平壤南，确指其地，或以其地与乐浪接近，遂改属乐浪，今虽不能安北道之地。《一统志》谓在今平壤南，盖失之。
增地莽曰增土	增地	省							《前志·浿水县下》注云："浿水西至增地入海。"按今朝鲜大同江即古浿水，今大同江至朝鲜三和城入海，当即汉增地县地。

续表

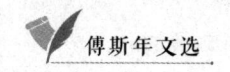

前汉	后汉	魏	晋	前燕	前秦	后燕	北燕	后魏	考释
带方	带方	移属带方郡							《前志·含资下》注云："带水西至带方入海。"则带方当在平壤西南，熊津江（即带水）入海处左右，今朝鲜汉城西南。
驷望	驷望	驷望	驷望	驷望	驷望	驷望	驷望		今地不可考。
海冥	海冥	移带方							杨守敬《前汉图》注云："魏以屯有以南置带方郡，以《晋志》照之，是带方列口吞列长岑提奚含资海冥七县，皆在乐浪之南，今地无考。
列口	列口	移带方							从陈澧说，列水为临津江（见《海冥下考释》），列口为临江入海之口，应在平壤西南。
长岑	长岑	改属带方							在屯有之南（见《含资下考释》），今地无考。
屯有	屯有	屯有	屯有	屯有	屯有	屯有	屯有		《魏志·公孙度传》："公孙度分屯有以南，置带方郡。"而屯有仍属乐浪，则屯有当在乐浪南境。
昭明	昭明	昭明	省						杨守敬《前志图》云："昭明为南部尉治，在乐浪之南无疑。"
昭明南部都尉治									

续表

前汉	后汉	魏	晋	前燕	前秦	后燕	北燕	后魏	考释
镂方	镂方	镂方	镂方	镂方	镂方	镂方	镂方		《水经·浿水注》引《十三州志》："镂方县在乐浪郡东。"按乐浪治朝鲜，在今平壤大同江南岸。镂方当在平壤之东。
提奚	提奚	改属带方							在屯有之南（见《海冥》下考释）。今地无考。
浑弥	浑弥	浑弥	浑弥	浑弥	浑弥	浑弥	浑弥		今地不可考。
吞列	乐都注	移属带方							(注)《续志》有乐都，《前志》无。谢钟英云：《三国疆域志补注》（《前志》）自注，数带方属县，亦及吞列。按吞列位置，于魏应为带方属地，是与谢定为吞列之改名。《前志·吞列下》注："分黎山列水所出。"按从隙壑说，列水即临津江，则吞列县分黎山为临津江发源处。故城当在今朝鲜平壤东南，江原道境。

续表

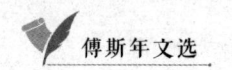

前汉	后汉	魏	晋	前燕	前秦	后燕	北燕	后魏	考释
东暆	省								杨守敬《晦明轩稿·汉志释地驳议》云："按《后汉书·东夷传》言，'昭帝始元五年，罢临屯、真番，以并乐浪玄菟'。玄菟复徙居句骊，自单单大岭以东，沃沮秽貊悉属乐浪。后以境土广远东岭东七县，置乐浪东部都尉，建武六年省都尉官，遂弃岭东地。今以《续志》较《前志》乐浪郡无东而蚕合华丽邪头昧前莫夫租七县，故知此七县皆当在乐浪郡之东，而华丽沃沮旧将玄菟所属，此二县当稍北，不而邪头昧为濊貊之地，当稍南，东暆蚕合前莫夫朝鲜（乐浪郡治）之北。"又《汉志释地驳议》又云："玄菟治高句骊，高句骊在朝鲜（乐浪郡治）之北。"……武帝纪邑臣贲引茂陵书："玄菟治临屯郡治东暆县，去长安六千一百三十八百十五里，真番郡治霅县，东去长安七千四百四十里十五县，盖在单单大岭以东，属东部都尉，为光武所弃者。《续志》乐浪郡故蚕合华丽远于玄菟千里也……综而言之，是玄菟最北，当在玄菟治东，临屯在乐浪以东，是玄菟之东可知也。按东暆之东，华丽沃沮之南，临屯为故临屯郡治，乐浪属县东暆之南，乐浪属县。

090

续表

前汉	后汉	魏	晋	前燕	前秦	后燕	北燕	后魏	考释
不而东部都尉治		省							杨守敬曰："《隋书·外国传》，新罗兼有沃沮不而韩秽之地。考《汉志》言不而东部都尉治，是不而在乐浪沃沮无疑也。《三国志·东夷传》：'濊南与辰韩，北与高句骊沃沮接，东穷大海，'又云：'自单单大岭以西，属乐浪，自岭以东，七县都尉主之，皆以濊为民种也。'又云：'正始六年，乐浪太守弓遵，以岭东濊属句骊，兴师伐之，不耐侯等举邑降。八年不耐秽王，更拜不耐秽王，'是不而即濊属句骊，不耐侯等一邑无疑也。《一统志》谓在今朝鲜国咸兴府北是也。"（《晦明轩稿·汉志释地驳议》。）
蚕台		省							从杨守敬说，属乐浪东部都尉，当在故玄菟属县沃沮华丽之南，不而邪头昧之北。盖不而邪头昧之北，杨说为故玄菟郡（分见两县下考释），据胭胘注，濊貊在辰韩之北，濊貊南与辰韩接壤，县不能在其之南，故知其地必位于不而邪头昧之北也。
华丽	华丽《续志》无（注）	省							杨守敬曰："《后汉书·句骊传》：'元和五年，复与濊貊寇玄菟攻华丽城。'（《晦明轩稿》。）按华丽初本玄菟乐浪东部都尉，又尝为玄菟郡属县，则当为乐浪郡东，东峡诸县之北矣，今地无考。（注）王先谦曰："《魏志·东夷传》：'元和元年，句骊王宫寇玄菟，攻华丽县城。'则县固在也。"

091

续表

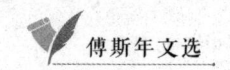

前汉	后汉	魏	晋	前燕	前秦	后燕	北燕	后魏	考释
邪头昧	省								杨守敬曰:"'昧'音秣,说文有濊邪头国。'晋灼曰:'濊音秽,濊貊国也。服虔曰:'濊貊在辰韩之北,高句骊之南。'是其地当今朝鲜咸镜府忠州之间。"(《晦明轩稿·汉志释地驳议》。)古濊字,濊昧音近,是邪头昧即说文之濊邪头国,亦即骊之南。
前莫	省								前莫从杨守敬说属乐浪东部都尉,在乐浪郡东部,地当华丽沃沮之南,不而邪头彼之北。今地无考。
夫租即沃沮	省								杨守敬曰:"《后汉书·东沃沮传》:'武帝灭朝鲜以沃沮地为玄菟郡,后为夷貊所侵,徙居于高句骊西北,更以沃沮为县,属乐浪东部都尉。'(《魏志》同)是玄菟初治沃沮也。"(《自注今本汉志》乐浪无沃沮县,而有夫租县,此为沃沮之误无疑。按沃沮初属玄菟,后属乐浪东部都尉,当在乐浪东部,故临屯县治东瞧之北,而与华丽县相近。

带方郡

后汉建安中，公孙康分屯有县以南荒地置郡，治带方，领县七（《魏志·东夷传》）。魏因之。景初二年，置平州。郡属焉。寻复还合幽州（《晋书·地理志》及《方舆纪要》引《典略》）。晋因之。咸宁二年，置平州（《晋书·书纪》在泰始十年），郡复属。慕容廆为刺史，永嘉乱后，前燕建国，遂有其地历前秦、后燕、北燕，领县无增损。北魏以后，遂不能复有其地。

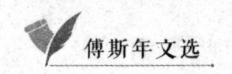

魏	晋	前燕	前秦	后燕	北燕	考释
带方郡治	带方	带方	带方	带方	带方	在今朝鲜汉城西南，熊津江入海处附近。
列口	列口	列口	列口	列口	列口	按带方七县皆自乐浪改属《乐浪郡下》。今朝鲜平壤西南，临津江入海之口。
乐都	南新	南新	南新	南新	南新	从谢钟英说，乐都即前汉列口易名，在今朝鲜江原道沿津江源左右。《晋江》带方郡有南新无乐都。汪士铎云"晋改乐都为南新"，今从之（注说见《汉志释地》）。
长岑	长岑	长岑	长岑	长岑	长岑	在乐浪郡屯有南，今地无考。
提奚	提奚	提奚	提奚	提奚	提奚	同上。
含资	含资	含资	含资	含资	含资	今平壤东南，熊津江源左右。
海冥	海冥	海冥	海冥	海冥	海冥	在屯有南，今地不可考。

第四章　两汉魏晋之东北属部

上　史料

按，汉魏晋东北属部之礼俗文化具见《后书》、《魏略》（《魏志》引）、《魏志》、《晋书》，今如重为编次成说，或能便于读者，然难免致巨大之错误。盖此等古代史料，分解则或得胜义，重编则不易存疑，如徇读者之便而有损史料，亦事之最不幸者。故今集录史料于前，缀录识语于本文之下，而以余所分解者置其后。史料之旁加圈识者，多是最可注意之事，在余所分析之中特为标出者也（其诸史相同之点，仅圈其最前见者）。

又按，汉魏晋东北属部，严格言之，夫余、高句骊、句骊、沃沮、濊貊也。更广其义，亦可将岁时朝谒之三韩列入，挹娄则并非中国属部，仅中国属部夫余之属部耳。然如不合挹娄以统论诸部，势感困难，故仍存之。至诸部之次叙则依《后汉书》。

又本章所抄者，大体不及《晋书》以次，然《魏书》、《北史》之《勿吉传》与《后书》、《魏志》者相发明，又《北史》之《百济新罗传》亦然，故并附焉。又两书文句大同小异者，并行录之，以便省览。

又范氏《后汉书》成于《三国志》之后，然范氏《后汉书》乃直录前人者，不可以其为刘宋时之史籍而轻之。故今仍录之于《魏志》前。

叙语

《后汉书》　（上文已见前引）东夷率皆土著，喜饮酒，

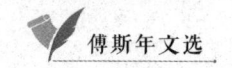

歌舞，或冠弁，衣锦，器用俎豆，所谓"中国失礼，求之四夷"者也。（按，所谓土著者，谓居处生活著土为定，非迁徙之游牧民族。所谓"中国失礼，求之四夷"者，盖缘中国本部文化进展特速，故后代礼俗每异先世，东夷转能保存中国古代之生活状态也。）

《魏志》 虽夷狄之邦，而俎豆之象存。"中国失礼，求之四夷"，犹信。

一　夫余

《后汉书》 夫余国在玄菟北千里，南与高句骊，东与挹娄，西与鲜卑接，北有弱水，地方二千里，本濊地也。初北夷索离国（按，索离，《魏略》作离，《通典》同，《梁书》作镐离，《隋书》直作高丽，然则《后书》作索离者，字之误也。）王出行，其侍儿于后姙身。王还，欲杀之。侍儿曰："前见天上有气，大如鸡子，来降，我因以有身。"王囚之，后遂生男。王令置于豕牢，豕以口气嘘之，不死，复徙于马兰，马亦如之（按此数语酷似《诗·生民篇》言后稷生事）。王以为神，乃听母收养，名曰东明。东明长而善射，王忌其猛，复欲杀之。东明奔走，南至掩㴲水。以弓击水，鱼鳖皆聚浮水上。东明乘之，得度，因至夫余而王之焉（说见前）。于东夷之域最为平敞，土宜五谷，出名马、赤玉、貂豽、大珠如酸枣，以员栅为城，有宫室、仓库、牢狱（按，此为东北民族与中国人生活之基本相同处，与漠南北游牧部落基本相异处）。其人粗大、强勇，而谨厚，不为寇钞。以弓矢刀矛为兵（然则戈非其主要兵器，或竟不用）。以六畜名官，有马加、牛加、狗加，其邑落皆主属诸加。〔按清乾隆帝辩此名号甚力（见《满洲源流考》卷一），然不可通。乾隆帝以马加、牛加、猪加、狗加为司马、司牛、司猪、司狗。司马司牛犹可说，猪、狗非牧畜之物，不能成群，而属之个人，焉得有司猪司狗乎？此图腾之标识耳。］食饮用俎豆，会同拜爵，洗爵，揖让升降（按此亦中国风习）。以腊月祭天（按此亦秦俗），大会连日饮食歌舞，名曰迎鼓。是时断刑狱，解囚徒（按此当与秦汉大脯同）。有军事亦祭天，杀牛，以蹄占其吉凶（此当与殷代牛肩胛骨卜法为一类之变）。行人无昼夜好歌吟，音声不绝。其俗用刑严急，被诛者皆没其家人为奴婢，盗一责十二，男女淫皆杀之，尤治恶妒妇，既杀，复尸于山上。兄死妻嫂，死则有椁无棺，杀人殉葬多者以百数。其王葬用玉匣，汉朝常豫以玉匣付玄菟郡，王死则迎取以葬焉。建武中，东夷诸国皆来献见。二十五年，夫余王遣使奉贡，光武厚答报之，于是使命岁通。至安帝永初五年，夫余王始将步骑七八千人寇钞乐浪，杀伤吏民。后复归附。永宁元年，乃遣嗣子尉仇台诣阙贡献，天子赐尉仇台印绶金彩。顺帝永和元年，其王来朝京师。帝作黄门鼓吹角抵戏以遣之。桓帝延熹四年，遣使朝贺贡献。永康元年，王夫台将二万余人寇玄菟，玄菟太守公孙域击破之，斩首千余级。至灵帝熹平三年，复奉章贡献。夫余本属玄菟，献帝时其王求属辽东云。

《魏志》　夫余在长城之北，去玄菟千里，南与高句丽，东与挹娄，西与鲜卑接，北有弱水，方可二千里，户八万。其民土著，有宫室、仓库、牢狱。多山陵广泽，于东夷之域最平敞（按，此平敞之地当即今吉林西境、黑龙江南境，以及洮南一带之大平原也。其曰多山陵，必兼括今吉林中部诸山，或北及兴安岭之南支）。土地宜五谷，不生五果。其人粗大，性强勇、谨厚，不寇钞。国有君王，皆以六畜名官，有马加、牛加、猪加、狗加、大使、大使者、使者。邑落有豪民名，下户皆为奴仆。诸加别主四出，道大者主数千家，小者数百家。食饮皆用俎豆，会同，拜爵洗爵，揖让升降。以殷正月祭天，国中大会，连日饮食歌舞，名曰迎鼓，于是时断刑狱，解囚徒。在国衣尚白（按，据《檀弓》，及汉人言五德者，皆谓殷尚白），白布大袂袍裤，履革鞜，出国则尚缯绣锦罽，大人加狐狸狖白黑貂之裘（此盖在国用其本国之俗，国用染于汉俗之服耳），以金银饰帽。译人传辞，皆跪，手据地窃语。用刑严急，杀人者死，没其家人为奴婢，窃盗一责十二，男女淫，妇人妒皆杀之，尤憎妒，已杀，尸之国南山上，至腐烂，女家欲得，输牛马乃与之。兄死妻嫂，与匈奴同俗。其国善养牲，出名马、赤玉、貂狖、美珠，珠大者如酸枣。以弓矢刀矛为兵，家家自有铠仗。国之耆老自说古之亡人。作城栅皆员，有似牢狱（据殷墟发掘，知商人宫室多作圆形）。行道昼夜无老幼皆歌，通日声不绝。有军事，亦祭天，杀牛，观蹄，以占吉凶，蹄解者为凶，合者为吉。有敌，诸加自战，下户俱担粮饮食之。其死，夏月皆用冰，杀人殉葬，多者百数，厚葬，有棺无椁。夫余本属玄菟，汉末，公孙度雄张海东，威服外夷，夫余王尉仇台更属辽东。时句丽鲜卑强，度以夫余在二虏之间，妻以宗女。尉仇台死，简位居立，无适子，有孽子麻余。位居死，诸加共立麻余。牛加兄子名位居，为大使，轻财善施，国人附之，岁岁遣使诣京都贡献。正始中，幽州刺史毌丘俭讨句丽，遣玄菟太守王颀诣夫余，位居遣犬加郊迎，供军粮。季父牛加有二心，位居杀季父父子，籍没财物，遣使薄敛送官。旧夫余俗水旱不调，五谷不熟，辄归咎于王，或言当易，或言当杀。麻余死，其子依虑年六岁，立以为王。汉时，夫余王葬用玉匣，常豫以付玄菟郡，王死，则迎取以葬。公孙渊伏诛，玄菟库犹有玉匣一具。今夫余库有玉璧珪瓒，数代之物，传世以为宝，耆老言，先代之所赐也。其印文言王之印，国有故城，名濊城，盖本濊貊之地，而夫余王其中自谓亡人，抑有似也。

　　《魏略》　其俗停丧五月，以久为荣。其祭亡者，有生有熟。丧主不欲速，而他人强之常诤引，以此为节。其居丧男女皆纯白。妇人着布面衣，去环珮，大体与中国相仿佛也。（按，此全是中国人之旧俗，儒者丧礼所自出也。然则夫余之族，溯其本始，当与诸夏同源矣。）又其国殷富，自先世以来未尝破坏也。

《晋书》 （晋）武帝时，频来朝贡。至太康六年，为慕容廆所袭破，其王依虑自杀，子弟走保沃沮。帝为下诏曰："夫余王世守忠孝，为恶虏所灭，甚愍念之。若其遗类足以复国者，当为之方计，使得存立。"有司奏，护东夷校尉鲜于婴不救夫余，失于机略。诏免婴，以何龛代之。明年，夫余后王依罗遣诣龛求率见人还复旧国，仍请援，龛上列，遣督邮贾沉以兵送之，廆又要之于路，沉与战，大败之，廆众退，罗得复国。尔后每为廆掠其种人，卖于中国，帝愍之，又发诏，以官物赎还，下司冀二州禁市夫余之口。（按，夫余自西汉臣服中国，玄菟外徼也。及其衰亡，中国犹为之存亡国恤遗民焉。）

二　挹娄（肃慎）

《后汉书》 挹娄，古肃慎之国也，在夫余东北千余里，东滨大海，南与北沃沮接，不知其北所极。土地多山险。人形似夫余，而言语各异（按，人形似夫余者，明其有混合，言语各异者，明其为殊族）。有五谷、麻布，出赤玉、好貂。无君长，其邑落各有大人，处于山林之间。土气极寒，常为穴居，以深为贵，大家至接九梯。好养豕，食其肉，衣其皮，冬以豕膏涂身，厚数分，以御风寒，夏则裸袒，以尺布蔽其前后。其人臭秽不洁，作厕于中，圜之而居。自汉兴以后，臣属夫余。种众虽少，而多勇力，处山险，又善射，发能入人目。弓长四尺，力如弩矢，用楛，长一尺八寸，青石为镞，镞皆施毒，中人即死。便乘船，好寇盗，邻国畏患，而卒不能服。东夷夫余饮食类此，皆用俎豆，惟挹娄独无法俗，最无纲纪者也。

《魏志》 挹娄在夫余东北千余里，滨大海，南与北沃沮接，未知其北所极。其土地多山险，其人形似夫余，言语不与夫余句丽

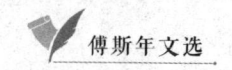

同。有五谷、牛马、麻布。人多勇力。无大君长，邑落各有大人。处山林之间，常穴居，大家深九梯，以多为好。土气寒剧于夫余。其俗好养猪，食其肉，衣其皮，冬以猪膏涂身，厚数分，以御风寒，夏则裸袒，以尺布隐其前后，以蔽形体。其人不洁，作溷在中央，人围其表居。其弓长四尺，力如弩矢，用楛，长尺八寸，青石为镞，古之肃慎氏之国也。善射，射人皆入，因矢施毒，人中皆死。出赤玉、好貂，今所谓挹娄貂是也。自汉以来，臣属夫余，夫余责其租赋重，以黄初中叛之，夫余数伐之。其人众虽少，所在山险，邻国人畏其弓矢，卒不能服也。其国便乘船寇盗，邻国患之。东夷饮食类皆用俎豆，惟挹娄不法俗，最无纲纪也。（按，挹娄既服于夫余，又曰："卒不能服也。"语似矛盾。然寻绎其意，乃谓挹娄并非国家，而为散漫之部落，一部分服于夫余，而其大部分终不能夷灭也。）

《晋书》 肃慎氏一名挹娄，在不咸山北，去夫余可六十日行，东滨大海，西接寇漫汗国，北极弱水。其土界广袤数千里，居深山穷谷，其路险阻，车马不通。夏则巢居，冬则穴处。父子世为君长，无文墨，以言语为约。有马不乘，但以为财产而已。无牛羊，多畜猪，食其肉，衣其皮，绩毛以为布。有树名雒常，若中国有圣帝代立，则其木生皮可衣。无井灶，作瓦鬲，受四五升以食，坐则箕踞，以足挟肉而啖之，得冻肉，坐其上令暖。土无盐铁，烧木作灰，灌取汁而食之。（按，滨海之人而无盐，其文化之低可见。）俗皆编发，以布作襜，径尺余，以蔽前后。将嫁娶，男以毛羽插女头，女和则持归，然后致礼娉之。妇贞而女淫，贵壮而贱老。死者，其日即葬之于野，交木作小椁，杀猪积其上，以为死者之粮。性凶悍，以无忧哀相尚。父母死，男子不哭泣，哭者谓之不壮。相盗窃，无多少皆杀之，故虽野处而不相犯。有石砮皮骨之甲，檀弓三尺五寸，楛矢长尺有咫。其国东北有山，出石，其利入铁，将取之，必先祈神。周武王时，献其楛矢石砮，逮于周公辅成王，复遣使入贺，尔后千余年，虽秦汉之盛，莫之致也。及文帝作相，魏景元末，来贡楛矢、石砮、弓甲、貂皮之属，魏帝诏归于相府，赐其王傉鸡锦罽绵帛。至武帝元康初，复来贡献。元帝中兴，又诣江左贡其石砮。至成帝时，通贡于石季龙。四年方达。季龙问之，答曰："每候牛马向西南眠者三年矣，是知有大国所在，故来云。"

《魏书·勿吉传》、《北史·勿吉传》　勿吉国在高句丽北，旧肃慎国也（一曰靺鞨）。邑落各自有长，不相总一。其人劲悍，于东夷最强，言语独异。常轻豆莫娄等国，诸国亦患之。去洛阳五千里，自和龙北二百余里，有善玉山，山北行十三日，至祁黎山，又北行七日，至如洛环水，水广里余，又北行十五日，至太岳鲁水，又东北行十八日，到其国。国有大水，阔三里余，名粟末水。其部类凡有七种，其一号粟末部，与高丽接，胜兵数千，多骁武，每寇高丽。其二伯咄部，在粟末北，胜兵七千。其三安车骨部，在伯咄东北。其四拂涅部，在伯咄东。其五号室部，在拂涅东。其六黑水部，在安车西北。其七白山部，在粟末东南。胜兵并不过三千，而黑水部尤为劲。自拂涅以东，矢皆石镞，即古肃慎氏也。东夷中为强国，所居多依山水，渠帅曰大莫弗瞒咄。国南有从太山者，华言太皇，俗甚敬畏之，人不得山上溲污。行经山者，以物盛去，上有熊罴豹狼，皆不害人，人亦不敢杀。地卑湿，筑土如堤，凿穴以居，屋形似冢，开口向上，以梯出入。其国无牛，有马，车则步推，相与偶耕。土多粟、麦穄，菜则有葵，水气咸，生盐，于木皮之上，亦有盐池。其畜多猪，无羊，嚼米为酒，饮之亦醉。婚嫁，妇人服布裙，男子衣猪皮裘，头插武豹尾。俗以溺洗手面，于诸夷最为不洁。初婚之夕，男就女家，执女乳而妒罢。其妻外淫，人有告其夫，夫辄杀妻，而后悔，必杀告者，由是奸淫事终不发。人皆善射，以射猎为业。角弓长三尺，箭长尺二寸，常以七八月造毒药，传矢以射，禽兽中者立死，煮毒药，气亦能杀人。其父母春夏死，立埋之，冢上作屋，令不雨湿，若秋冬死，以其尸

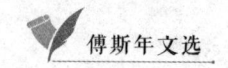

捕貂，貂食其肉，多得之。延兴中，遣使乙力支朝献。太和初，又贡马五百匹。乙力支称，初发其国，乘船溯难河西上，至太沵河，沉船于水，南出，陆行，渡洛孤水，从契丹西界，达和龙。自云，其国先破高句丽十落，密共百济，谋从水道，并力取高丽，遣乙力支奉使大国，谋其可否。诏敕三国同是藩附，宜共和顺，勿相侵扰。乙力支乃还，从其来道取得本船泛达其国。九年，复遣使侯尼支朝。明年，复入贡。其旁有大莫卢国、覆钟国、莫多回国、库娄国、素和国、具弗伏国、匹黎尒国、拔大何国、郁羽陵国、库伏真国、鲁娄国、羽真侯国，前后各遣使朝献。太和十三年，勿吉复遣使贡楛矢方物于京师。七年，又遣使人婆非等五百余人朝贡。景明四年，复遣使侯力归朝贡。自此迄于正光，贡使相寻，尔后中国纷扰，颇或不至。延兴二年，六月，遣石文云等贡方物，以至于齐，朝贡不绝。隋开皇初，相率遣使贡献，文帝诏其使曰："朕闻彼土人勇，今来，实副朕怀。视尔等如子，尔宜敬朕如父。"对曰："臣等僻处一方，闻内国有圣人，故来朝拜。既亲奉圣颜，愿长为奴仆。"其国西北与契丹接，每相劫掠，后因其使来，文帝诫之，使勿相攻击。使者谢罪，文帝因厚劳之，令宴饮于前。使者与其徒皆起舞，曲折多战斗容，上顾谓侍臣曰："天地间乃有此物。"常作用兵意，然其国与隋悬隔，惟粟末白山为近。炀帝初与高丽战，频败其众。渠帅突地稽率其部降，拜右光禄大夫，居之柳城，与边人来往，悦中国风俗，请被冠带。帝嘉之，赐以锦绮而褒宠之。及辽东之役，突地稽率其徒以从，每有战功，赏赐甚厚。十三年，从幸江都，寻放还柳城，李密遣兵邀之，仅而得免，至高阳没于王须拔，未几，遁归罗艺。

三　高句骊　句骊

《后汉书》　高句骊，在辽东之东千里，南与朝鲜濊貊，东与沃沮，北与夫余接，地方二千里。多大山深谷，人随而为居。少田业，力作不足以自资，故其俗节于饮食，而好修宫室。东夷相传，以为夫余别种，故言语法则多同，而跪拜曳一脚（按今满洲人之打千是也），行步皆走（此应是中国所谓趋也）。凡有五族，有消奴部、绝奴部、顺奴部、灌奴部、桂娄部（按，奴当为语尾之音，似与《左传》文十一年所记长狄侨如、焚如、荣如、简如诸名，同其语法）。本消奴部为王，稍微弱，后桂娄部代之。其置官有相加、对卢、沛者、古邹大加、主簿、优台、使者、帛衣先人。武帝灭朝鲜，以高句骊为县，使属玄菟，赐鼓吹伎人。其俗淫，皆洁净自喜。暮夜，辄男女群聚为倡乐。好祠鬼神、社稷，零星以十月祭天大会，名曰东盟。其国东有大穴，号襚神，亦以十月迎而祭之。其公会衣服皆锦绣，金银以自饰。大加、主簿皆著帻，如冠帻，而无后，其小加著折风，形如弁。无牢狱，有罪，诸加评议便杀之，没入妻子为奴婢。其婚姻皆就妇家，生子长大，然后将还，便稍营送终之具，金银财币尽于厚葬，积石为封，亦种松柏。其人性凶急，有气力，习战斗，好寇钞，沃沮东皆属焉。

《后汉书》 句骊，一名貊耳，有别种，依小水为居，因名曰小水貊。出好弓，所谓貊弓是也。王莽初，发句骊兵以伐匈奴，其人不欲行，强迫遣之，皆亡出塞，为寇盗。辽西大尹田谭追击，战死。莽令其将严尤击之，诱句骊侯驺入塞，斩之，传首长安。莽大悦，更名高句骊王为下句骊侯，于是貊人寇边愈甚。建武八年，高句骊遣使朝贡，光武复其王号。二十三年冬，句骊蚕支落大加戴升等万余口诣乐浪内属。二十五年春，句骊寇右北平、渔阳、上谷、太原，而辽东太守祭肜以恩信招之，皆复款塞。后句骊王宫生而开目能视，国人怀之，及长，勇壮，数犯边境。和帝元兴元年春，复入辽东寇，略六县，太守耿夔击破之，斩其渠帅。安帝永初五年，宫遣使贡献，求属玄菟。元初五年，复与濊貊寇玄菟，攻华丽城。建光元年春，幽州刺史冯焕、玄菟太守姚光、辽东太守蔡讽

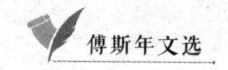

等，将兵出塞击之，捕斩濊貊渠帅，获兵马财物。宫乃遣嗣子遂成将二千余人逆光等，遣使诈降，光等信之，遂成。因据险阨以遮大军，而潜遣三千人攻玄菟辽东，焚城郭，杀伤二千余人。于是发广阳、渔阳、右北平、涿郡属国三千余骑同救之，而貊人已去。夏，复与辽东鲜卑八千余人攻辽队，杀掠吏人。蔡讽等追击于新昌，战殁，功曹耿耗，兵曹掾龙端，兵马掾公孙酺，以身扞讽，俱殁于陈，死者百余人。秋，宫遂率马韩濊貊数千骑围玄菟。夫余王遣子尉仇台将二万余人与州郡并力讨破之，斩首五百余级。是岁宫死，子遂成立。姚光上言，欲因其丧发兵击之，议者皆以为可许。尚书陈忠曰："宫前桀黠，光不能讨，死而击之，非义也。宜遣吊问，因责让前罪，赦不加诛，取其后善。"安帝从之。明年遂成，还汉生口，诣玄菟降。诏曰："遂成等桀逆无状，当斩断菹醢，以示百姓，幸会赦令，乞罪请降。鲜卑濊貊连年寇钞，驱略小民动以千数，而裁送数十百人，非向化之心也。自今以后，不与县官战斗，而自以亲附送生口者。皆与赎直，缣人四十匹，小口半之。"遂成死，子伯固立。其后濊貊率服，东垂少事。顺帝阳嘉元年，置玄菟郡屯田六部。质桓之间，复犯辽东西安平，杀带方令，掠得乐浪太守妻子。建宁二年，玄菟太守耿临讨之，斩首数百级，伯固降服，乞属玄菟云。

《魏志》 高句丽在辽东之东千里，南与朝鲜濊貊，东与沃沮，北与夫余接，都于丸都之下，方可二千里，户三万。多大山深谷，无原泽。随山谷以为居，食涧水。无良田，虽力佃作不足以实口腹。其俗节食，好治宫室，于所居之左右立大屋祭鬼神，又祠灵星社稷。其人性凶急，喜寇钞。其国有王，其官有相加、对卢、沛者、古雏加、主簿、优台丞、使者、皂衣先人，尊卑各有等级。东夷旧语以为夫余别种，言语诸事多与夫余同，其性气衣服有异。本有五族，有涓奴部、绝奴部、顺奴部、灌奴部、桂娄部。本涓奴部为王，稍微弱。今桂娄部代之。汉时，赐鼓吹技人，常从玄菟郡受朝服衣帻。高句丽令主其名籍，后稍骄恣，不复诣郡，于东界筑小城，置朝服衣帻其中，岁时来取之。今胡犹名此城为帻沟溇，沟溇者，句丽名城也。其置官有对卢则不置沛者，有沛者则不置对卢。王之宗族，其大加皆称古雏加。涓奴部本国主，今虽不为王适统，大人得称古雏加，亦得立宗庙，祠灵星社稷。绝奴部世与王婚，加古雏之号。诸大加亦自置使者、皂衣先人，名皆达于王，如卿大夫之家臣，会同坐起，不得与王家使者、皂衣先人同列。其国中大家不佃作，坐食者万余口，下户远担米粮鱼盐供给之。其民喜歌舞，国中邑落，暮夜，男女群聚相就歌戏。无大仓库，家家自有小仓，名之为桴京。其人洁清自喜，善藏酿。跪拜申一脚，与夫余异，行步皆走。以十月祭天，国中大会，名曰东盟。其公会，衣服皆锦绣，金银以自饰。大加、主簿头著帻，如帻而无后，其小加著折风，形如弁。其国东有大穴，名隧穴。十月，国中大会，迎隧神还，于国东上祭之，置木隧于神坐。无牢狱，有罪，诸加评议便杀之，没入妻子为奴婢。其俗，作婚姻，言语已定，女家作小屋于大屋后，名婿屋。婿暮至女家户外，自名跪拜，乞得就女宿，如是者再三，女父母乃听使就小屋中宿，傍顿钱帛，至生子已长大，乃将妇归家。其俗淫。男女既嫁娶，便稍作送终之衣。

厚葬，金银财币尽于送死。积石为封，列种松柏。其马皆小，便登山。国人有气力，习战斗，沃沮东濊皆属焉。又有小水貊句丽，作国依大水而居，西安平县北有小水，南流入海，句丽别种依小水作国，因名之为小水貊，出好弓，所谓貊弓是也。王莽初，发高句丽兵以伐胡，不欲行，强迫遣之，皆亡出塞，为寇盗。辽西大尹田谭追击之，为所杀。州郡县归咎于句骊侯骐。严尤奏言："貊人犯法，罪不起于骐，且宜安慰，今猥被之大罪，恐其遂反。"莽不听，诏尤击之。尤诱期句丽侯骐，至而斩之，传送其首诣长安，莽大悦，布告天下，更名高句丽为下句丽，当此时为侯国。汉光武帝八年，高句丽王遣使朝贡，始见称王。至殇、安之间，句丽王宫

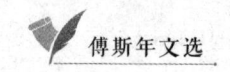

数寇辽东，更属玄菟。辽东太守蔡风、玄菟太守姚光以宫为二郡害，兴师伐之，官诈降请和，二郡不进，宫密遣军攻玄菟，焚烧候城，入辽队，杀吏民。后宫复犯辽东，蔡风轻将吏士追讨之，军败，没。宫死，子伯固立，顺桓之间复犯辽东，寇新安居乡，又攻西安平，于道上杀带方令，略得乐浪太守妻子。灵帝建宁二年，玄菟太守耿临讨之，斩首虏数百级，伯固降，属辽东。嘉平中，伯固乞属玄菟。公孙度之雄海东也，伯固遣大加优居、主簿然人等助度击富山贼，破之。伯固死，有二子，长子拔奇、小子伊夷模。拔奇不肖，国人便共立伊夷模为王。自伯固时，数寇辽东，又受亡胡五百余家，建安中，公孙康出军击之，破其国，焚烧邑落。拔奇怨为兄而不得立，与涓奴加各将下户三万余口诣康降。还住沸流水降胡，亦叛伊夷模。伊夷模更作新国，今日所在是也。拔奇遂往辽东，有子留句丽国，今古雏加位居是也。其后复击玄菟，玄菟与辽东合击，大破之。伊夷模无子，淫灌奴部生子，名位宫，伊夷模死，立以为王，今句丽王宫是也。其曾祖名宫，生能开目视，其国人恶之，及长大，果凶虐，数寇钞，国见残破。今王生，堕地亦能开目视人，句丽呼相似为位，似其祖，故名之为位宫。位宫有力勇，便鞍马，善猎射。景初二年，太尉司马宣王率众讨公孙渊，宫遣主簿、大加将数千人助军。正始三年，宫寇西安平。其五年，为幽州刺史毌丘俭所破，语在俭传。

四　东沃沮　北沃沮　勿吉别附挹娄下

《后汉书》　东沃沮在高句骊盖马大山之东，东滨大海，北与挹娄夫余，南与濊貊接。其地东西夹，南北长，可折方千里。土肥美，背山向海，宜五谷，善田种，有邑落长帅。人性质直强勇，便持矛步战。言语、饮食、居处、衣服有似句骊。其葬，作大木椁，长十余丈，开一头为户，新死者先假埋之，令皮肉尽，乃取骨置椁中，家人皆共一椁，刻木如生，随死者为数焉。武帝灭朝鲜，以沃沮地为玄菟郡。后为夷貊所侵，徙郡于高句骊西北，更以沃沮为县，属乐浪东部都尉。至光武罢都尉官后，皆以封其渠帅为沃沮侯。其土迫小，介于大国之间，遂臣属句骊。句骊复置其中大人遂为使者以相监领，责其租税、貂布、鱼盐、海中食物，发美女为婢妾焉。又有北沃沮，一名置沟娄，去南沃沮八百余里，其俗皆与南同。界南（按南当作北）接挹娄，挹娄人喜乘船寇钞，北沃沮畏之，每夏辄藏于岩穴，至冬，船道不通。乃下居邑落。其耆老言，尝于海中得一布衣，其形如中人衣，而两袖长三丈。又于岸际见一人，乘破船，顶中复有面，与语，不通，不食而死。又说海中有女国，无男人，或传其国有神井，窥之辄生子（云此与高句丽祭隧之俗当同源）。

《魏志》 东沃沮在高句丽盖马大山之东，滨大海而居。其地形东北狭，西南长，可千里，北与挹娄夫余，南与濊貊接。户五千，无大君王，世世邑落各有长帅。其言语与句丽大同，时时小异。汉初，燕亡人卫满王朝鲜时，沃沮皆属焉。汉武元封二年，伐朝鲜，杀满孙右渠，分其地为四郡，以沃沮城为玄菟郡。后为夷貊所侵，徙郡句丽西北，今所谓玄菟故府是也。沃沮还属乐浪，汉以土地广远，在单单大领之东分置东部都尉，治不耐城，别主领东七县，时沃沮亦皆为县。汉光武六年，省边郡，都尉由此罢，其后皆以其县中渠帅为县侯，不耐、华丽、沃沮诸县皆为侯国，夷狄更相攻伐，惟不耐濊侯至今犹置，功曹、主簿、诸曹皆民作之，沃沮诸邑落梁帅皆自称三老，则故县国之制也。国小，迫于大国之间，遂臣属句丽。句丽复置其中大人为使者，使相主领，又使大加统责其租赋、貂布、鱼盐、海中食物，千里担负致之，又送其美女以为婢妾，遇之如奴仆。其土地肥美，背山向海，宜五谷，善田种。人性质直强勇，少牛马，便持矛步战。食饮、居处、衣服、礼节有似句丽。其葬，作大木椁，长十余丈，开一头作户，新死者皆假埋之，才使覆形，皮肉尽，乃取骨置椁中，举家皆共一椁，刻木如生，形随死者为数。又有瓦鬲，置米其中，编悬之于椁户边（按，今中国北方，犹通用此俗）。毌丘俭讨句丽，句丽王宫奔沃沮，遂进师击之，沃沮邑落皆破之，斩获首虏三千余级。宫奔北沃沮。北沃沮一名置沟娄，去南沃沮八百余里，其俗南北皆同，与挹娄接。挹娄喜乘船寇钞，北沃沮畏之，夏月恒在山岩深穴中为守备，冬月冰冻，船道不通，乃下居村落。王颀别遣追讨宫，尽其东界。问其耆老，海东复有人不。耆老言，国人尝乘船捕鱼，遭风见吹，数十日，东得一岛，上有人，言语不相晓，其俗常以七月取童女沉海。又言，有一国，亦在海中，纯女，无男。又说，得一布衣，从海中浮出，其身如中国人衣，其两袖长三丈。又得一破船，随波出在海岸边，有一人，项中复有面，生得之，与语，不相通，不食而死。其域皆在沃沮东大海中（此当指库页岛、阿落特群岛及虾夷岛等地）。

五　濊

《后汉书》　濊，北与高句骊沃沮，南与辰韩接，东穷大海，西至乐浪。濊及沃沮、句骊本皆朝鲜之地也。昔武王封箕子于朝鲜，箕子教以礼义田蚕，又制八条之教，其人终不相盗，无门户之闭，妇人贞信，饮食以笾豆。其后四十余世，至朝鲜侯准，自称王。汉初大乱，燕齐赵人往避地者数万口，而燕人卫满击破准而自王朝鲜，传国至孙右渠。元朔元年，濊君南闾等畔，右渠率二十八万口诣辽东内属，武帝以其地为苍海郡，数年乃罢。至元封三年，灭朝鲜，分置乐浪、临屯、玄菟、真番四郡。至昭帝始元五年，罢临屯、真番，以并乐浪、玄菟。玄菟复徙居句骊，自单单大领已东，沃沮、濊貊悉属乐浪。后以境土广远，复分领东七县，置乐浪东部都尉。自内属已后，风俗稍薄，法禁亦浸多，至有六十余条。建武六年，省都尉官，遂弃领东地，悉封其渠帅为县侯，皆岁时朝贺。无大君长，其官有侯、邑君、三老、耆旧。自谓与句骊同种，言语法俗大抵相类。其人性愚悫，少嗜欲，不请匄。男女皆衣曲领。其俗重山川，山川各有部界，不得妄相干涉。同姓不婚，多所忌讳，疾病死亡，辄捐弃旧宅，更造新居。知种麻养蚕，作绵布，晓候星宿。豫知年岁丰约，常用十月祭天。昼夜饮酒歌舞，名之为舞天。又祠虎，以为神。邑落有相侵犯者，辄相罚，责生口牛马。名之为责祸。杀人者偿死，少寇盗。能步战，作矛长三丈，或数人共持之，乐浪檀弓出其地。又多文豹，有果下马，海出班鱼，使来皆献之。

《魏志》 濊，南与辰韩，北与高句丽沃沮接，东穷大海，今朝鲜之东皆其地也。户二万。昔箕子既适朝鲜，作八条之教以教之，无门户之闭，而民不为盗。其后四十余世，朝鲜侯准僭号称王。陈胜等起，天下叛秦，燕齐赵民避地朝鲜数万口。燕人卫满魋结夷服，复来王之。汉武帝伐灭朝鲜，分其地为四郡，自是之后胡汉稍别。无大君长，自汉已来，其官有侯、邑君、三老，统主下户。其耆老旧自谓与句丽同种。其人性愿悫，少嗜欲，有廉耻，不请句丽。言语法俗大抵与句丽同，衣服有异，男女衣皆著曲领，男子系银花，广数寸，以为饰。自单单大山领以西属乐浪，自领以东，七县都尉主之，皆以濊为民。后省都尉，封其渠帅为侯，今不耐濊皆其种也。汉末更属句丽。其俗重山川，山川各有部分，不得妄相涉入。同姓不婚。多忌讳，疾病死亡，辄捐弃旧宅，更作新居。有麻布蚕桑，作绵，晓候星宿，豫知年岁丰约，不以珠玉为宝。常用十月节祭天，昼夜饮酒歌舞，名之为舞天，又祭虎，以为神。其邑落相侵犯，辄相罚，责生口牛马，名之为责祸，杀人者偿死，少寇盗。作矛长三丈，或数人共持之，能步战。乐浪檀弓出其地。其海出班鱼皮，土地饶文豹，又出果下马，汉桓时献之。正始六年，乐浪太守刘茂、带方太守弓遵以领东濊属句丽，兴师伐之，不耐侯等举邑降。其八年，诣阙朝贡，诏更拜不耐王，居处杂在民间，四时诣郡朝谒。二郡有军征，赋调供给，役使遇之如民。

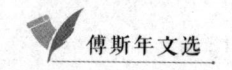

六 三韩

《后汉书》 韩有三种，一曰马韩，二曰辰韩，三曰弁辰。马韩在西，有五十四国，其北与乐浪，南与倭接。辰韩在东，十有二国，其北与濊貊接。弁辰在辰韩之南，亦十有二国，其南亦与倭接。凡七十八国，伯济是其一国焉。大者万余户，小者数千家，各在山海间，地合方四千余里，东西以海为限，皆古之辰国也。马韩最大，共立其种为辰王，都目支国，尽王三韩之地，其诸国王先皆是马韩种人焉。马韩人知田蚕，作绵布，出大栗，如梨，有长尾鸡，尾长五尺。邑落杂居，亦无城郭，作土室，形如冢，开户在上。不知跪拜，无长幼男女之别。不贵金宝锦罽，不知骑乘牛马，惟重璎珠，以缀衣为饰，及悬颈垂耳，大率皆魁头露布袍草履。其人壮勇，少年有筑室作力者，辄以绳贯脊皮，缒以大木欢呼为健，常以五月田竟，祭鬼神，昼夜酒会，群聚歌舞，舞辄数十人，相随踏地为节，十月，农功毕，亦复如之。诸国邑各以一人主祭天神，号为天君。又立苏涂，建大木，以悬铃鼓，事鬼神。其南界近倭，亦有文身者。辰韩耆老自言秦之亡人避苦役，适韩国，马韩割东界地与之。其名国为邦，弓为弧，贼为寇，行酒为行觞，相呼为徒，有似秦语，故或名之为秦韩。有城栅屋室。诸小别邑各有渠帅，大者名臣智，次有俭侧，次有樊秖，次有杀奚，次有邑借。土地肥美，宜五谷，知蚕桑，作缣布，乘驾牛马，嫁娶以礼。行者让路。国出铁，濊倭马韩并从市之，凡诸贸易皆以铁为货。俗喜歌舞饮酒鼓瑟，儿生欲令其头扁，皆押之以石。弁辰与辰韩杂居，城郭衣服皆同，言语风俗有异。其人形皆长大，美发，衣服洁清，而刑法严峻。其国近倭，故颇有文身者。初，朝鲜王准为卫满所破，乃将其余众数千人走入海，攻马韩破之，自立为韩王。准后灭绝，马韩人复自立为辰王。建武二十年，韩人廉斯人苏马諟等诣乐浪贡献，光武封苏马諟为汉廉斯邑君，使属乐浪郡，四时朝谒。灵帝末，韩濊并盛，郡县不能制，百姓苦乱，多流亡入韩者。马韩之西海岛上有州胡国，其人短小，髡头，衣韦衣，有上无下，好养牛豕，乘船往来，货市韩中。

《魏志》 韩在带方之南，东西以海为限，南与倭接，方可四千里。有三种，一曰马韩，二曰辰韩，三曰弁辰。辰韩者，古之辰国也。马韩在西，其民土著种植，知蚕桑，作绵布。各有长帅，大者自名为臣智，其次为邑借。散在山海间，无城郭。有爰襄国、牟水国、桑外国、小石索国、大石索国、优休牟涿国、臣濆活国、伯济国、速卢不斯国、日华国、古诞者国、古离国、怒蓝国、月支国、咨离牟卢国、素谓乾国、古爰国、莫卢国、卑离国、占离卑国、臣衅国、支侵国、狗卢国、卑弥国、监奚卑离国、古蒲国、致利鞠国、冉路国、儿林国、驷卢国、内卑离国、感奚国、万卢国、辟卑离国、臼斯乌旦国、一离国、不弥国、支半国、狗素国、捷卢国、牟卢卑离国、臣苏涂国、莫卢国、古腊国、临素半国、臣云新国、如来卑离国、楚山涂卑离国、一难国、狗奚国、不云国、不斯濆邪国、爰池国、乾马国、楚离国，凡五十余国。大国万余家，小国数千家，总十余万户。辰王治月支国，臣智或加优呼臣云遣支报安邪踧支濆臣离儿不例拘邪秦支廉之号。其官有魏率善邑君、归义侯、中郎将、都尉伯长。侯准既僭号称王，为燕亡人卫满所攻夺，将其左右宫人走入海，居韩地，自号韩王，其后绝灭，今韩人犹有奉其祭祀者。汉时属乐浪郡，四时朝谒。桓灵之末，韩濊强盛，郡县不能制，民多流入韩国。建安中，公孙康分屯有县以南荒地为带方郡，遣公孙模、张敞等收集遗民，兴兵伐韩，濊旧民稍出，是后倭韩遂属带方。景初中，明帝密遣带方太守刘昕、乐浪太守鲜于嗣，越海定二郡，诸韩国臣智加赐邑君印绶，其次与邑长。其俗好衣帻，下户诣郡朝谒，皆假衣帻，自服印绶衣帻，千有余人。部从事吴林以乐浪本统韩国，分割辰韩八国以与乐浪。吏译转有异同，臣智激韩忿，攻带方郡崎离营。时太守弓遵、乐浪太守刘茂兴兵伐之，遵战死，二郡遂灭韩。其俗少纲纪，国邑虽有主帅，邑落杂居，不能

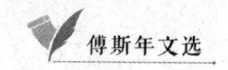

善相制御。无跪拜之礼。居处作草屋土室，形如冢，其户在上，举家共在中，无长幼男女之别。其葬有棺无椁，不知乘牛马，牛马尽于送死。以璎珠为财宝，或以缀衣为饰，或以悬颈垂耳，不以金银锦绣为珍。其人性强勇，魁头露紒，如炅兵，衣布袍，足履草蹻蹋。其国中有所为，及官家使筑城郭，诸年少勇健者，皆凿脊皮，以大绳贯之，又以丈许木锸之，通日欢呼作力，不以为痛，既以劝作，且以为健。常以五月下种，讫，祭鬼神，群聚歌舞饮酒，昼夜无休。其舞，数十人俱起，相随踏地低昂，手足相应，节奏有似铎舞。十月农功毕，亦复如之。信鬼神，国邑各立一人，主祭天神，名之天君。又诸国各有别邑，名之为苏涂。立大木，悬铃鼓，事鬼神。诸亡逃至其中，皆不还之。好作贼，其立苏涂之义，有似浮屠，而所行善恶有异。其北方近郡诸国差晓礼俗，其远处直如囚徒奴婢相聚。无他珍宝，禽兽草木略与中国同。出大栗，大如梨，又出细尾鸡，其尾皆长五尺余。其男子时时有文身。又有州胡，在马韩之西海中大岛上，其人差短小，言语不与韩同，皆髡头如鲜卑，但衣韦，好养牛及猪，其衣有上无下，略如裸势，乘船往来，市买中韩。

辰韩在马韩之东，其耆老传世自言古之亡人，避秦役来适韩国，马韩割其东界地与之。有城栅，其言语不与马韩同。名国为邦，弓为弧，贼为寇，行酒为行觞，相呼皆为徒，有似秦人，非但燕齐之名物也。名乐浪人为阿残，东方人名我为阿，谓乐浪人本其残余人，今有名之为秦韩者。始有六国，稍分为十二国。

弁辰亦十二国，又有诸小别邑。各有渠帅，大者名臣智，其次有险侧，次有樊濊，次有杀奚，次有借邑。有已柢国、不斯国、弁辰弥离弥冻国、弁辰接涂国、勤耆国、难弥离弥冻国、弁辰古资弥冻国、弁辰古淳是国、冉奚国、弁辰半路国、弁乐奴国、军弥国（弁军弥国）、弁辰弥乌邪马国、如湛国（弁辰甘路国）、户路国、州鲜国（马延国）、弁辰狗邪国、弁辰走漕马国、弁辰安邪国（马延国）、弁辰渎卢国、斯卢国、优中国。弁辰韩合二十四国，大国四五千家，小国六七百家，总四五万户。其十二国属辰王，辰王常用马韩人作之，世世相继，辰王不得自立为王。土地肥美，宜种五谷及稻，晓蚕桑，作缣布，乘驾牛马。嫁娶礼俗男女有别，以大鸟羽送死，其意欲使死者飞扬。国出铁，韩濊倭皆从取之，诸市买皆用铁，如中国用钱，又以供给二郡。俗喜歌舞饮酒，有瑟，其形似筑，弹之亦有音曲。儿生，便以石压其头，欲其褊，今辰韩人皆褊头。男女近倭，亦文身。便步战，兵仗与马韩同。其俗，行者相逢，皆住，让路。

弁辰与辰韩杂居，亦有城郭衣服，居处与辰韩同，言语法俗相似，祠祭鬼神有异，施灶皆在户西。其渎卢国与倭接界。十二国亦有王，其人形皆大，衣服洁清，长发，亦作广幅细布。法俗特严峻。

《魏略》 初，右渠未破时，朝鲜相历溪卿以谏右渠不用，东之辰国。时民随出居者二千余户，亦与朝鲜真蕃不相往来。至王莽地皇时，廉斯鑡为辰韩右渠帅，闻乐浪土地美，人民饶乐，亡欲来降。出其邑落，见田中驱雀男子一人，其语非韩人。问之，男子曰："我等汉人，名户来。我等辈千五百人，伐材木，为韩所击得，皆断发为奴，积三年矣。"鑡曰："我当降汉乐浪，汝欲去不？"户来曰："可。"辰鑡因将户来出诣含资县。县言郡，郡即以为译，从苓中乘大船入辰韩，逆取户来降伴辈，尚得千人，其五百人已死。鑡时晓谓辰韩："汝还五百人，若不者，乐浪当遣万兵乘船来击汝。"辰韩曰："五百人已死，我当出赎直耳。"乃出辰韩万五千人，弁韩布万五千匹。鑡收取直还，郡表鑡功义，赐冠帻田宅。子孙数世，至安帝延光四年时，故受复除。

《晋书》 马韩……太康元年二年，其主频遣使入贡方物，七年、八年、十年，又频至。太熙元年，诣东夷校尉何龛上献，咸宁三年复来，明年，又请内附。辰韩在马韩之东，自言秦之亡人，避役入韩，韩割东界以居之。立城栅，言语有类秦人，由是或谓之为秦韩。初有六国，后稍分为十二。又有弁辰，亦十二国，合四五万户，各有渠帅，皆属于辰韩。辰韩常用马韩人作主，虽世世相承而

113

不得自立，明其流移之人，故为马韩所制也……武帝太康元年，其王遣使献方物，二年，复来朝贡，七年，又来。

《北史·百济传》 百济之国，盖马韩之属也。出自索离国。其王出行，其侍儿于后妊娠，王还，欲杀之。侍儿曰："前见天上有气，如大鸡子，来降感，故有娠。"王舍之，后生男。王置之豕牢，豕以口气嘘之，不死，后徙于马阑，亦如之。王以为神，命养之，名曰东明。及长，善射。王忌其猛，复欲杀之。东明乃奔走，南至淹滞水。以弓击水，鱼鳖皆为桥，东明乘之得度，至夫余而王焉。东明之后，有仇台，笃于仁信，始立国于带方故地。汉辽东太守公孙度以女妻之，遂为东夷强国。初以百家济，因号百济。其国东极新罗句丽，西南俱限大海，处小海南，东西四百五十里，南北九百余里。其都曰居拔城，亦曰固麻城。其外更有五方，中方曰古沙城，东方曰得安城，南方曰久知下城，西方曰刀先城，北方曰熊津城。王姓余氏，号于罗瑕，百姓呼为鞬吉支，夏言并王也，王妻号于陆，夏言妃也。官有十六品，左平五人一品，达率三十人二品，恩率三品，德率四品，扞率五品，奈率六品，已上冠饰银华。将德七品，紫带，施德八品，皂带，固德九品，赤带，季德十品，青带，对德十一品，文督十二品，皆黄带，武督十三品，佐军十四品，振武十五品，克虞十六品，皆白带。自恩率以下，官无常员。各有部司，分掌众务。内官有前内部、谷内部、内掠部、外掠部、马部、刀部、功德部、药部、木部、法部、后宫部。外官有司军部、司徒部、司空部、司寇部、点口部、客部、外舍部、绸部、日宫部、市部。长吏三年一交代。都下有方，分为五部，曰上部、前部、中部、下部、后部。部有五巷，士庶居焉。部统兵五百人。五方各有方领一人，以达率为之，方佐贰之。方有十郡，郡有将三人，以德率为之，统兵一千二百人以下，七百人以上，城之内外庶及余小城咸分隶焉。其人杂有新罗、高丽、倭等，亦有中国人。其饮食衣服与高丽略同。若朝拜祭祀，其冠两厢加翅，戎事则不拜谒之礼，以两手据地为礼。妇人不加粉黛，女辫发垂后，已出嫁则分为两道，盘于头上。衣似袍而袖微大。兵有弓箭刀矟。俗重骑射，兼爱坟史，而秀异者颇解属文，能吏事，又知医药、蓍龟与相术、阴阳五行。法有僧尼，多寺塔，而无道士。有鼓角、箜篌、筝竽、篪笛之乐，投壶、摴蒲、弄珠、握槊等杂戏，尤尚弈棋。行宋元嘉历，以建寅月为岁首。赋税以布绢丝麻及米等，量岁丰俭差等输之。其刑罚，反叛退军及杀人者斩，盗者流，其赃两倍征之，妇犯奸，没入夫家为婢。婚娶之礼，略同华俗。父母及夫死者，三年居服，余亲则葬讫除之。土田湿，气候温暖，人皆山居。有巨栗，其五谷杂果菜蔬及酒醴肴馔之属，多同于内地，惟无驼、骡、驴、羊、鹅、鸭等。国中大姓有族沙氏、燕氏、劦氏、解氏、真氏、国氏、木氏、苗氏。其王每以四仲月祭天及五帝之神，立其始祖仇台之庙于国城，岁四祠之。国西南人岛居者十五所，皆有城邑。魏延兴二年，其王余庆始遣其冠军将军驸马都尉弗斯侯长史余礼、龙骧将军带方太守司马张茂等，上表自通云："臣与高丽源出夫余，先世之时，笃崇旧款。其祖钊，轻废邻好，陵践臣境。臣祖须，整旅电迈，枭斩钊首。自尔以来，莫敢南顾。自冯氏数终，余尽奔窜，丑类渐盛，遂见陵逼。构怨连祸，三十余载。若天慈曲矜，远及无外，速遣一将，来救臣国，当奉送鄙女，执扫后宫，并遣子弟，牧圉外厩，尺壤匹夫，不敢自有。去庚辰年后，臣西界海中见尸十余，并得衣器鞍勒，看之，非高丽之物，后闻乃是王人来降臣国，长蛇隔路，以阻于海。今上所得鞍一，以为实矫。"献文以其僻远，冒险入献，礼遇优厚，遣使者邵安与其使俱还。诏曰："得表，闻之无恙。卿与高丽不睦，致被陵犯，苟能顺义，守之以仁，亦何忧于寇仇也？前所遣使，浮海以抚荒外之国，从来积年，往而不反，存亡达否，未能审悉。卿所送鞍，比较旧乘，非中国之物，不可以疑似之事，以生必然之过。经略权要，已具别旨。"又诏曰："高丽称藩先朝，供职日久，于彼虽有自昔之衅，于国未有犯令之愆。卿使命始通，便求致伐，寻讨事会，理亦未周。所献锦布海物，虽不悉达，明卿至心。今赐杂物如别。"又诏琏护送安等至高丽。琏称昔与余庆有仇，不令东过，安等于是皆还，乃下诏切责之。五年，使安等从东莱浮海赐余庆玺书，褒其诚节。安等至海滨，遇风飘荡，竟不达而还。自晋、宋、齐、梁据江左右，亦遣使称藩，兼受拜封，亦与魏不绝，及齐受东魏禅，其王隆亦通使焉。淹死，子余昌亦通使命于齐。武平元年，齐后主以余昌为使持节侍中车骑大将军带方郡公，百济王如故。二年，又以余昌为持节都督东青州诸军事东青州刺史。周建德六年，齐灭，余昌始遣使通周。宣政元年，又遣使来献。隋开皇初，余昌又遣使贡方物，拜上开府带方郡公百济王。平陈之岁，战船漂至海东耽牟罗国。其船得还，经于百济，昌资送之甚厚，并遣使奉表贺平陈。文帝善之，下诏曰："彼国悬隔，来往至难，自今以后，不须年别入贡。"使者舞蹈而去。八年。余昌使其长史王辩那来献方物，属兴辽东之役，遣奉表请为军导。帝下诏厚其使而遣之。高丽颇知其事，兵侵其境。余昌死，子余璋立。大业三年，余璋遣使燕文进朝贡。其年，又遣使王孝邻入献，请讨高丽。炀帝许之，命觇高丽动静。然余璋内与高丽通和，挟诈以窥中国。七年，帝亲征高丽，余璋使其臣国智牟来请军期，帝大悦，厚加赏赐，遣尚书起部郎席律诣百济，与相知。明年，六军度辽，余璋亦严兵于境，声言助军，实持两端。寻与新罗有隙，每相战争。十年，复遣使朝贡。后天下乱，使命遂绝。其南海行三月，有耽牟罗国，南北千余里，东西数百里，土多獐鹿，附庸于百济。西行三日，至貊国，千余里云。

《北史·新罗传》 新罗者，其先本辰韩种也。地在高丽东南，居汉时乐浪地。辰韩亦曰秦韩，相传言秦世亡人避役来适，马韩割其东界居之，以秦人故，名之曰秦韩。其言语名物有似中国人，名国为邦，弓为弧，贼为寇，行酒为行觞，相呼皆为徒，不与马韩同。又辰韩王常用马韩人作之，世世相传，辰韩不得自立王，明其流移之人故也，恒为马韩所制。辰韩之始有六国，稍分为十二，新罗则其一也。或称魏将毌丘俭讨高丽，破之，奔沃沮，其后复归故国，有留者，遂为新罗，亦曰斯卢。其人辩有华夏、高丽、百济之属，兼有沃沮、不耐、韩濊之地。其王本百济人，自海逃入新罗，遂王其国。初附庸于百济，百济征高丽，不堪戎役，后相率归之，遂致强盛，因袭百济，附庸于迦罗国焉。传世三十至真平，以隋开皇十四年遣使贡方物。文帝拜真平上开府乐浪郡公新罗王。其官有十七等，一曰伊罚干，贵如相国，次伊尺干，次迎干，次破弥干，次大阿尺干，次阿尺干，次乙吉干，次沙咄干，次及伏干，次大奈摩干，次奈摩，次大舍，次小舍，次吉士，次大乌，次小乌，次造位。外有郡县。其文字甲兵同于中国。选人壮健者悉入军，烽戍逻俱有屯管部伍。风俗、刑政、衣服略与高丽百济同。每月旦相贺，王设宴会，班赉群官，其日拜日月神主。八月十五日设乐，令官人射，赏以马布。其有大事，则聚官详议定之。服色尚画素。妇人辫发绕颈，以杂彩及珠为饰。婚嫁礼惟酒食而已，轻重随贫富。新妇之夕，女先拜舅姑，次即拜大兄。夫死，有棺殓葬送，起坟陵。王及父母妻子丧，居服一年。田甚良沃，水陆兼种，其五谷果菜鸟兽物产略与华同。大业以来，岁遣朝贡。新罗地多山险。虽与百济构隙。百济亦不能图之也。

下　分解

甲　地望

夫余　夫余初灭于慕容氏，继并于靺鞨，渤海之夫余府，其故地也。夫余府入辽为黄龙府，《旧五代史》谓其北至混同江仅百里，明其当在今长春之东北。辽之黄龙府入金属上京路，曰隆州〔金天眷三年，改黄龙府为济州，置利涉军。天德四年，改名济州路转运司。大定二十九年，改名隆州。贞祐初，升为隆安府。（见《金史》）〕，入元属辽阳省开元路，入明属三万卫。今吉林省长春、农安、扶余等县，皆本土也。若言夫余四至，则地方二千里，不可但以黄龙府故地当之。

《魏志》所谓"于东夷之域最平敞"者，明其当今吉林西境、黑龙江南境，或兼及洮南一带之大平原，其曰"多山陵广泽者"，明其兼有吉林省中部之山泽，或兼及兴安岭之南端。《后书》、《魏志》皆谓其在玄菟北千里，不曰辽东，足征其区域括有今松花江东岸之地。

挹娄 按，挹娄地望，《后书》、《魏志》言之甚明。西界夫余，东临大海，南接沃沮，北不知其所极。盖当今吉林省之东部，黑龙江省之东部，俄属东海滨州之大半及阿穆尔州。西向南向皆无与中国辖境接壤处，故与中国之关系甚少。《满洲源流考》以为兴京（今兴宾县）亦是肃慎之一地者，乃误以后来勿吉之范围逆论挹娄。且《满洲源流考》是清代官书，清代认肃慎为其远祖，故不免为之夸大。挹娄是散漫之部落，非一国家，故无都城可言。《松漠纪闻》谓"古肃慎城四面约五里余，遗堞尚存，在渤海国都三十里，以石累城脚"。既以石脚为城，四面约五里，必非汉时之挹娄所能有，盖亦是勿吉时代之经置也。［渤海都城在今宁安（宁古塔），则此所谓肃慎城，当亦在宁安附城。］

高句骊　句骊 按，《后书》高句骊与句骊同在一卷而分传，《魏志》无句骊传，其高句骊传乃与《后书》之句骊传相同。盖句骊本不止一部，其一曰高句骊，汉武时以为县，即昭帝始元五年玄菟郡移治之所。西汉末，句骊一支名小水貊者，渐强大，遂袭用高句骊之故名，然与汉武时名县者并非一部。高句骊既于西汉末有此重大之兴替，其疆土亦历代有变迁。下节详论之。

沃沮 沃沮之地望，按以《后书》、《魏志》所记，盖当今朝鲜东北境，即咸镜道一带，并及吉林东南之区域，以至俄领东海滨州之南部。东沃沮者，大体在今咸镜道地及吉林东南端，北沃沮当在东海滨州之南部。沃沮非如夫余、句骊为一国家，乃是分散之部落，其民则濊民也。《辽史志》："海州南海军，本沃沮国地，有沃沮县。"此地已不可考，然渤海以来所谓率宾，当即沃沮之本体。

濊 境在汉属乐浪东部都尉，即金刚山脉迤东之地。大体当今朝鲜之江源道，北涉咸镜道与沃沮界，南涉庆尚道与辰国接。

三韩 三韩为辰国及其西邻部落之演变，对于汉人及濊部或可称朝鲜半岛之土著混合体，其文化较人为低。其地望当今庆尚全罗两道，盛时盖并有忠清道。《魏志》云"韩在带方之南"，明其北不至京畿道地。

三韩之分界今已不可寻，其相对之位置则甚明。东部为辰韩，西部为马韩，介于二者之间而位置偏南者为弁辰。南北朝时所谓任那者，当即以弁辰故地为大体。（《东国文献备考》所载历代疆域，既无图以表之，且年代每不标明，颇难采用，今故从略。）

乙 族类

汉魏晋时东北诸部之族别，《后书》、《魏志》所记者未尝不明晰严整，然古代记述多不能合近代观念之要求，而诸书所记字里行间之意义如不细为体会，亦易将极重要之事实漫然读过。今试为分析之前，有二事宜先辨明者焉。

一、诸书所记东北部族，非一代事。自箕氏朝鲜至慕容氏，虽汉族及其文化之东进为一经恒之事件，然所谓诸夷者，历代消长不同，疆域分合乃异。如混为一世之事而观之，势必失其窍要，必依时代寻其消长，然后源流可观。

二、一国之内，一地之民，每非尽是纯一之部族。东北区域，北接黑水金山，西连瀚海松漠，南挟朝鲜半岛，西南与山东半岛相应，海陆皆不呈封锁之形势，故若干民族来来去去，为历史上必然之事。于是一地之中，统治者与众民或为不同之部族，且同为一地之众民，亦不必尽是渊源一脉，阶级之形成为不可免者。此等阶级之形势，如匆匆看过，势必淆乱史实。便如夫余，其下层乃濊民，其统治者乃"亡人"。又如辰韩，其本体与马韩等当为朝鲜半岛南部原民，其混合则秦人。又如百济，其众民为马韩之旧，其王朝则夫余之统治者之一支。又如箕氏卫氏之朝鲜，统治者虽迁自中国，其大部居民中应有不少之濊貊旧族。今如囫囵说去，将误会其涯略纲领，必先看清东北诸部族中之有阶级，然后可知东北诸地之民族分配也。（此一事实，为治史学最不可忽略者。例如所谓"大清帝国"，外国人谓之为中国，而革命之中国人则谓之为"满清"。两种说法，实皆不错，如以全民为观点，"大清帝国"自是中国，如以统治之组织为对象，清国固是满洲也。又索伦叶赫诸部之号女真，兀良哈之号蒙古，皆可如此看。契丹金人入元号汉人，此因辽金旧国之大部分人民皆是汉人，故国亡之后，从多数之名。契丹一词，在俄国及若干西北部族中为中国之称，亦复如此。如以为索伦出于女真，兀良哈出于蒙古，契丹本是诸夏，自是大错，然习俗之称，亦自有其原故，不可遽以为非。世上甚少单纯之民族，封建时代，社会之阶级每即是民族之阶级，少数之统治者与多数之被统治者常非一事。如忘其阶级，而谓某国出于某部，必穿凿也。）

以此两事为注意点，可得下列之分析。

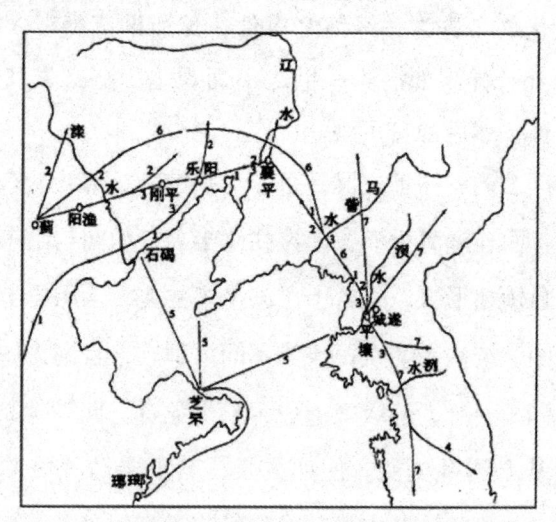

武帝平朝鲜前中国人东向图
1箕子东去之线（此为假定） 2燕人东向北向拓殖设辽东辽西诸郡之线
3秦人东向拓殖之线 4秦人入辰国之线 5古海路交通 6卫满入朝鲜之线
7卫氏据朝鲜向外拓土之线

一曰中国人　所谓中国人者，指自燕齐一带而往原以汉语为母语之民族而言。此民族挟其文化上之优越势力及巨大之政治组织，东向拓置，自荒古已然。所谓辽东半岛者，或自始便与山东半岛为同一民族所居。至于中国内部移出之记载，最早者有箕子之建东封，其地域容当在今鸭绿江（古名马訾水）之两边。其后燕秦拓土，曾越浿水（今大同江）而至洌水（今汉江之北支），辽东辽西皆置郡县。是则当纪元前三世纪之光景，中国势力已拓置于朝鲜西半部（朝鲜半岛之西南角除外）。汉武之设乐浪郡，非创造之事实，乃承前之再造也（详见本书上章）。中国人势力更东南向以入辰国，所谓辰韩，实即中国人与土著之混合国家，其语言不仅包含若干中国语成分，且包含秦人方言。《后书》云："辰韩耆老，自言秦之亡人，避苦役，适韩国，马韩割东界地与之。其名国为邦，弓为弧，贼为寇，行酒为行觞，相呼为徒，有似秦语，故或名之为秦韩。"《魏志》云："辰韩，其耆老自言古之亡人，避秦役，来适韩国，马韩割其东界地与之。有城栅。其言语不与马韩同，名国为邦，弓为弧，贼为寇，行酒为行觞，相呼皆为徒，有似秦人，非但燕齐之名物也。"是其显证。燕人卫满挟其数万之"亡人"东渡浿水，代箕氏以建国，濊貊、真番、沃沮皆服属，故收集之中国人尤多，逮武皇统一之后，辽外诸郡遂为固定之建置，而夫余、句骊、濊貊皆服属焉。下至慕容氏之兴四百余年间，皆汉人拓张并稳固其势力之时代。凡此东移之迹，略如附图。

二曰濊貊　濊与貊为一事，上节五项下之濊，实不括有濊民之全体，夫余、句丽、沃沮皆濊民之区域，特其统治者非濊种耳，夫余之土著为濊民者，《后书》云："夫余国本濊地也。"《魏志》云："夫余……其印言'濊王之印'，国有故城名濊城，盖本濊貊之地，而夫余王其中。"其明证也。句骊之为濊民者，《魏志》："句骊一名貊耳。"耳当是语尾。又云："别种依小水作国，因名之为小水貊，出好弓，所谓貊弓。"王莽时，句丽为寇，而"严尤奏言貊人犯法"，此《魏志》语，《后书》同，其文云："于是貊人寇边愈甚。"又《后书·光武纪》，建武二十五年，"辽东徼外貊人寇右北平渔阳上谷太原，辽东太守祭肜捂降之"。此即本书《句骊传》所谓"祭肜以恩义招之"之事（类此之例不一，今姑举数事，不遍也）。凡此皆明句骊部族为貊人。沃沮之为濊民者，《魏志》记光武建武六年（公元30年）后省乐浪东部诸县，而以土民为县侯。其文云："惟不耐濊侯至今犹置，功书主簿诸曹皆濊民作之。"其证也。且《后书》、《魏志》记夫余、句骊、沃沮、濊貊之语言，称其大同小异，记其习俗生活亦然，必有共同之民族成分，然后可以大同，必与不同之异族混合或分化既久，然后可成小异。然则《后书》、《魏志》所谓濊者，乃纯粹之濊民部落，直隶于汉官者，所谓夫余、句骊、沃沮者，固以濊人为底子，其上另有他族统治者，以转隶于汉庭耳。

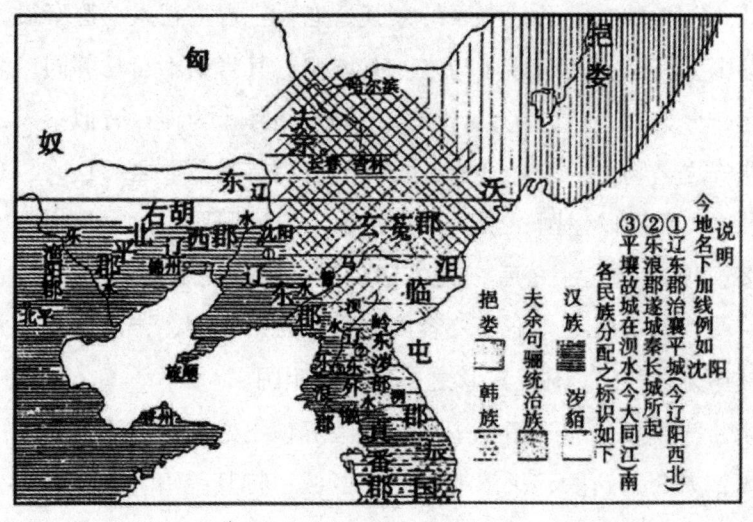

秦汉间在东北各民族分布图
秦始皇帝一统至汉武帝平朝鲜置四郡之间中经秦卫氏汉三代

统治之阶级既辨明，然后可推夫余、句骊、沃沮、濊貊之关系，然后可察其语言之大同小异作何解。吾人于此不能不惊异濊貊人民分置之广溥，盖秦汉魏时，自中国人外，东北最众之民族也。此一民族既如此众繁，必非卒然而成，其先世在东北当有相当之历史。《后书》、《魏志》均系箕子之教于濊之一节中，明濊民原为东北民族之主体，箕子建国之所凭藉，其后割裂子汉人及北部戎狄耳。《后书》云："东夷率皆土著。"其明证也。中国人与濊貊之关系经典鲜记，惟《诗·大雅·韩奕篇》云："溥彼韩城，燕师所完。以先祖受命，因时百蛮。王锡韩侯，其追其貊。奄受北伯，因以其伯。"韩之故国相传在河之西渭之阳，后代之韩城县也。然其城不得由燕师完之，王应麟《诗地理考》云：

《水经注》，王肃曰："涿郡方城县有韩侯城。"（《后魏志》，范阳郡方城县有韩侯城。李氏曰："溥彼韩城燕师所完。"涿郡乃燕地也。又有"奄受北国"之言，《水经注》："圣水径方城县故城北，又东南径韩城东。"引《韩奕》之言为证，梁山恐是方城县相近梁门界上之山。此亦一说，存之以备参考。《括地志》，方城故城在幽州固安县南十里。）

是则今河北省中部在西周时犹为貊人所居，周之封建势力驱逐其向外。（《诗》此处《郑笺》云："追也貊也，为猃狁所逼，稍稍东迁。"郑玄汉人，此说如不误，是汉之貊，即周之貊也。）当有一部分留遗于本土，而为中国人所吸收同化。汉族与东北部族之类同，此或其一因也。

于此或不免置问曰，《诗》所为貊，果汉代所谓貊乎？吾人于此无确切之证明，然东人之泛名曰夷，不曰貊。胡之一字自汉始乱，古人标识民族之号，除蛮夷戎狄而外，鲜有杂用。貊非通名，容非转用。且以地望求之，秦汉时貊在辽东徼外，燕秦未拓土时貊之地位当更向内，《诗》所谓"以为北伯"，应是伯诸貊之北国，郑氏所谓"稍稍东迁",当不误也。又《诗·鲁颂·閟宫》篇云："至于海邦,淮夷蛮貊。"是春秋时山东半岛之南滨海处犹有貊人之遗。然则黄河流域诸部族未混合而成中国民族之前,貊人之分布或兼有山东、辽东、朝鲜三半岛之一部,中国民族既混成之后,其东部当以貊遗民为一重要本质也。

三曰夫余句骊统治族　夫余之统治者与其地之旧日住民不同,循《后书》、《魏志》所记之语义,可以明确得之。夫余句骊统治族之最可注意者,为其原始神话,本卷第一章已论之。此神话与殷周之原始传说见于《诗经》者,若合符契,是此民族必与中国古代民族有密切之关系。然而夫余统治族将自中国而往乎？细玩《魏志》文义,当知其信然。《魏志·夫余传》云："国之耆老自说古之亡人。"曰"亡人",而不曰自何处亡,则应是自中国亡者,方可省以成此文句。下文果云："今夫余库有玉璧珪瓒,数代之物,传世以为宝,耆老言,先代之所赐也。其印文言'濊王之印'。"国有故城,名濊城,盖本濊貊之地,而夫余王其中。自谓亡人,抑有似也。所谓玉璧珪瓒,正是中国之文物,所谓耆老言先代之所赐,汉之先代正是周秦,此明明言自中国之边境出亡而往夫余。其结语云"自谓亡人抑有似"者,中国史家固承认其传说矣。此明明记载于《后汉书》、《魏志》之义,后人忽而不察者,盖因《后书》等记其神话,皆云北夷索离国王子东明逃亡,南渡掩淲水,至夫余而王之,故后人皆以夫余王室自北而来。然此神话同样见于高句骊及百济部族中,其名东明（或朱蒙实一词）也同,其云南渡也同,其水名亦仅是音变（高丽《好太王碑》,朱蒙作邹牟,淹淲作奄利）,是则此一神话中各节,只是一个神话中之成套语,历世传袭,不因迁地而变,诚不可以地理求之。此义既明,则所谓北夫余者不过是夫余之北部,非夫余之所自来。（《好太王碑》夫余有东北之别。按其地望,东夫余当即沃沮,北夫余当即夫余,自高句丽言之,沃沮在东,夫余在西耳,非另有一北夫余也。）且索离一词，尤可注意。索离《魏略》作橐离，《梁书》作橐离，《通典》作橐离，《隋书》直作高丽，是《后书》索离之索，必是橐之误字，而《隋书》所言盖得其实。橐离、句骊疑是一名之异文。句骊本是若干部落，散布甚广，后来句骊部中小水貊之统治者因出自夫余，而夫余之统治者乃本出原名橐离之一部也（句骊说详下）。

然则夫余统治者果于何时自中国边境"亡"而往夫余乎？循周秦之史迹，此一事件不在燕赵拓土之年，即当冒顿东并之日。《史记·匈奴传》云："赵武灵王亦变俗胡服，习骑射，北破林胡楼烦，筑长城，自代并阴山下至高阙为塞，而置云中雁门代郡。其后燕有贤将秦开……破走东胡，东胡却千余里……燕亦筑长城，自造阳至襄平，置上谷、渔阳、右北平、辽东、辽西郡，以拒胡。"以时代及地望求之，此其东胡向东北亡之时矣。传又云："东胡初轻冒顿，不为备，及冒顿以兵至，击，大破，灭东胡王而虏其民人及畜产。"此又东胡灭国之时也。东胡在周末为强族，内容甚复杂。所谓林胡、楼烦、山戎者，亦不知其是匈奴别部，或是东胡，但知其与中国关系不少耳。东胡裔有乌桓、鲜卑，然皆非近于中国者，其近于中国之东胡部，不容于灭后尽失其踪迹。秦时中国统一于南，匈奴统一于北，东胡山戎等之迁移必东其方向。东方土著之貊是城郭之族，农业之民，兵力当不及东胡山戎等，则东胡或山戎、楼烦、林胡之伦，以亡人而臣服其部落，正其当然之事。然则夫余句骊之统治阶级，东部胡类之遗，而阴山之故族也。且胡本游牧之民，与东夷之城郭农业畜豕者绝殊，《后书》、《魏志》所记东夷部族之俗，独夫余染有胡化，殉葬多至百数，兄死妻嫂。明其本非纯粹之东夷，而有混杂之胡素耳。

此一统治民族本是亡人，而君夫余，更分支而辖句丽，百济亦其所出。是则汉时之濊民，除乐浪东部都尉所辖外，皆受制于此族。濊民之分若干部或是异族征服之结果然耳。

四曰挹娄族　据《后书》、《魏志》、《晋书》等，东夷、夫

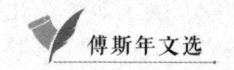

余、句骊、濊貊诸部语言大同，而挹娄独异。至于生活之习惯，则东夷皆用俎豆，而挹娄独不然。有马不乘，不畜牛羊，惟知饲豕。且"独无法俗，最无纪纲"，显然与夫余、句骊、濊貊等不在一个文化阶级上。此正所谓通古斯人之远祖，后文详论之。

五曰韩族　后汉时所谓马韩、辰韩、弁韩者，其东部为西汉时所谓辰国之遗，其西部是西汉时乐浪徼外之蛮族，并非一个单族的民族，三韩之南界，有与倭人混合之成分，"故有文身者"。大约此三部中，马韩较纯粹，故文化亦最低，"其北方近郡（乐浪带方）诸国，差晓礼俗"，以其汉化之故，"其远处直如囚徒奴婢相聚"，盖犹在其原来文化状态中也。其东之辰韩人，乃乐浪之秦人因乱避往与土著混合者，故其语言中不仅有燕齐名物，且有秦方语。辰韩之文化差高，亦较富庶，然服属于马韩人。辰韩人不得自立为王，须用马韩人为之。

此若干部落北与貊不同，全体虽是混合者，然当有一基本元素，故若干习俗虽较近于貊，而自有其独立之文化阶级。盖无大政治组织之农业部落，以其地理之形势，最便于接受海外及陆上之影响者也。

文化

分析东夷之文化最可注意者两端：一此若干民族中之文化互异处，二彼等文化似中国处。

甲，生活状态　夫余、高句丽、沃沮、濊貊诸部人饮食皆用俎豆，与中国同，其居处皆城栅，虽（或）为大国，（夫余）或为部落（濊貊）要非游牧。此为历代东夷与北狄之绝对不同处。亦即东夷生活近于中国、别于朔漠部族之最要点。持此可知历代东夷，虽时与北部相混，究非一本一原，而东夷之与中国易于混同者以此。夫余、句丽、濊貊、沃沮皆是农业部族，其中仅夫余稍染游牧之习，高丽亦善用骑，此当与中国之改习骑射者同，或由其统治者本为骑牧之民，其人民大体固是城栅农业者也。此若干部族中似以濊貊之中国化为最著，不特用中国之生活状态，且染中国之禁忌，《后书》谓"东夷似中国人"，《魏志》又独系箕子之教于乐浪东部之纯粹濊貊部落中，明其中国化之显著。夫余、句骊本以濊民为基，然其汉化稍远者，以后来颇染胡俗，故略有变态耳。沃沮以地理之形势，不便发达文化，且北近于挹娄，夏日须避居，故文化不能不简陋。然以诸书所记测之，亦与句骊、濊貊为一体。

乙，习俗 凡是濊民之地，无论夫余、句骊与乐浪东部，皆以十月为成岁，盖农功既毕之节也。《尔雅》曰："夏曰岁，殷曰祀，周曰年。"年者，其字形表秋收之义；祀者，每年祭天之礼；岁者，其农功之义尤显。濊民盖以岁功既成为节，亦诸夏之风。其染于濊俗之韩族亦然，以十月为祭天节；夫余更以殷正月（腊月）祭天，尤类秦俗。句骊以十月祭天之大会为东盟，此或是濊人相沿之旧号。

丧礼则《魏略》所记夫余之俗全与中国同（引见上文本书第八六叶）。沃沮之瓦鬲悬椁，亦为今中国北方通用者（见本书九六叶）。其他可注意之习俗均释于前节所录史料，本文之下，今不重举。

古代人最重发饰，发饰之别竟是民族之别。中国人束发加冠，南蛮断发文身，北狄被发左衽。此一分布之形势在古代东北若合符然。最北之挹娄人，编发者也。中间之夫余、句骊、濊貊，用弁或帻，明其与中国大同。其南部之韩族，则"魁头露紒"。章怀太子注曰："魁头，犹科头也，谓以发萦绕，成科结也。紒音计。"然则虽不编发，亦非弁冠，此事可供分别民族之资。

综合《后书》、《魏志》所记，及上所标举之点，可得下列之断定：文化最高者为濊民诸部，其中乐浪东部之纯濊民最驯良，俨然华风。其北之夫余、句骊虽长于兵革，犹不失其濊民之基本素，夫余之若干习俗尤与相传之殷俗合，盖略变于胡，亦以近于中国之故，所受之中国化或更多也。三韩部落文化颇低，在组织（无大国）及生活

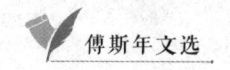

（犹处土穴）上皆简略，然已至农业状态。其文化之稍进步处，皆秦汉人在乐浪者影响之也。文化最低者为挹娄，仍在石器时代，处土穴中。句骊以好洁著，挹娄以不洁闻，显非同类。至于挹娄人形似夫余者，盖以如此邻近之国，易有混合，其本非一系，可断言也。

诸部之推迁

上列数事既经辩解，可分求诸部之推迁矣。中国之殷代本自东北来（说详傅斯年著《民族与古代中国史》），其亡也向东北去（箕子之往朝鲜）。或与貊族有一密切关系。按之《诗经》，号貊人者，在西周春秋初犹有存于今河北省境及山东省东南境者。凡此遗民，以战国时文化之混同，秦汉时政治之一统，已化于中国人之冶炉中矣。其东北之濊貊人当即箕氏建国之所本，箕氏朝鲜或尚及于今鸭绿江以北，不徒以今大同江流域为本体。貊人之东向当予本地土著以大打击，所谓韩人，或即朝鲜半岛之土著，迫于貊人及燕秦势力而南保者。其中更合以自海上来自中国往各样之成分耳。箕氏朝鲜或不能是一个统一的国家，而是若干封建的部落。卫满承之，收集汉人，威服四邻，所建国家之大，箕氏或未有也。按以箕准亡国后奔马韩而王之之形势，参以后来高丽高王李三朝皆起自北方之局，三韩之保守南端，或亦自北方退往者。

在朝鲜半岛中民族移动有自南向北之形势，在辽东徼外则有自西向东折而向南之形势。夫余句骊统治族之据濊地，盖自中国北边往者（说见前）。夫余传世数百年，为汉魏时东北最大之属国，未尝为中国患，亦未尝有大变动，至慕容氏起，然后失国，至高句骊兴，然后再亡。高句骊之高必与句骊为二词，《后书》有《高句骊传》，又有《句骊传》，《魏志》所记高句骊事皆在《后书·句骊传》中。且王莽改高句骊为下句骊，明高为形容词，冠于句骊之上者。推寻此意，当由于句骊有若干部落，其居山地者曰高句骊，以别于其他句骊诸部。且后来之高句骊国王曰高氏，更足明高之一字不与句骊为一词。汉武帝时，已平高句骊，故昭帝时玄菟西徙，以高句骊为郡治，所谓"去辽东千里"者，此之高句骊也。《后书》所记高句骊事，习俗部居而已，无寇边事，明其已在郡县之中。西汉末，其小水貊之一支独强，遂袭高句骊之旧号，此虽亦名高句骊，实与汉县非一事。此小水貊之高句骊后来逐渐发展，至隋唐遂为中国之劲敌。后高丽金富轼所著《三国史记》，以新罗、高句丽、百济建国皆在西汉末，其世系斑斑举列，按以高丽《好太王碑》所记，其说高句骊世系及史迹，当有所本，虽语言过夸，要亦国史之遗文，或传说之流遗者。金氏以高句丽始祖东明建国于元帝建昭二年（公元前37年），以《后书》所记句丽事皆系于《高句骊纪》，此亦足明东汉后所谓高句骊本是句骊之一部，非汉武置县之高句骊也。此小水貊之高句骊自后汉殇帝时即为辽东玄菟害，汉末尤强，公孙康、毌丘俭、慕容廆三次征伐之，大被创夷，然终未能遏其兴起。

乐浪东部之濊貊，在汉武时为临屯郡，昭帝以后并入乐浪郡，所谓东部都尉领东七县也〔七县中兼有沃沮（夫租）县〕。后汉光武时许其自治，然"四时朝谒，二郡有军征赋调，供给役使之如民"，犹是徼内也。

沃沮之地，西隔大山，东滨大海，成一南北修长之条，故自成南北部落之分。所谓沃沮者，《满洲源流考》以为即满洲语之窝集，其言云："今自长白山附近，东至海边，北接乌拉黑龙江西，至俄罗斯，丛林密树，绵亘其间。魏毌丘俭讨高丽，绝沃沮千余里，到肃慎南界，则沃沮者，实即今之窝集。"（按，窝集，满洲语森林也。）沃沮为分散之部落，不成一国家。南沃沮初为玄菟郡治，后属乐浪东部都尉，北沃沮则困于挹娄人，至于"每夏辄藏于岩穴，至冬船道不通，乃下居邑落"，其困可知。后汉时已如此，果也至南北朝时（或晋时已然）挹娄人已兼并沃沮而袭其名

129

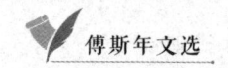

矣。《魏书》、《北史》所谓勿吉，一作靺鞨者，其地望大体当《后书》、《魏志》所谓南沃沮及挹娄，其名称则沃沮、勿吉、靺鞨，显然为一声之转，于是沃沮乃不见于史书，而靺鞨入唐为强国焉。此等"以牛易马"之史实甚多，忽之每致不得要领。挹娄之为肃慎者，今日殊不能知史家果何所凭藉而作是语，或以其用石矢巨弓，出自东北远方，而"稽古"以定此名，亦未可定。然此等部落文化极低，未必从汉人稽古建号之习，而肃慎一词，却在被一带流行至于后世，宋时所谓女真，明时所谓珠申（建州自号其民之称，见《满洲源流考》），皆肃慎之声转，是则不可遽以"挹娄古肃慎也"一语为中国史家所造矣。《左传》记周王述其祖烈曰："肃慎燕亳，吾北土也。"如是，则肃慎必近在今辽西或滦河一带，然箕氏建国，以濊貊为本，《后书》、《魏志》皆暗示此义，而汉时濊族溥居于今辽宁省东部、吉林省大部，或北及黑龙江省南端，在朝鲜更居东部，此濊貊之民以其生活习俗又可决定其决非出自瀚海原为游牧族者。果西周初诸夏与挹娄之前世肃慎接壤，则后来横断二者间之貊族原非土著可知，此貊族又何自来乎？貊族与挹娄非同族，又显然记之于诸史。然则挹娄是否即"古肃慎之国"，只好阙疑。今更将名词传变图之如下：

沃沮（汉）勿吉（六朝）靺鞨（隋唐）
肃慎（西周）女真（赵宋）珠申（明）

辰国政治情形在西汉时者无可考。其地当朝鲜半岛之南端，一切在朝鲜北部及辽外之民族被迫于后起之部族者，势必群集于此，更无路可走，而海上又可有若干部民来住，倭人来此最便，然不仅倭人已也。是辰国本是一大混合场，或以文化较低于濊貊之朝鲜半岛原始民族为其基本耳。箕准于亡国之后袭此地而王之，不久旋灭。马韩部落特强，辰韩文化最高，然莫能抗马韩，故但以马韩人为王焉。自新罗崛起，然后辰韩之部族始大，既不服属于马韩

（百济），更北袭濊人，与高句骊拮抗。此新罗者，在魏曰斯卢，为辰韩十二国之一（见《魏志》），在刘宋始曰新罗。《北史》云："或称魏将毌丘俭讨高丽，破之，奔沃沮，其后复归故国。有留者，遂为新罗，亦曰斯卢。其人辩有华夏、高丽、百济之属，兼有沃沮、不耐、韩濊之地。其王本百济人，自海逃入新罗，遂王其国。初附庸于百济，百济征高丽，不堪戎役，后相率归之，遂致强盛，因袭百济，附庸于迦罗国焉。"其先辰韩之混合既如彼，其后新罗之混合又如此，实不成一种族。然隋唐之世，新罗独能事大，故高丽、百济以抗中国而丧国迁遗，新罗以事唐之故，独能为中国外臣，不亡于倭，而保世滋大。唐高宗后，武氏篡国，东方照顾不及，新罗乃得特殊之宠异。而安史之乱，中国与东方之陆路交通绝，新罗乃得据有半岛之大部分。至五季时，始改历数于后高丽朝之王建。高丽、新罗、百济三国中，新罗之强大最后，然《三国史记》、《东国通鉴》皆以新罗建国为最早者，盖新罗独不亡于唐，半岛之古史材料传自新罗，故新罗人得饰造其词也。［此虽饰造，然必有一部分依据传说，不可一笔抹杀之。若《三国史记·新罗记》初数卷所载日食等，必是依《春秋》而妄造。梁时彼尚"无文字，刻木为信，语言待百济而后通"（见《梁书》），其登梁朝，亦凭百济使臣，焉能记日食于汉代首？《三国史记》之材料，必经辨析，然后可用也。］

马韩初为辰国之统治者，其后百济亦以武力著。百济本马韩列国之一（见《魏志》）。其名据《好太王碑》当作百残，其作百济者，汉土文书之假借。《北史》释百济来源及名号云："东明之后有仇台，笃于仁信，始立其国于带方故地。汉辽东太守公孙度以女妻子，渐以昌盛，为东夷强国。初以百家济海，因号百济。"百济既非本字，此说当不可通。按《魏志》，辰韩"有似秦人……名乐浪人为阿残。东方人名我为阿，谓乐浪人本其残余人"。然则所谓百济者，其谓乐浪百户南徙之邑乎？此说如可信，则百济王之出于

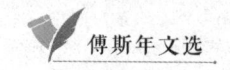

夫余，更无可怪。盖本是乐浪流寓者，故能自北至南。否则百济于仇台（自仇台始皆以夫余为氏）建国时，中国人之势力未衰，乐浪郡之统治犹壮，且正值公孙氏雄海东而置带方郡时，出自夫余之人何路远越汉郡而至马韩乎？《三国史记》所记三国先世，盖将中国史籍及本邦后世之粗记与传说混为一事者，金富轼实未造伪史，然其所凭之本土材料非汉籍之比也。或曰，百济在晋末魏初，曾越海而据辽西一带，南朝诸史多以百济本在辽东，与高句骊比邻，《魏书》且以为"北去高句骊千里，甚矣其疏也"！（按百济据辽西事，殊费索解。辽西疆域经前燕、前秦、后燕、北燕四国，皆为燕之本土，百济焉能越海据之。此当是南朝史臣不解东北地理而误，而魏收藏书之无稽，亦不足论也。）百济在唐高宗时，以联倭为唐所灭，唐将刘仁轨尽歼日本舟师于白江，百济遂夷（参看唐平百济碑，《海东金石苑》卷一）。

上节所说如不误，则今人（日本人尤甚）谓古代东北及朝鲜为通古斯人所居者，实毫无凭藉之论也。自挹娄诸部扩张疆土转号勿吉（靺鞨）后，通古斯人始以渐雄视于东北。前此强大者，为夫余句骊之横介于中国与通古斯族间者。隋代以前，中国与代表通古斯族之挹娄、勿吉往来绝少，唐代彼始与中国交兵。高句丽之亡，靺鞨之兴，可谓在东北汉族以外居住区域中最大之转变，前此为最近于中国之濊貊人世界，后此为稍远于中国之通古斯族世界矣。此一升降之所系，其重大或不在中央亚细亚由印度日耳曼世界转入土耳其世界之下。从此朝鲜独立为一民族，白山黑水之间，历世强不能驯，非复句骊、濊貊时代之礼乐人文矣。

民族之认识

上文既依地望、语言、习俗迁变以疏解其民族部落，兹再依此民族部落之别以探其与后来之民族有若何之关系焉。

一、汉族　或曰中国族。此族人在古代中国东北及朝鲜之经历已见本卷各节，兹不赘论。

二、挹娄族　挹娄族之必即通古斯族，可以其流派确知之。挹娄之后为勿吉，勿吉之转音为靺鞨，靺鞨之遗而复振者为女真，女真之受中国节制者为建州，建州之改名曰满洲。满洲语女真语确然为通古斯语族之南支，则其本源之挹娄、勿吉、靺鞨必通古斯族也。且《后汉书》、《魏志》所记挹娄生活习俗多与今之通古斯人合，不仅语言有线索可寻而已。

三、濊貊　挹娄既为通古斯族，则与挹娄不同语之夫余、句丽、沃沮、濊貊一系必非通古斯族也。通古斯者，本语言族系之名词，并非种族，然语言族系大体上可为民族分别之标准，以语言之单位每即文化之单位故也。挹娄人形似夫余，明其以邻近而有血统混合，其语言不同，明其不衍自一派。若曰，夫余等所谓濊貊之一系，虽不与挹娄同语，亦不妨与挹娄俱为通古斯之分支。殊不知《后汉书》所记夫余、句骊、挹娄事，乃去今两千年前者。今通古斯人之居土，东滨大海，西界叶尼赛河，其东南端与汉人朝鲜人分界，其中部之南端，与蒙古人界，其西北一支则横穿于说突厥语之部族间（其东北为突厥之叶库克族，其西南为突厥之鞑靼各族）。其形势实见凭陵于蒙古突厥。居西伯利亚平原之地，非可长久固持者。按之中国史，挹娄（后为勿吉）之地望，及其迤北之山河交错地，当为此族之本土，而以金山黑水为中心。其西北之长线，在近二千年历经迁变，蒙古突厥各族与之代有其地。然则今之通古斯族部落，当不能为远古造成之民族，而二千年前夫余、句骊等濊人先与确可认为通古斯族先世之挹娄人绝异其语言生活状态及习俗，其文化程度之高低尤悬殊，是则夫余、句骊等濊貊国必不能为今日通古斯各部之同族无疑也。且所谓通古斯族者，除其南支以受汉化而文化大进外，其北部至今犹在甚低之文化中，其文化程度正与古所谓挹娄者相应，而与夫余、句骊、濊貊等全不能合。穴居、石镞、

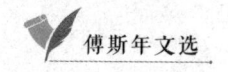

"独无法俗，最无纲纪"之挹娄人，与城栅、俎豆、揖让、好洁、守丧、耕稼、冠冕之夫余、句骊、濊貊诸部必不能有近属之关系，然若假设今所谓通古斯族者，自夫余、挹娄前数百乃至千余年，即分文野决然不同之派，亦不可通矣。

　　四、三韩部落　三韩不可以民族名也，三韩之为甚复杂的混合部落者，可以数事明之。夫余、句骊、濊貊、沃沮分散若干万方里，而语言大同，三韩部落局促于半岛之南端，而语言各异，一也。辰韩多中国遗民，故名秦韩，而"汉末，百姓苦乱，多流亡入韩者"，二也。"近倭，故有文身者"，则自海上来之成分，其数非可忽略者，三也。箕准于亡国后，夫余尉仇台于变动中，皆往而王之，必带其部族俱往，四也。辰国之字谊今虽未能确知，然日本人有以辰国之辰为十二辰之谊者，其说似不误。辰韩、弁辰皆十二国，而汉化区域之中以十二种动物代十二辰之金石记载，恐亦以朝鲜庆州西岳角干墓十二神画像为最古（汉镜纪十二辰者，并不配以十二兽）。此虽近后之石刻，其神话或亦渊源自昔。十二兽配十二辰者，北房之俗，非中国之习。浮屠教在东汉已大自海上来中国，三韩又殖其变形之教。海南山北，远方殊俗，萃于一土，此土之常受远方影响可知，五也。［州胡岛上有髠头如鲜卑之民，亦可注意之事实。按，朔漠旧族故皆编发或被发，其髠头者自鲜卑始。盖鲜卑自北南移之前，或已间接受希腊波斯在中央亚细亚之影响，故不编发被发而髠发。州胡者，州为岛之本字，胡之一词在汉世亦以之名身毒（天竺）人。此州胡当是来自南洋或印度者，其韦衣裸下，乘船往来市贾，皆暗示其所来之方向，佐以此事，知马韩所谓苏涂必即浮屠，非仅名近貌似而已。］保半岛之孑遗，集四方之亡人，承汉化于乐浪，混胡俗与竺教，可为三韩立体之说明。三韩时先已如此，则后来新罗百济之混镕时可知。《北史·百济传》云："其人杂有新罗高丽倭（按即倭字）等，亦有中国人。"《新罗传》云："其人辩有华夏、高丽、百济之属，兼有沃沮、不耐、韩濊之地，其王本百济人，自海逃入新罗，遂王其国。"凡此皆足证新罗百济之不由纯一民族而成。

今朝鲜语与四邻各语之关系皆不明了，朝鲜语中汉字极多，然皆是借字。亦有与日本语偶合之点，亦由倭人据任那颇久，或不免差有影响于南端诸处，其前更可以三韩文身之俗，证其小有同化，然此只是渺小的偶同，绝不能曲成日韩语同源之一说。朝鲜语与满洲语及一般之通古斯语亦间有相类处，此当由邻居影响或小小同化而成。总之，借字是一事，语法及音系受邻近人之影响又一事，小量之混合又一事，大混合又一事，而同系分支则决然另一事也。至今治语言学者，未丝毫能证明日本、朝鲜、通古斯之同源，但有若干提示以想象摆布之而已。且所谓乌拉阿尔泰语族自身是否一事，先是一问题，其中语族间差别实太大，且乌拉阿尔泰一词远非印度日耳曼语族或赛米提语族各名词合义之比。今持此内含不明之名词，以括源流尚未晓知之语言，实难有科学的弋获，徒为国别的成见及政治的喧嚷而已。

参看（一）S.Kanazawa: *The Common Origin of the Japanese and Korean Languages*, Tokyo 1910.

（二）A.Meillet et M.Cohen: *Les Langues du Monde*, Paris 1924.

然吾人不妨试问今之朝鲜语出于古之朝鲜半岛中何部？此问题果能解决，岂不大妙，盖如出于高句骊，便是濊貊，若出于新罗百济，则另一事也。无奈《朝鲜史》并不给吾人以明确之叙述。朝鲜之制字母是明初年事，前此皆用汉文，故古语存者，仅用汉字汉文书写之若干官名地名人名而已。此虽可凭以揣猜，究不能得上等结论，于是对此一东方文明古国竟不能知其语族来源，亦憾事也。按近代李氏朝鲜建国于洪武朝，虽为中国易其国号，且在明朝"视同内地"（《明史》语），然对于其前之王氏后高丽朝实无何等重大的文化及民族之改易。王氏朝时，历为契丹女真所凭陵，更为蒙古所蹂躏，然均未影响及于民族之改变。王氏高丽建国于五季之初，

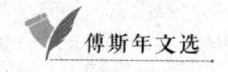

与辽差同，虽起自半岛之北境，究以唐代新罗为其底子。自唐高宗时，百济、高句骊以背唐而亡国，新罗以事大而保业之后，虽安东都护设置将及百年，然武后之牝鸡司晨，徒与东人以进展之机会。故高丽、百济唐代虽复其国，终以新罗故，未能就藩，新罗事唐，奉羁縻之臣节而已。高宗后数世皆新罗扩大其势力于半岛之时代，新罗未亡之前，几统一半岛之政治权。后高丽凭此而起，则新罗之有大影响于后高丽可知。然新罗在三国中建国独后，初不见于经传，后附庸于百济。且其自身先是一个大混合，今又不能得其混合之相互分量。无论朝鲜语基本上出于高句骊或新罗，其为混合语，可以其亲属难明知之也。

"三韩民族"一名词在三韩时或即不能成立，其是否为后高丽之本体尤不可知也。

第五章　汉晋间东北之大事

　　自汉武统一区夏之后，玄菟、乐浪永为汉郡，其南北各异族部落皆臣服，至于汉末三百余年中，虽王莽时稍经紊乱，究未失此版图。光武中兴，祭肜守北边，内外率服，辽东重见昭、宣之盛。此数百年中，史书不记辽事，以太平故，无事可记也。此时汉化在此旧疆新郡上植其最深之根业。逮灵帝时，中土分崩，然后辽方多故。割据辽地者，有公孙度一家三世。公孙氏亡，东北直隶于晋。直至东晋永和八年（西352年）慕容称帝，然后东北非中华帝国之一部。兹分述此时中大事如下。

第一节　曹操征乌桓

据《后汉书·魏志通鉴》

　　乌桓（《魏志》作乌丸）者本东胡也。汉初，冒顿单于灭其国，余类保乌桓山，困以为号。其生活为游牧部族，非东夷城栅者之伦也。武帝遣骠骑将军霍去病击破匈奴，因徙乌桓于上谷渔阳右北平辽西辽东五郡塞外，为汉侦察匈奴动静，其大人岁一朝见。于是始置护乌桓校尉，秩二千石，拥节监领之，使不得与匈奴交通。其后王莽虐用之，遂叛。后汉光武帝建武二十五年（公元49年），辽西乌桓大人郝旦等九百二十二人率众向化，诣阙朝贡。于是封其渠帅为侯王君长者八十一人，皆居塞内，布于缘边诸郡，令招来种人，给其衣食，遂为汉侦候，击匈奴鲜卑（鲜卑亦东胡别种）。后置校尉于上谷宁城，开营府，并领鲜卑，赏赐质子，岁时互市焉。及明章和三世，皆保塞无事。安帝永初三年（109年），乌桓与南匈奴始入寇，车骑将军何熙、度辽将军梁懂等大破之，无何乞降，其后服叛无常。迄灵帝时，诸郡乌桓大人各自称王。中平四年（西187年），前中山太守张纯叛，入辽西乌桓大人丘力居众中，诱其寇边，而自号弥天安定王，遂为诸郡乌桓元帅，寇掠青、徐、幽、冀四州。五年（西188年），以刘虞为幽州牧，刘虞，宗室名士，汉胡之望也。虞购斩纯首，北州乃定。献帝初平（西190至193年）中，丘力居从子蹋顿总摄三郡乌桓部众。建安（西196至219年）初，冀州牧袁绍与前将军公孙瓒相持不决，蹋顿与袁绍合，遣兵助击瓒。及瓒灭，绍宠任乌桓。广阳人阎柔，少没乌桓、鲜卑中，为其种人所归信。柔因鲜卑众杀乌桓校尉邢举而代之，袁绍因宠慰柔，以安北边。及曹操历破袁绍子袁谭、袁尚，尚奔蹋顿。时汉末大乱，北边多故，幽冀诸州吏人奔乌桓者十万余户，尚欲凭其兵力，复图中国。会曹操平冀州，阎柔率鲜卑、乌桓归附曹，即以柔为校尉。其时蹋顿于乌桓部中为最强，袁尚兄弟归之，数入塞为害。建安十一年（西206年），操将征之，凿渠自呼沲入狐水，名平虏渠。又径泃河口凿入潞河名泉州渠，以通海。十二年夏五月，操至无终（今河北省蓟县），秋七月，大水，傍海道不通。田畴请为乡导，操纵之。引军出卢龙塞塞外，道绝不通，乃堑山堙谷五百余里，经白檀，历平刚，涉鲜卑庭，东指柳城。未至二百里，虏乃知之。尚熙与蹋顿辽西单于楼班、右北平单于能臣抵之等将数万骑逆军。八月，登白狼山，卒与虏遇，操乃纵兵击之。虏众大崩，斩蹋顿及名王以下胡汉降者二十余万。辽东单于速仆丸及辽西北平诸豪弃其种人与尚熙奔辽东，众尚有数千骑。初，辽东太守公孙康恃远不服，及操破乌丸，或说操遂征之，尚兄弟可擒也。操曰："吾方使康斩送尚熙首，不烦兵矣。"九月操引兵自柳城还。康即斩尚熙及仆丸等，传其首。其余遗迸皆降，及幽州并州阎柔所统乌丸万余落，悉徙其族居中国，帅从其侯王大人，种众与征伐，由是三郡乌丸为天下名骑。

于是乌桓永宁，辽东归附，汉朝威力重振东北，东汉之世，乌桓散居塞内，鲜卑游牧大漠。当汉室隆盛，乌桓为捍边之锐卒，及纪纲既乱，乃最为肘腋之患。曹操之平乌桓，阻遏五胡乱华之势者五十年，其有功于民族文化者实大。乌桓一平而沦落，五胡之乱，乌桓不与也。

第二节　公孙氏据辽东

公孙度，字升济，本辽东襄平人也。度父延，避吏，居玄菟，任度为郡吏。后举有道，除尚书郎，迁冀州刺史，旋免。

同郡徐荣为董卓中郎将，荐度为辽东太守。度起玄菟小吏，为辽东郡所轻。先时辽东属国公孙昭守襄平令，召度子康为伍长，度到官，收昭笞杀于襄平市。郡中名豪大姓田韶等，宿遇无恩，皆以法诛，所夷灭百余家，郡中震慄。东伐高句骊，西击乌丸，威行海外。初平元年（西190年），度知中国扰攘，语所亲吏曰："汉祚将绝，当与诸卿图王耳。"

故河内太守李敏，郡中知名，恶度所为，恐为所害，乃将家属入于海。度大怒，掘其父冢，剖棺焚尸，诛其宗族；分辽东郡为辽西中辽郡，置太守；越海收东莱诸县，置营州刺史；自立为辽东侯，平州牧，追封父延为建义侯；立汉二祖庙，承制设坛禅于襄平城南，郊祀天地，籍田治兵，乘鸾路，九旒，旄头羽骑。曹操表度为武威将军，封永宁乡侯。度曰："我王辽东，何永宁也？"藏印绶武库。

度死，子康嗣位，以永宁乡侯封弟恭，是岁建安九年（西204年）也。十二年（西207年），曹操征三郡乌丸，屠柳城，袁尚等奔辽东，康斩送尚首。封康襄平侯，拜左将军。康死，子晃、渊等皆小，众立恭为辽东太守。曹丕践阼，遣使拜恭为车骑将军，假节，封平郭侯，追赠康大司马。恭劣弱，不能治国。太和二年（西228年），渊胁夺恭位。

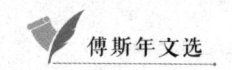

魏明帝即位，拜渊扬烈将军，辽东太守。渊南通孙权，往来赂遗。权遣使张弥、许晏等赍金玉珍宝立渊为燕王，渊亦恐权远不可恃，且贪货物，诱致其使，悉斩送弥晏等首于魏。孙权大怒，欲渡海击之而不果也。明帝于是拜渊大司马，封乐浪公，持节领郡如故。使者至，渊设甲兵为军阵，出见使者，又数对国中宾客出恶言。景初元年（西238年），乃遣幽州刺史毌丘俭等赍玺书征渊，渊遂发兵逆于辽隧，与俭等战。俭等不利而还。渊自立为燕王，置百官有司，遣使者持节假鲜卑单于玺，封拜边民，诱呼鲜卑，侵扰北方。

二年（西239年）春，遣太尉司马懿征渊。六月，军至辽东，渊遣将军卑衍杨祚等步骑数万屯辽隧，围堑二十余里。懿军至，令衍逆战。懿遣将军胡遵等击破之。懿令军穿围急趋襄平，衍等恐襄平无守，夜走。诸军进至首山，渊复遣衍等迎军，殊死战。复击，大破之，遂进军造城下，为围堑。会霖雨三十余日，辽水暴长，运船自辽口径至城下。雨霁，起土山，连弩射城中。渊窘急，粮尽，人相食，死者甚多。将军杨祚等降。八月，渊众溃，与其子修将数百骑突围东南走，大兵急击之，斩渊父子。城破，斩相国以下首级以千数，传渊首洛阳。辽东、带方、乐浪、玄菟悉平。

始度以中平六年（西189年）据辽东，至渊三世，凡五十年而灭。

按，公孙度未足称也。以彼凶残，非能起家于中州郡国者，彼之成事，正以在边境耳。创业者立暴乱之规，守世者持首尾之端，不兢兢以修政事，而惟以自大为务，卒以败亡，其个人不足惜也。然依时势所演定，公孙氏之据辽东也，其意义不同于一般之割据，盖与汉族在东北势力之消长有甚切之关系焉。公孙氏北辑夫余，东剪高句骊，堕其丸都南为百济建国，拓荒地为带方郡（带方郡一部分割自乐浪，一部分故为荒地）。伐韩濊，出流亡之汉民。帝国虽失一角之统一，汉化实获东北之重镇。果汉末辽东得人更不如公孙氏者，经中国之乱，高句骊、韩濊必并起，中国之失东北或如失北地矣。魏朝平定东北之后，果能任毌丘俭，如汉之任祭肜者，内无易代之事，外修兵革之备，亦何害于天下后世之大事？无如司马家儿，先伐英桀，后成禅代，司马叡以平吴之盛，竟不能不羁縻慕容氏，内政之影响于边事者如此！未有自乱其政而能又安边境者。求之于己，则直之于人矣。

第三节　毌丘俭平高句骊

毌丘俭，字仲恭，河东闻喜人也（今山西西南境闻喜县）。父兴，魏黄初中有功西陲，封高阳乡侯，俭袭父爵为平原侯。以其为明帝为太子时之旧人，即位后甚亲用之，历官中外。

青龙中，帝将图辽东，以俭有干策，徙为幽州刺史，加度辽左将军，使持节，护乌丸校尉。率幽州诸军至襄平，屯辽隧。右北平乌丸单于寇娄敦、辽西乌丸都督率众王护留等，昔随袁尚入辽东者，率众五千余人降。寇娄敦遣弟阿罗槃等诣阙朝贡，封其渠率二十余人为侯王，赐舆马缯采各有差。公孙渊逆与俭战，不利，引还。明年，帝遣太尉司马懿统中军及俭等众数万讨渊，定辽东，俭以功进封安邑侯。

正始中（公元240至249年），俭以高句骊数侵叛，督诸军步骑万人出玄菟从诸道讨之。句骊王宫将步骑二万人进军沸流水上，大战梁口，宫连破走。俭遂束马县车，以登丸都。屠句骊所都，斩获首虏以千数。句骊沛者名得来，数谏宫，宫不从其言。得来叹曰："立见此地将生蓬蒿。"遂不食而死，举国贤之。俭令诸军不坏其墓，不伐其树，得其妻子皆放遣之。宫单将妻子逃窜，俭引军还。六年（公元245年），复征之，宫遂奔买沟。俭遣玄菟太守王顽追之，过沃沮千有余里，至肃慎氏南界，刻石纪功，刊丸都之山，铭不耐之城。诸所诛纳八千余口，论功受赏，侯者百余人。穿山溉灌，民赖其利。

俭旋转为镇南将军，以拒吴。其后司马懿谋夺政权，以行篡代,俭遂于正元二年(公元255年)起兵。事败,被杀,事见《魏志·俭传》。

《魏志·本纪》系俭平句骊于正始七年(公元246年)。其平句丽所树诸碑之一,于清光绪三十年(公元1904年)七月由奉天省辑安县设治局员发现于辑安县境板石岭之西岔。碑文凡七行,下部残阙,所存不及五十字。其文曰:

正始三年高句骊宫(旧释宫作官,今未见拓本,仅据锌版,难遽定之。然官字颇不辞,宫则正是此时高句骊王之号。)

督七牙门讨句骊五

复遗寇六年五月旋(第二字明是遗字,而旧释作遣。旋下应为师或军字,则遣寇不成文理也。)

讨寇将军魏乌丸单子丂(末字仅存一角。)

威寇将军都亭侯(旧释侯下有六字,今据照相锌版印本,看不清晰。)

行裨将军领

裨将军(旧释第二字作裨,今所见照相锌版印本不清晰。果此字为裨,其上字当为行。)

按,前三行是记事。宫者,此时高句骊王名(见《魏志》)。后四行应是从征诸将之记名。第四行乃乌桓主帅之从征者。(据《魏志·乌丸传》引《魏略》:"景初元年秋,毌丘俭讨辽东,右北平乌桓单于寇娄敦率众降。遣弟阿罗槃等诣阙朝贡,封其渠帅三十余为王。"是正始六年之魏乌丸单于非寇娄敦即其嗣也。魏平乌丸后,乌桓从征,已见本章第一节末。)俭名及官号当在第一行之末,出于叙事中也。据此碑,知毌丘俭平高句骊非一年事,《魏志》纪系于七年者,系其成功之年耳。

据《魏志》，足征毌丘俭之征高丽，不但破其国都，且积极的经营其地，故云"穿山灌溉，民赖其利"也。

第四节　慕容廆创业辽西

鲜卑者，五胡之一，前燕、后燕、南燕者，十六国之三也。晋失其政，天下大乱，帝统南迁，胡羯称制。于是中原文物之盛，沦为异族争夺之域，世所谓"五胡乱华"也。五胡之中，有汉化极深者，有汉化颇浅者，慕容廆之曾祖，始入居辽西，其受汉化还逊匈奴刘氏。然慕容廆及其子孙三世，雅慕华风，故建国东北，颇有文物，初服晋朝，亦尽臣节，非石氏、赫连氏等之比也。慕容氏三国之事迹，及其别支吐谷浑，乃一般中国史上之一段，今不能具述，但论其创业于辽西并纪其兴亡年代焉。

鲜卑者，东胡之支也，别依鲜卑山，故因号焉。汉逐匈奴西去，并移其遗民于郡国，终以地理之不宜，不能殖民，其地遂为鲜卑所有。鲜卑于汉，"道畅则驯，时薄先离"（《后汉书》赞语）。至檀石槐始大，尽据匈奴故地，重为汉患。魏武平乌桓，稍杀其势。檀石槐所置中部（当汉郡右北平以西至上谷）大人有慕容氏（见《魏志》注引《魏书》）。魏初，慕容氏之莫护跋率其诸部入居辽西。以从司马懿伐公孙氏有功，拜率义王。始建国于棘城（棘城晋属昌黎郡）之北，以慕容为姓（按《晋书》释慕容二义，皆以汉语之音义释之。《魏志》三十注引《魏书》，檀石槐所分之中部大人中有慕容，然则慕容固鲜卑旧氏名，非汉语也）。子木延，从毌丘俭征高丽有功，加号左贤王（《御览》引《十六国春秋》大都督）。木延子涉归，以功进拜鲜卑单于，迁邑于辽东北，于是渐慕华风矣。

涉归子廆，幼时晋安北将军张华一见奇之，谓曰："君后必为命世之器，匡难济时者也。"大康五年（公元284年），廆立，十年

魏毌丘俭平高句骊石刻之一

（公元289年），迁于徒河之青山，（《寰宇记》七十一："徒河城，汉县，有废城在柳城东北。有山曰青山，在郡东北九十里。"按，徒河故城当在今锦县义县间。）元康四年（公元294年），定都大棘城（今义县西北）。永宁（公元301年）中，燕土大水，廆开仓振给，幽方获济。晋帝褒赐命服。值永嘉之乱，廆自称鲜卑大单于。时辽东之晋官相杀，附塞鲜卑借辞为乱，百姓流亡者多归于廆。廆以勤王为名，平辽东之叛乱鲜卑，徙其部众于棘城。琅邪王承制于建业，廆遣使浮海劝进。及王即帝位（东晋元帝），授廆将军单于。时二京倾覆，幽冀沦陷，廆刑政修明，虚怀引纳，流亡多归之。廆乃立郡以统流人，冀州人为冀阳郡，豫州人为成周郡，青州人为营丘郡，并州人为唐国郡。于是推举贤才，委以庶政。以河东裴嶷、代郡鲁昌、北平杨耽为谋主，北海逢羡、广平游邃、北平西方虔、渤海封抽、西河宋奭、河东裴开为股肱，渤海封奕、平原宋该、安定皇甫岌、兰陵缪恺以文章才俊任居枢要，会稽朱左车、太山胡母翼、鲁国孔纂以旧德清重引为宾友，平原刘赞，儒学该通，引为东庠祭酒，其世子皝率国胄束脩受业焉。廆览政之暇，亲临听之。

太兴（公元318至321年）初，晋平州刺史东夷校尉崔毖，嗾高句丽宇文（南匈奴之一部）段国（鲜卑之一部皆乘永嘉之乱以建国者）合以伐廆，廆败之，于宇文营中获皇帝玺三钮，送于建业，于是拓地益广。晋帝拜廆车骑将军，平州牧，丹书铁券，承制海东。羯主石勒遣使通和，廆拒之，送其使于建业。勒怒，使宇文乞得龟击廆，廆灭之。晋成帝即位，遣使与太尉陶侃笺，痛论中原羯胡之害，江外祸变之耻（时王敦、苏峻相继作乱），约以勠力王室，共图匡复。其结语曰：

> 廆于寇难之际，受大晋累世之恩，自恨绝域，无益圣朝，徒系心万里，望风怀愤。今海内之望，足为楚汉轻重者，惟在君侯。若勠力尽心，悉五州之众，据兖豫之郊，使向义之士，倒戈释甲，则羯寇必灭，国耻必除。廆在一方，敢不竭命？孤军轻进，不足使勒畏首畏尾，则怀旧之士，欲为内应，无由自发故也。

同时赍其东夷校尉等上侃疏，求朝廷除廆燕王。朝议未决而廆卒。

廆之事晋，自非尽出于本心，盖一由于政治作用，二由于向慕汉化，然晋室自身之由来，其孝子兹孙便以为安得长久（晋明帝语王导者），南渡之后，王敦、苏峻相继作乱，即王导之节亦非苏武之节（陶侃嘲导语），陶侃行迹又非无可议者。以如此之榜样，欲期远方归化之戎夷存孤忠于隔绝之域，实为不可能者。如廆所为，固由于向慕华风耳。

廆卒，子皝嗣，犹奉晋正朔，而甚无臣节。以与段辽（段氏东郡鲜卑之族，自务勿尘以来，日益强盛。其地西接渔阳，东界辽水，所统胡晋三万余户，控弦四五万骑）相攻，诡称藩于伪赵王石虎。旋灭段氏，复以宇文为患，而高句丽去国密迩（其时高句丽已乘晋乱向北拓土），谋先剪之。晋咸康八年（西342年，《晋书》载记系于七年），皝率劲卒四万人自南陕以伐宇文高句丽，又使慕容翰、慕容垂为先锋，遣长史王寓等勒众万五千从北置而进。高句丽王钊，谓皝军之从北路也，乃遣其弟武统精锐五万距北置，躬率弱卒以防南陕。翰与钊战于木底，大败之，乘胜遂入丸都，钊单马而遁。皝掘钊父利墓，载其尸并其母妻珍宝，掠男女五万余口，焚其宫室，毁丸都而归。明年，钊遣使称臣于皝，贡其方物，乃归其父尸。灭宇文国，拓土千里。又《晋书》载慕容恪攻高句丽南苏，克之，置戍而还（《晋书》记此未系年）。永和三年，世子慕容及恪率骑万七千东袭夫余，克之，虏其王及部众五万余口以还。终皝之世，受晋封拜，皝亦频遣使贡献焉。皝性猜忌，而雅好文籍，造《太上章》，著《典诫》，兴东庠，每亲至讲学，虏主中之矫矫也。

皝卒，子俊嗣，乘伪赵冉闵之乱，南下定邺都，遂于永和八年（公元352年）僭皇帝位。俊自蓟迁邺后，东北西三方皆拓土，南亦败晋师，俨然为中原最强之虏朝。

晋升平二年（公元358年），俊死，子嗣，以慕容垂之降前秦苻氏，卒于晋太和五年（公元370年），为苻氏将王猛所破，自邺北奔，见虏于秦兵，前燕遂亡。

此后慕容垂值苻坚败后，一度复国。传四世二十四年而灭。汉人冯跋继之，有故慕容燕国之本土，卒以刘宋元嘉七年后若干年灭于拓跋魏（史未记其亡年）。

东北疆土，经前燕、前秦、后燕、北燕之传舍，混乱异常，洪氏《十六国疆域志》多不可据，今不得而详焉（诸国在中国之消长，尚可谱之，其在东北边境之出入则无记载）。

藉此变乱，高句丽大拓版图，拓跋之平营二州，实不能远过辽河之外也。

按，慕容氏超家辽西，绍代北之武俗，承中原之文化。廆子孙三世雅好文籍，兴学著书，以归汉化，五胡之中，自匈奴刘渊以外，莫之比也。其重用晋士，以为治国行政之资，河东裴嶷以中土旧族，膺将相之任，自苻坚之用王猛而外，莫之上也。其远崇建业之庭，同心夷夏之辨，亦是最有效之政治的作用，此其成功之原因，非徒恃漠俗，便可鹰扬青、豫者也。

中国古代文学史讲义

叙 语

诸君研习文学，第一要避免的，是太着重了后来人的述说、批评、整理的著作，以及叙录的通书，而不着重原书。诸君假如仅仅细心的读完了一部书，如《诗经》，或《左传》，或《史记》，或一大家的诗，都比读完一切近年来文学史的著作好；又如把楚辞的章句故训详细校读一遍，自己会有一种见解，便也用不着别人的教科书。所以文学史之用，断不是以此代替读专书，恰恰反面，乃是刺激人们去分读专书的。不过，我们虽知道专书的研究是根本工夫，而但能分读专书不知联络的人，也常常免不了"鄙陋"，把这个名词翻成近代话，"乡下人气"。所见不广，不知道文学因时因地的变迁和联络，就要"坐井观天"了。讲文学史一科之意就是这样。

我们写文学史时，最简单的办法，是把诸史《文苑传》及其他文人传集起来，加上些别的材料，整理成一部郑夹漈所谓通志中之一志，这样子的一个"点鬼簿"，不是不可以做的，也可以做得很精细的。或者把各时代的文学评论集起，依时排列，也可成一部很好的记载。不过，我们觉得文学之任务当不止于这样编辑的工夫，我们现在的要求是以讲说引人作学问，不是修书。一时想到，作文学史应该注意下列三项工作。

第一，因为文学史是史，他和史之别的部分之分别，乃因材料不同类而分开题目去作工：要求只是一般史学的要求，方法只是一般史料的方法。考定一书的时代，一书的作者，一个事件之实在，一种议论的根据，虽是文学史中的问题，也正是通史中的事业。若是我们把时代弄错，作者弄错，一件事之原委弄错，无限的误谬观念可以凭藉发生，便把文学史最根本的职务遗弃了。近代中国的语言学和历史学，开创于赵宋（说详后），近三百年来成绩很大，最近二十年中，尤有若干新观点，供我们这一项的考定知识之开拓。这一类的工夫是最根本的工夫，即是我们谈文学史的第一个要求，若这一条任务举不起来，其他的工作没有附丽的所在。

第二，我们看，若干文体的生命仿佛像是有机体。所谓有机体的生命，乃是由生而少，而壮，而老，而死。以四言诗论，为什么只限于春秋之末，汉朝以来的四言诗做不好，只有一个陶潜以天才做成一个绝无对偶的例外？为什么五言起于东汉的民间，曹氏父子三人才把他促成文学上的大体制，独霸了六朝的诗体，唐朝以后竟退居后列，只能翻个小花样呢？为什么七言造胎于八代，只是不显，到了李杜才成大章法，宋朝以后，大的流变，又穷了呢？为什么词成于唐，五季北宋那样天真，南宋初年那样开展，吴梦窗以后只剩了雕虫小技呢？为什么元曲俗而真，粗而有力，盛明以来的剧，精工上远比前人高，而竟"文饰化"得过了度，成了尾大不掉的大传奇，满洲朝康熙以后又大衰，以至于死呢？为什么屈宋辞赋变成了汉朝的大篇章之赋遂没有了精神呢？就是这些大文体，也都不像有千年以上的真寿命，都是开头来自田间，文人借用了，遂上台面，更有些文人继续的修整扩张，弄得范围极大，技术极精，而原有之动荡力遂衰，以至于但剩了一个躯壳，为后人抄了又抄，失去了扩张的力气：只剩了文字上的生命，没有了语言上的生命。韵文这样，散文也一般，详细的疏证，待"文体"一章说。这诚是文学史中的大问题，这层道理明白了，文学史或者可和生物史有同样的大节目可观。"把发生学引进文学史来！"是我们工作中的口号。

第三，文学不是一件独立的东西，而是时代中的政治、思想、艺术、生活等等一切物事之印迹。世上有限于一时代之文学，假如

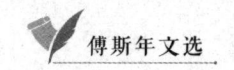

他里面的质料和感觉是只属于这一时的；有超于一时代之文学，假如他里面的质料和感觉是超于这一时代的；但断断没有脱离了时代的文学还能站得住。古文有脱离时代的要求，古文便没有生命。所以文学不能离其他事物，独立研究；文学史上的事件，不能离其他事件，单独推想而得。"灵魂在一切事物中，一切事物之全即是灵魂。"文辞中的情感，仿佛像大海上层的波花，无论他平如镜子时，或者高涛巨浪时，都有下层的深海在流动，上面的风云又造成这些色相，我们必须超过于文学之外，才可以认识到文学之中，例如屈宋文辞，出产于楚国的世代，汉朝词赋只是吴梁武帝诸朝廷的产品，齐梁间的文华形成俪体，北地的壮风振作唐代的文学。唐诗宋诗题目不同，唐诗的题目到北宋中期后进到词里面，而所谓宋诗者，另是一套题目；正因为唐代文人多是中朝闲散之人，或是持节大夫之客，所以除杜韩若干大家自己为自己作诗以外，多是寄托于卿相的华贵生活中之装饰艺术家。宋代文人的生活独立些，于是题目因生活而不同，感觉之界，因题目之不同而又不同了。又若很小的事，如读一首小诗，每觉映射世代之远大，即如唐人绝句："黄河远上白云间，一片孤城万仞山。羌笛何须怨杨柳，春风不度玉门关。"在唐时安西万里，征戍者有此情感，这诗自是最真的诗。设若在现在人作来，便全无意义了。又如初唐律诗："卢家少妇郁金堂，海燕双栖玳瑁梁。九月寒砧催木叶，十年征戍忆辽阳。白狼河北音书断，丹凤城南秋夜长。谁谓含愁独不见，更教明月照流黄。"这诗正基于隋唐东征的事实，府兵家庭的情景，俨然画出初唐人的情感，题曰"古意"，实是今文。诸如此类，文情流变，与时代推移，是我们了解文学与欣赏文学中之要事。这是我们的第三要求。

现在不是著一部文学史，乃是把一部文学史事之卮言写下来，作我们后来回想的资料。中国古代文学史所包含的时代恰恰有无限的困难问题，非我们现在的能力所能解决，且现在我们所及见的材料正也不够供我们解决这一切问题的。我的"卮言日出",非供诸君以结论,乃赠诸君以问题,有时或觉说的话仿佛徘徊歧路,毫无定见样的,这正因为我们不便"今日适越而昔至"。且把一切可能的设定存在心中,随时推端引绪,证实证虚。假如这些问题刺激得诸君心上不安宁,而愿工作,以求解决,便达到这讲义的目的了。"奇文共欣赏,疑义相与析",愿同勉之。

十七年十月

泛 论

有些事件，并不附丽于任何一时或任何一人或任何一书，而这些事件又恰是文学史上不可忽略者，于是提到前端来，写成十篇泛论，以当我们的文学界说。

思想和语言——一个文学界说

从来治哲学而谈心理的人，每每把思想当作内体，把语言当作外用，以为思想是质，语言是具，语言是所以表思想者，思想却不即是语言。我们在很多地方早已为这一说所化了，所以时时感觉着文辞之用是先想着，后说出，虽然有些平常事实已经和这个"成见"反背，例如我们"冲口而出"的话，还不是我们先说出来后来再想到呢？我们想时还不是等于不说出口，自言自语呢？然而决然断然以思想为语言之收缩，不以语言为思想之表达者，初不曾听到，直到一些人扩充生理学的方法于心理学之界域，才有一个人直以思想为语言之内敛习惯。（看 J.B.Watson: *Psychology from the Standpoint of the Behaviorist* 及其 *Behaviourism*）这本是心理学中一个实验问题，解决和发展应是实验室中的事，不消我们去谈论，但有一点却和我们做文学的定义时相涉，这一点如下。假如语言是思想之向外者，则思想是大名，或前名；语言是小名，或后名。文学纵是以语言为质料，却实在以思想为体。假如思想是语言之向内者，则语言是大名，或前名；思想是小名，或后名。文学纵不免时时牵连到思想的特殊范域，却自始至终，一往以语言为体。由前一说，文学与语言之"一而二二而一"之作用不显，也许竟把文学界说做"即是思想之著于竹帛者"。如是，则动感情的文辞与算学又何以异？而一切文学中之艺术的作用，原是附丽于语言者，由此说不免一齐抹杀。由后一说，则文学与语言之"一而二二而一"之作用甚显，文学所据，直据语言。语言向内的发展，成所谓内敛习惯，固然也是文学时常牵涉到的，但究竟不是直接的关系。"文言"之艺术是由自然语言而出之一种的特殊发展，算学亦是由语言而出的一种特殊发展，然而文言究竟还是语言：故仍是文学中的事件，而算学是直由思想之中写于纸上者，已经辗转的出去了一切与语言之直接的关系，故断然不是文学中的事件，至与一切关涉逻辑的文辞，或曰论，或曰义理之文，虽亦是语言之一种特殊发展，且与内敛习惯关涉尤多，然究竟可以直自口出，故仍不失其在文学的界域中，且正凭其去自然语言之远近定其文学的质素之浅深。总而言之，文学是根据语言的，不是根据思想的，至多是牵涉及于思想的。不管语言与思想在心理学中如何解决其关系，我们在此地且用这一个假定的解说。

　　文辞是艺术，文辞之学是一种艺术之学。一种艺术因其所凭之材料（或曰"介物"Medium），而和别一种艺术不同。例如音乐所凭是"金石丝竹匏土革木"等等，以及喉腔所出之声音；造像所凭是金属、石、石膏、胶泥等等所能表示出来的形体；绘画所凭是两积空间上光和色所能衬出之三积的乃至四积的（如云飞动即是四积）境界；建筑所凭乃是土木金石堆积起来所能表示的体式。文辞所凭当是语言所可表示的一切艺术性。我们现在界说文学之业（或曰文辞之业）为语言的艺术，而文学即是艺术的语言。以语言为凭藉，为介物，而发挥一切的艺术作用，即是文学的发展。把语言纯粹当作了工具的，即出于文学范围。例如，一切自然科学未尝不是语言，然而全是工具，遂不是文学；若当作工具时，依然还据有若干艺术性者，仍不失为文学，例如说理之文、叙事之书，因其艺术

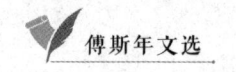

之多寡定其与文学关系之深浅。这个假定的界说，似乎可以包括文学所应包括的，而不添上些不相干的。

各种艺术因其所凭藉之介物不同，故不能同样的发展，又因其同是艺术，故有类似的发展。文辞之中，有形体，这是和造像同的；有章法，这是和建筑及长篇音乐同的；有声调，这是近于音乐的；有境界，这是同于绘画的；有细密而发展不尽的技术（Technique），这是和一切艺术同的；有排荡力，为所感者哀乐动于中，"不知手之舞之足之蹈之也"，这是和一切大艺术之作用同的。著文等于谱乐，只是所用的单位不同，著文者用语言之词，谱乐者用音韵之节。著文等于绘画，意境为先，有时诗与画可作类比，正由诗境画境同者实多。著文等于建筑，建筑时"意匠惨淡经营"，成就一段"天似穹庐"之体。文辞中之结构，俗学者谈的只是八股，然雅颂汉赋以来之韵文，及子家、史传以来散文，无不有构造，以成形体之力量。文辞中有"态"，"态"是与造像绘画同的；文辞中有"势"，"势"是与建筑同的。一切艺术都是以材料为具，人性为宰，人之性灵运用在一切材料之赋给和限制上，所以各种艺术，因人之性灵而有沟通，因材料之赋给和限制而有独立，述说一切艺术之集合，未尝不可为"成均"之论也。必以文学为艺术，然后文辞之品德和作用有可见其大体者。

有通达的文学，有鄙陋的文学，有大文学，有小文学；正和音乐中有通达的音乐，有鄙陋的音乐，有大音乐，有小音乐一样；正和其他大艺术有这些品类分别一样。疏通致远者为达，局促于遗训或成体或习俗而无由自拔者为鄙；能以自己之精灵为力量以运用材料者为通，为材料所用者为陋；能自造千寻华表者为大，从固有之成就，更复一腔一面堆积者小。八股不能成大文学，因为大文学之品质在这一体中无所附丽；连珠箴铭不能成大文体，因为这些体裁里只有微末的小技可以施展。一种文学之高下即等于在此文学中艺术作用之大小而已。

写文学史应当无异于写音乐史或绘画史者。所要写的题目是艺术，艺术不是一件可以略去感情的东西，而写一种的史，总应该有一个客观的设施做根基。所用的材料可靠，所谈到的人和物有个客观的真实，然后可得真知识，把感情寄托在真知识之上，然后是有着落的感情。不过所谈者仅是一切考核比例，也不算完全尽职的，必有感觉，才有生命。宋人谈古代，每每于事实未彰之先，即动感情，这是不可以的；若十足的汉学家，把事实排比一下就算了事，也不是对付文学的手段，因为文学毕竟是艺术。必先寻事实之详，然后成立说者与所说物事相化之情感，如此方能寡尤，方能遂性。我在这里本不是著文学史，只是作些文学史题之卮言，但也希望诸君能发乎考证，止乎欣感，以语学（大陆上谓之Philologie）始，以"波涛动荡（Sturm und Drang）"终。

语言和文字——所谓文言

把语言和文字混做一件事，在近代欧洲是不会有的，而在中国则历来混得很利害。例如，中国和朝鲜和安南和日本是同文，不是同语，英德以及各拉丁民族是同文，即是同用拉丁文书，不是同语。西洋有国语而无国文，文书都是在一个时期向文化较久的别个民族借来的，而中国却有一个自己国人为自己语言用的文书，虽说这种文书后来也为外国人用了，如朝鲜、安南、日本，不过这些外国人是把汉语汉化一齐搬去的，所以他们实在是以文化的原故借汉语，只是读音有些变迁，到很后才有把汉字表他们语言的，如日本文中的训读。汉字既专为汉语用，而汉语也向来不用第二种工具来表他，只到近代耶稣教士才以罗马字母作拼音字，以翻译旧新约书，中国人自己也有了各种的注音字母，所以汉字汉语大体上是"一对一"的关系，历史上的事实如此。其实汉字和汉语并没有什么生理上的关系，我们固然可以汉字写英语（假如为英语中每一音

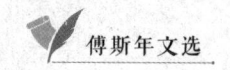

设一对当之汉字），也可以拉丁乃至俄罗斯字母写汉语，这里只有一个方便不方便的较量，没有不可能性。古来人尚知文语两件事的分别，譬如说，"老子著作五千言"，这是和五千文不同的，五千言是指读起来有五千个音，五千文是指写下来有五千个字。这个分别汉后才忽略，正因汉后古文的趋向益盛，以写在书上的古人语代流露口中的今人语，于是这层分别渐渐模糊，文即是言言即是文了。

把文字语言混为一谈，实在是一个大误谬。例如所谓"文字学"分为形体、声音、训诂三类，这三类中只有形体是文字学，其余都是语言学。又如只有《说文解字》是字书，后来的如《干禄字书》等乃是纯粹字书。《广韵》、《释名》、《玉篇》等等在大体上说都是语书，而后人都当作字典看。我们现在所习的外国语是英语、法语、德语等，并不是英文、法文、德文等，而误称做"文"。这一层误谬引起甚多的不便，语言学的观念不和文字学分清楚，语言学永远不能进步；且语、文两事合为一谈，很足以阻止纯语的文学之发展，这层发展是中国将来文学之生命上极重要的。

先谈中国的语言。世界上的语言不是各自独立的，而是若干语言合起来成一语族，另有若干语言合起来成另一语族等等。现在的世界上有多少语族，我们不能说，因为世界上大多数的语言是没有详细研究过的。也许后来找出完全孤立的语言来，但这样情形我们只可去想，他的亲属灭亡，仿佛世界上有若干甚孤立的物种样的。能认识语言的亲属关系，是一件很近代的知识，古来没有的。譬如汉语和西藏语的关系之切，有些地方很可惊人的，但自唐太宗时代中国和吐蕃文化上大交通，没有人提到这一层。又如希腊、罗马语言之关系密切，现在更不消详说，而罗马文法家天天在转译希腊语学，却不认识他们是兄弟。又如罗马使者塔西吐斯到了日耳曼境，不但不认识他这一个兄弟语，反而以为这些北欧蛮族的话不像人声。近来所谓"比较言语学"者，就是这一个认识语言亲属之学问，到了十八九世纪之交，因梵语学之入欧洲才引生。德意志、丹麦两地的几个学者，经数十年的努力，又因印度、希腊、拉丁三种语学以前各有很好的成绩，可以借资，而欧洲又很富于各种方言的，于是所谓"印度日耳曼语学"（或曰印度欧洲因东起印度西括欧洲）成为一种很光荣的学问。到现在欧洲各国的大学多有这一科的讲座，各国大家辈出，而这一族的语言中之亲属关系紧，大致明白了。比较言语学在性质上本像动物或植物分类学，以音素及语法之系统的变迁，认识在一族中，不同的语言之联络。印度日耳曼语族以外，尚有赛米提系比较语言学也还发达（包括古埃及、亚西里亚、希伯来、叙利亚，以及中世以来阿拉伯各方言，厄提欧波各方言等等），芬兰、匈牙利系语学也有成绩。此外之作比较言语学者，虽在黑人的话也有些动手的，不过现在都在很初步的状态，远不如上述几族的比较语言学之发达。中国语所属的一族，现在通常叫做印度支那族，因为西至印度之中心，东括中国全境之大部。在这一带中的语言差不多全属这一族。这一族里比较有迹可循的，有两大支，一西藏缅甸支，这一支中保存印度支那系之古语性质稍多；二中国暹罗支，中国语的各方言和泰语（暹罗语所自出）的各方言，成这一枝的两叶。这是以语法音素名词等为标准去分类的；这样分法已经是成立事实。但其中若干事件，现在的知识正在茫无头绪中，且有好几支的语言，如孟大（在印度中东部）、孟、克摩（克摩在交趾西、柬埔寨北及暹罗南境。孟散在缅甸境中）、安南（合以上通称东亚洲滨支）虽知道是和这一族有些关系，或在内，或在外，但目前的知识还太稀薄，不够下稳固断语的。这印度支那语系之特质，即以汉语为例而论，第一是单音：这层情形，在各语各方言中也颇不同。中国东南各方及语音尚富，故单音词尚多，至于北方的"官话"，语音的元素甚少了，古来不同音现在变为同音的字很多，因而有用双音词之要求。这个"单音"的性质，未必是印度支那语系的原始性质，藏缅语支中尚保存些词前节（Prefix），有人说，这些词前节在七世纪以来虽已只剩了声，没有了韵，而

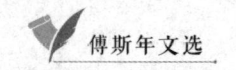

不成一独立音，但古来是成独立音的，至于各种泰语中有些甚复杂的不独立音的词前节，只有汉语才把词前节从甚早的时代落得干净。第二是：无语尾变化，而以"虚字"代印欧语中流变作用（Inflexion）。但西藏语之动词有类似流变者。汉语在春秋战国时，代名词亦偶有"吾我"、"尔汝"之别（"吾"、"尔"主位，"我"、"汝"受位，《论语》、《庄子》各书中例甚多，此系胡适之先生及珂罗倔伦先生不谋而合之发见），西藏语之语尾追加词亦有很不像是虚字追加者。第三是韵色：韵色在齐梁时始有四声之标明，现在中国北部有四，中部有五，广东有九（或云尚多，此须细研究后方可论定者），西藏语在始著文字时尚没有这个，而现在的方言中有，但用以别古来本不同音，而现在变做同音之词，大约这个性质之发展，正是因为音素趋少而生的。就以上三事看去，我们已经可以约略看出汉语是在这一族中进步最剧烈的，固有的若干文法质素现在尚可在西藏等语中找到者，在汉语均早消灭了痕迹。现在的汉语几乎全以虚字及"语序"为文法作用，恰若近代英语在印欧语中一样，改变的几不是印欧语旧面目了。中国语言的位置大致这样。

中国文字完全另是一回事。古来研究中国文字学者，常常好谈造字之本，这是非常越分的举动。文字的发明和其进化成一个复杂而适用的系统，是世界文化史上顶大的事件之一，虽以印加斯（南美文化最高之国，美洲发现后灭亡）文化之高，有很多地方和旧大陆相埒，竟没有文字。离他不远在中美洲的墨西哥故国虽有文字，而甚朴质。至于旧大陆上文字之起源，目下的知识全在暗中，我们现在所能找到的最早的埃及古文、美索不达米亚古文（苏末古文），虽然现在人以自己的观点看去是些朴质的文字，其实这些古文已经是进化上许多世代之产物了。西方文字的起源虽无材料可考（此指埃及美索二地论，如希腊多岛海及西班牙各地遗留原始文字，应另论），然我们知道历史上及现在世界上的一切字母，除甚少例外如日本等，皆出于一源，白赛米提族出来的一源。虽现在各系字母如此不同，然学者业经证明印度各字母以及从他分出的西藏南亚洲各字母皆出自南赛米提，畏兀儿、蒙古、满洲皆是叙利亚文教东来带来的，而希腊、伊大利各字母之出于腓尼基等人民之殖民，更不消说。独自凭空创造文字，发明字母，历史上竟无成例，可见文字创造之艰难。至于中国文字是否也在这个世界的系统中，或者是一个独立的创作，我们现在全没有材料证实证虚。如保尔（O.S.Ball）之论，以文字及语音证汉字与苏末在远古的关系，其中虽有几个颇可使人惊异的例，不过此君的亚叙里亚学未必属第一流，而又不识中国古音，且用了些可笑的所谓中国古文，故弄得此书上不了台场。但这层关系并不能断其必然，且近年安得生君在北方发见新石器时代物中，许多式和西方亚细亚近中出现者绝同，是史前时代中国与西方亚细亚有一层文化接触的关系，或民族移动的事实，非常的可能，因此而有一种文字系统流入，迁就了当地语言，成一种自己的文字，也不是不许有的，不过这层悬想只是悬想，目下还没有供我们入手解决这个问题的材料。中国文字最早看到的是殷朝的甲骨刻文，近年在安阳县出土者，这里边的系统已是很进步的了，所谓"物象之本"之文，及"孳乳浸多"之字，都有了。果真这系统不是借自他地，而是自己创的，这真要经过数百年乃至千余年了。从这么进步的一个系统中求文字之始，和从秦文中求文字之始，差不多是"以五十步笑百步"，因为殷文、秦文中之距离还要比殷文和文字原始之距离近得多着呢。

中国文字本有进步成一种字母之可能，盖形声假借都是可由以引出字母之原动力〔即以欧洲字母第一个论，A（𐤀）形则牛头，读则阿勒弗，赛米提语"牛"之义。这个象形的字后来为人借来标一切的"阿"音，以下字母均仿此。又如楔形文字用以记亚叙里亚波斯古语者，每每一面记声，一面附以类标，颇似中国之形声〕。或者当时没有这层需要，又因这个非字母的文字发达到甚完备的地步，且适宜于笼罩各方的读音，所以虽然梵文入了中国便有反切，却不生字母（三十六字母实非字母，乃声类而已）。这个非标音的文字（只就大体言其非标音）最初自然也是用来记言，但以非标音之故，可以只记言辞之整简而不记音素之曲者。更因这个原故，容易把一句话中的词只拣出几个重要的来记下，而略去其他，形成一种"电报语法"。又或者古来文书之耗费甚大，骨既不见得是一件很贱的东西，刻骨的镞石或铜刀尤不能是一件甚贱的器具。不记语音之一件特质，加上些物质的限制，可以使得文书之作用但等于符信，而不等于记言。中国最早文书之可见者，是殷代甲骨文，文法甚简。我们断不能从这里做结论，以为当时的语言不复杂，因为甚多的文法助词及文法变化可因这种记载法省略了去。又假如殷商之际是一个民族的变化，殷周非同一的民族。不说一种的语言，周人固可把殷人的文字拿来写自己的话，只要向殷人借用了若干文化名词，如日本语中之音读字，便可把这层文同语异的痕迹在千年后研究书缺简脱者之心中泯灭了。这个可能的设定，固是研究中国最早语言的一大难题，且这样文字的记言，大可影响到后来著述文中之公式及文法。譬如《春秋》一书，那样的记事法，只是把一件事标出了一个目；又如《论语》一书，那样的记言法，只是把一片议论标出了一个断语，岂是古人于事的观念但如《春秋》之无节无绪，古人于言的观念但如《论语》之无头无尾，实在因为当时文书之用很受物质的限制，于言于事但标其目，以备遗忘，其中端委，仍然凭托口传以行。所以事迹经久远之后，完全泯灭，而有公羊之各种推测；话言经流传之后，不能了解，而有"丧欲速贫死欲速朽"之直接解释，成了"非君子之言"，须待有若为之说明原委（此节出《檀弓》，然与《论语》"礼与其奢也宁俭丧与其易也宁戚"应有关系）。这正因《春秋》之著于竹帛，作用等于殷人之刻事于骨片之上，《论语》之记录方法，等于子张之书所闻于绅，绅上是写不出长篇大论的。若我们因为看到《论语》甚简，以为当时话言便如此简，是错误的：第一，语言本不能如此简，简到无头无尾，不知所指。第二，孟子生去孔子时不及二百年，孟子的话已经有那样的鱼龙曼衍，二百年中，并无民族的变化，语言决不会有这样大的剧烈变化。所以战国的文书之繁，当是由于文书工具必有新开展，竹帛刀漆之用比以前贱得多，所以可以把话语充分的写下。若春秋时，除去王公典诰之外，是不能享受这种利益的。最初的文书因受物质的限制而从简，这种文书为后人诵习之故，使得后人的文言中竟模仿这一种的简法，于是早年物质的限制，及非标音之性质，竟成了影响后人文法的大力量。试看《尚书》中比较可信的几篇，语法甚复杂，战国时专记语言的子家，语言也很漫长（如《庄子》中数篇及《孟子》等），只有从荀卿子起，才以诵习诗书经传成文章，汉儒更甚，荀卿汉儒的文章在语法上是单简的多了。这岂不是古来因受各种限制而成的文书上之简词，影响到后人，变为制作的模范呢？虽直接所影响的本来不过是文言，然文言散人一般语言内之一种趋势，随时都有，于是这个影响以这样的间接作用而更散入一般语言中，成为一种使语成简之力量。汉字虽和汉语是两事，然汉字之作用影响到汉语，有如这样子的〔如《论语》"君君、臣臣、父父、子子"上一词是动词，下一词是名词。又如《荀子》"信信信也"，第一字是动词，第二字是名词，第三字是形容词而为"指言"（Predicate）之用，如果当时人说话便把这三个字读成一样，恐怕没有人懂。然书写上既无分别，后来至少在文言中见其合同的影响〕。

　　如上所说的，我们已经可以看到，中国文学和中国文字的关系甚少，虽有不过是间接的，而和中国语言竟可说是一事。虽有时觉得文自文而言自言，但这究竟是蒙在上层的现象。文学的生命即是语言的生命，若文学脱离语言而求生命，所得尽多是一个生存而已。我们既推到这一层，则语言中有几种要分别的事件，为作文学定义之前提，应先叙说一下：一、方言；二、阶级语；三、标准

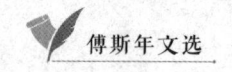

语；四、文言；五、古文。

语言永远在变动之中，儿女学父母到底学不全像，而口和喉又有甚多个细密而极复杂连贯着的筋肉，可以助成一套一套层出不穷的"物质习惯"。又因环境的不同，及人类处理环境之手段有进步，各族的语言都有趋于表面简易，内涵充丰之形势，而这形势所由表示者却不同路，所以百年之内，千里之间，一个语言可以流成好些方语。语言永远是分化的，只靠交通、政治、教育来抵抗这个自然趋势罢了。语言自己先不能成刻板样的，再加上古往今来，各民族离而合，合而离。亲属隔远了，弄到彼此不了解，至于两个民族的接触或混合尤其容易使语言作深远的改变。若不有这几层事实，世上哪有若许多语言？在一族中，今之所谓不同之语，在本来也仅是方言之差别而已。方言之别与语言之别本没有严整的界限，我们现在解释方言如此：一种语言循地理的分配表示差别者，而这样差别使人感觉到语言或名词系统上颇不相同，各为一体，然并非独立太甚者，则这些不同的一体皆是方言。这不是一个新观念，扬子云之所谓方言大略亦只如此。语言之变不仅因地，亦且因人，从人类有政治的历史以来，直到现在，把苏俄算在内，永远是阶级的社会，虽然东风压倒西风，或者西风压倒东风，古今中外颇不是一个公式，不过永远有在上层者，有在下层者。现在寻常指摘人的话没道理，便说：那是"下等人的话"，其意若曰，上等人的话自另一样。又如"乡下人的话"、"买卖话"、"洋泾浜话"、"流氓话"，乃至那个又像郑重又觉好笑的"官话"一个名词，都显然表示语言因人之阶级而不同，我们自己说的话断然和我们不同职业的邻人不同。譬如，我们和一个人谈上一刻钟，差不多要知道他的职业之类别了，这都是显然指示语言因阶级而生差别的。有个西洋人说，男人的话和女人的话家家不同，这固是象征主义的说法，然男子的话朴直些，女子的话感情的成分多些，是颇显明的（看Jespersen所著*Language*）。又就文学史的史实说，何以词的话和诗的话不同？挪诗中话做词，或挪词中话做诗，何以均不算合规则？欧阳永叔、苏子瞻等在诗里和在词里何以不说一种话？这正因为诗里的话，是诗人奉之于先、持之于己的话，词在原始是当年歌妓的话。欧阳永叔、苏东坡做起诗来，是自己，做起词来，每每免不了学歌妓的话，或者是对歌妓说的话。语言既因人之阶级而不同，则不同阶级的人聚在一块儿说话。何以折衷呢？于是自然有一种标准语的要求。这种标准语也许即是一种纯粹的方言，并是一个阶级中话，如所谓"京话"，即是北京的方言，又差不多是北京的中上流社会所说者。也许并不是纯粹的方言，又不是一个特殊阶级的话，而是一种就某某方言混合起来，就某某阶级打通起来的话，如德国现在所谓"受过教育的德意志话"，既非维也纳，又非柏林，更不能是撒克森、西南方等，只是以文学与教育的力量，造成的一种标准语：舞台的话、教书匠的话、朝廷的话，拿来以为凭藉而生者。虽然，这种标准语也自高地德意志方言出，当年且"不下庶人"，不过现在已经看不出他的方言性，并且不甚看得出他的阶级性了。制造标准语之原动力，第一是政治，朝廷的话永易成为标准话。不过若一个国中统治者与被统治者异族，而统治者之族文化低，人数又少，则统治者难免以被征服者之话为朝廷话，所以中国的"官话"，虽是清朝皇帝也用这话，究竟是明朝北方的汉话，不是满洲话，只有太平洪天王才以"启示"知道满洲人造了"官话"（见他的诏书）。或者一个朝廷太不和人民接近，则造朝廷的话也不能成为标准话，清后叶赫那拉氏和李莲英的话何尝有影响在宫外呢？但是，虽有上几项之限制，统治者阶级的话，总是易成标准话之根据的，所以今之普通话，在当年叫做官话。第二是宗教，如罗马教于拉丁语，喇嘛教于吐蕃语，竟把他们的标准语加到异族身上。第三是教育，教育匠的话容易成为标准话者，正因为这。例如中国各地的语音，均有话音和读音的不同，在西南各方言中，话音甚和官话不同者，读音每每较近。正因为话音是在一个方言中之直接传受，

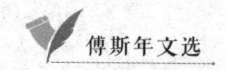

读音乃是受多数教书匠出产地的方音之影响的［如我家乡（山东西部）读无字如wu，读未字如wei，在说话里无如mu，未如mie，犹未随明、微二母之分，于古尚为接近。在比较纯正的"官话"区域中尚如此，其他可知］。近年来南洋的中国学校儿童能说普通话，正是此层的例证。第四是文章，漂亮的社会中所说的话，时髦的人们所说的话，容易引起人的摹仿，尤其在年少的人中，所以戏剧的话，在法、德、英等国均有重大的影响，吴语中上海、苏州两个方言所有之名词，也能四布，从清朝末年，吴语即有势力了。标准语之创造者，不仅是社会的力量，也每每是个体文人之功绩。人们通常知道摩李耶对近代法国语言如何重大贡献，十八世纪晚年几个德国大作者如何形成次一世纪的德国话，斯盆沙、莎士比亚等如何完成艺术的英国语。大诗人、大剧家、大著作者，不把语言化得不成了语言，而把语言化得既富且美，既有细度，又有大力，当时人和后人免不了把这些华表作为典型。于是个人的话，成为标准话了。

标准话还纯然是口中流露的话再进一层，成为一种加了些人工的话（即是已经不是自然话），乃有所谓文言者。此处所谓文言即如德国人所谓Kunstsprache，Kunstprosa（然此处所论自当不以无韵文为限）即是文饰之言，亦即和《易翼》中所谓"文言"一个名词的意思差不多，并非古文，这是要预先声明的。一个民族有了两三百年的文学发生，总有文言发生，一面是文饰之言，一面又是著作之文，如谭摩斯登诺斯之希腊语演说，而塞路之拉丁语演说，并不是雅典和罗马的普通话，或标准语，而是他们造作的文言。这些都是拿来说的，所以文言还是言，然而不是纯粹的言、自然的言，而是有组织的言了。又若罗马大将军恺撒东征凯旋入罗马，告元老及众人说Veni, Vedi, Veci，"我往矣，我见之，我克之"三言既属双声，又是叠韵，这和齐梁间有人嫌床小，说"官家恨狭，更广八分"，连用叠韵，有甚么分别？自然流露的话不会这样子的！大凡标准语之趋为文言，由于三项要求：一、音声之和谐，所以散文里有了韵文的规律,韵文里更极端用声调的布置。《诗经》的词语本不是甚修整的,然日照丁以此发见其中很多细密双声叠韵及他样音声的和谐,诗歌本有这个自然要求的。又若沈修文对于诗要求的四声八病,并非古文的要求,乃是文言的要求。二、形式之整齐。字的数目要多少相当,不能长短差别太支离了,又不能完全一般长以成单调,而又要有些对仗,以为层层叠叠的作用,若有音乐然。三、词句之有选择。文言不是肯把一切话语都拿来用的,而要选择着以合于作者自己的"雅正"。这当选择不必是用成语,虽然在中国因为诵书为文之故,有这个要求,而在欧洲之文言中,每每恰和这个要求相反,把成语和俚语一体洗刷的。第四、文辞的铺张和文饰。在自然语言中所不能下的这些工夫,在这里边因为艺术化之重,可得发展,使人们觉得文自是文,话自是话者正因为这层。这个文和话分别的感觉,在西洋近代各大国都有的,他们和中国所差者,只缘中国文中的铺张和文饰是承汉赋骈文的统绪,范围甚狭,而又把这个狭的范围做到极度罢了。统括以上所说的四层,我们可以说:由标准语进为文言,浅的地方只是整齐化,较深的地方便有同于诗歌化者,诗歌正是从一般话语中最早出来最先成就的一种艺术、一种文言。

语言变到文言还不止,还有古文一层。古文和文言的分别如下:文言虽文,到底还是言,所以人们可以拿文言作讲话的资料。西塞路、恺撒、齐梁间人(如上举例)、李密对窦建德的话(窦建德对李云"与论相杀事,奈何作书语耶?")、近代萨笼中的善知识、善男人、善女子、好把话语中说成格调语(Epigrams)者,一切等等。然而古文的生命只在文书及金石刻上,虽有时也有以古文讲话的,如罗马加特力教的神父以拉丁语讲话,但这样的话实在不是和一般话语同作用的话,所以这事并不能破这例。西洋的古文每是别国古代的语言,经不少的流变而成者,亚西里亚的古文是苏末语,拉丁文自加洛林王朝而后渐渐成所谓"腐败拉丁",这样拉丁恰是中世纪以来学者公用之古文，若把西塞路、恺撒唤活来，不懂得这是什么话。又如蒙古的古文是吐蕃经典语，而这语又是造作来翻译梵经的一种文言。因为中国语言的寿命极长，在所谓禹迹九州之内，三千年中，并没有语言的代换，所以中国古文在来源上仍是先代的文言，并非异国的殊语。然而自扬子云以来，依经典一线下来之文章变化，已经离了文言的地步而入古文了。

以上泛说这五个重要名词的分别，以下单说中国语言文学中这五件不同的事。方言和阶级语是不用举例的，方言和阶级语可以为文学的工具，并且已经屡屡为文学的工具，也是不待说的。至于标准语进而为文言，文言的流变枯竭了而成古文，要循时代的次叙去说明白。中国语最早写成文字，现在尚可得而见者，有殷刻文、金刻文，有《尚书》。殷刻文至多举一事之目，不能据以推到丰长的话言。《尚书》中之殷盘尚有问题，若《周诰》则多数可信，《周诰》最难懂，不是因为他格外的文，恰恰反面，《周诰》中或者含有甚高之白话成分。又不必一定因为他是格外的古，《周颂》有一部分比《周诰》后不了很多，竟比较容易懂些了，乃是因为春秋战国以来演进成的文言，一直经秦汉传下来的，不大和《尚书》接气，故后人自少诵习春秋战国以来书者，感觉这个前段之在外。《周诰》既是当时的话言之较有文饰者，也应是当时宗周上级社会的标准语，照理《诗经》中的《雅》、《颂》，应当和他没有大分别，然而颇不然者，固然也许西周的诗流传到东周时字句有通俗化的变迁，不过《周诰》、《周诗》看来大约不在一个方言系统中，《周诰》或者仍是周人初叶的话言，《周诗》之中已用成周列国的通话（宗周成周有别，宗周谓周室旧都，成周谓新营之洛邑，此分别春秋战国时尚清楚）。为这些问题，现在只可虚设这个假定，论定应待详细研究之后。"诗三百篇"最早者大约是在康昭之世（《周颂》之一部分和《大雅》之一部分），最迟者到春秋中世，虽《诗经》的语法，大体上自成一系（其中方言差异当然不免),并不和后来的《论语》、《国语》等全同,但《诗经》和《论语》、《国语》间似乎不有大界限。《论语》中引语称《诗》很多,举《书》颇少,虽说《诗》《书》皆是言,究竟有些差别。《诗》在儒家教育中之分量,自孔子时已比《书》大得多了,这也许是使《书》的词语更和春秋战国的标准话言相违的。春秋末战国初,始见私人著述,现在可得见之最早者,有《论语》,有《国语》。(《左传》在内,其分出是在西汉末的事,此问题大体可从"今文"说。详论《国语》节中)。《论语》称曾参曰曾子,大约成书在孔子死后数十年。《国语》称毕万之后必大(今已割入所谓《左传》中),记事下至智伯之灭,又于晋国特详,大约是魏文侯时人,集诸国之语而成之一书,故曰《国语》(说详后)。这两部书的语言,我们对之竟不佶屈聱牙了。虽然《论语》里还许保存些古式,或方语式的语法,如吾、我、尔、汝之别(《庄子》亦有此别),但大体上究无异于战国的著述中语言。虽然《国语》中(合《左传》言)也保存了些参差和孤立语质,但《国语》既与战国末著作无大不相通之处,且又已经是很发达的文言了。继这两部书而后者,如《庄子》中若干可信之篇,如《孟子》,凡是记言之篇,略去小差别不论,大体是一种话。这时节出来的书策,无论是书简中语,如乐毅报燕惠王书、鲁仲连遗燕将书,或是简策上著录的口说,如苏秦、张仪、范雎等人的话言,也和《国语》、《论语》及记言的子家,是一系。战国晚年,有了不记言而著作的子家,文言的趋势因不记言而抽象的著作之故,更盛了,但究竟还和战国初年著作在言语上是一绪的。这样看来,在春秋战国时,中国黄河流域的语言,西括三晋,东包鲁卫,南乃影响到楚北鄙,中间招着周、郑、陈、宋,已成一个大同,必有一种标准语,为当时朝廷大夫、士所通用,列国行人所共守,而著于书策上的恰不免是这一种标准语,于是文言凭藉这标准语而发达。《国语》、《老子》固是文语发达之甚者,一切子家也都带些文语的气息,可于他们的文辞之整齐、修饰、铺张上看出。中国的经传多属这个时代，所以这时代著文时所用之语言竟成了后代当作仪型的传统语，是不能见怪的。现在把这段意思分为下列几个设定（Hypothesis），盼诸君读书时留意其证据或反证：

一、《周诰》中所用的话，在春秋战国著书中语言所承之系统之外。

二、"诗三百"篇中的话言，如《国风》，大体上自应是当时的俗话；如《小雅》，大体上自应是当时的官话；如《鲁颂》、《商颂》及《大雅》的大部分，自应是当时的制作中标准点，已渐有文语之趋势。把这些略去枝节而论，并无大别于战国初年以来著书者。

三、春秋战国时，各国都有方言，但列国间却有标准语，这个标准语中哪国的方言占成分多，现在无可考了。儒是鲁国人的职业，孔子弟子及七十子后学者散在四方设教，或者因这层关系鲁国的方言加入这个里面者不少，也未可知。

四、《国语》是很修饰了的文言，《论语》不至这样，但语法之整齐处也不免是做过一层工夫的。至于战国子家以及《战国策》所著录的书辞和说辞，都是据标准语而成之文言。其中文言的工夫也有浅深的不同，如《孟子》整齐铺张，尤甚近于言，《战国策》比较文些了，《荀子》更文，这都不能是纯粹的口语，因为在他的文辞中看出曼衍雕琢来。

五、为什么战国时的著述都是艺术语（Knnstprosa）而不是纯粹的口语呢？这因为古来的文书，除去政府语诰只是记话言，书写之作用只是做一种传达及遗留的"介物"外，凡涉及文书者，不论国家的辞令或个人的述作，都有"言之而文"的要求，所以在述作开端之时，即带进了艺术化，"文言"正可解作"话言的艺术化"。

六、且不止此，春秋时大夫的口语调及国际间的辞令，也有"文"的倾向。如《论语》，"诵'诗三百'使于四方，不能专对，虽多，亦奚以为"，"不学诗无以言"。《左传》僖二十三，"子犯曰：吾不如衰之文也，请使衰从。……公子赋河水，公赋六月"。这些地方，都可看出当时在口辞也要文饰的，至于写下的必更甚。《论语》"为命，裨谌草创之，世叔讨论之，行人子羽修饰之，东里子产润色之"，这竟成了佳话。而屈原以娴于辞令之故，议号令，对诸侯。所以在《左传》、《战国策》上所载各种的应对之辞、书使之章，有那样的"文"气，虽不免是后来编书者整齐之，然当时话言固已"文"甚。然则在这风气中，诸子百家开始著作，所写者必是一种艺术化了的语言，又何可怪？

七、汉初年的辞令仍是《战国策》中调头，上书者和李斯没有什么分别，作赋者和楚辞齐讽不能不算一气。且西汉方言之分配仍可略以战国时国名为标（见《方言》），而西汉风土仍以战国为分（见《汉书·地理志》）。邹阳之本为战国人者，可不待说。即如贾谊、枚乘，战国气之重，非常明显；虽至司马长卿，文辞仍是楚辞之扩张体；至司马子长，著作还不是《战国策》、《楚汉春秋》一线下来的么？这些仍然都是文言，都不是古文，因为他们在文辞上的扩张，仍是自己把语言为艺术化的扩张而已，并不是以学为文，以古人之言为言。即如司马长卿的赋，排比言辞，列举物实，真不算少了。虽多是当代的名物，引经据典处真正太少了。这样的文辞，并不曾失去口语中的生命，虽然已不能说是白话（汉赋中双声叠韵联绵词皆是语的作用，不是文的作用，又长卿用屈宋语已多，但屈宋去长卿时仅及百年，不为用古）。

八、自昭宣后，王子渊、刘子政、谷子云的文章，无论所美在笔札，所创作在颂箴，都是以用典为风采，引书为富赡。依陈言以开新辞，遵典型而成已体。从此话言和文辞断然的分为两途，言自言，文自文。从这时期以下的著作我们标做"古文"，古文没有白话的生命。此说详见第三篇《扬雄章》中。

以上所说恐头绪较多，未能使读者一目了然，现在更作一图如下：①附论语言之变迁与文学之变迁假如语言起了重大的变化，会不会文学随着起重大的变化呢？

自然会的。且就目前的形势而论，近年来白话文学之要求，或曰国语文学之要求，实在因为近数百年北方话中起了重大的变化，音素剧烈的减少，把些原来绝不同音的字变做同音了，于是乎语言中不得不以复词代单词了，而汉语之为单音语之地位也就根本动摇了。这么一来，近代语已不能保存古代语法之简净（Elegance）而由传统以来之文言，遂若超乎语言之外，则白话的文学不得不代文言的文学以兴，无非是响应语言的改变。若语言不变化到这么大，恐怕人们以爱简净（Elegance）和爱承受的富有之心，决不会舍了传统所用既简净又丰富的工具。文学与语言之距离，既要越近越好，即是不如此要求，也免不了时时接近，偏偏语言变化得如此，对于遗物遂有不得不割爱之势。若不是语言有这么大的变化，恐怕现在的白话文学也不过是唐宋人词的样子，词单而质素丰富的话，读出来能懂，又为什么不用他呢？说所谓官话的人，感觉国语文的要求最大，因为官话和中世纪话太远了，粤语之变并不如此远，或者说粤语的人感觉这种需要也不如北方人之甚。"若是大家可以拿着《广韵》的音说话，文言即是白话，用不着更有国语的文学。"（赵元任先生谈。）

假如文学起了变化，会不会影响到语言，文学变影响语言只是一种"文化的影响"，这个影响是较浅的。文学凭藉语言，不是语言凭藉文学，所以语言大变，文学免不了大变，文学大变，语言不必大变。

---

① 原编者按：图缺。

成文的文学和不成文的文学

假如我们只看中国的文学史，免不了去想文学自然是文明的出产品，民族有了文字以后才有了文学的要求，愈演愈富，皆是借文明的进步供给他资料、感觉、方式和主率力的。又假如我们去看埃及、巴比伦一带地方早年文学的发生，也免不了觉得文学之生出于有了文字以后，先凭文字为工具，为记载，为符信，而后渐渐有艺术的文辞从官家文章巫师文章中出来。那么，我们或者要作一个结论，去说文学是文明的出产品了。然而假如我们把范围推广些看，看几个印度、日耳曼民族的早年文学，这样子就全两样了。印度最早的文辞是维代诗歌，那时节白印度人尚在迁徙游牧时代，未曾有文字。这些东西虽然宗教性很大，却已是成熟而有动荡力的文学。希腊见存文学开始于荷马的两篇歌诗，都是有文字以前的口中作品，写下来是后来的事，这两篇诗永远是欧洲文学的一个至大宝藏，每一次的好翻译总发生一段影响。又看北欧民族在中世纪的样子，他们带着好些从东北，从伊斯兰岛，从极北的芬兰，从中欧洲的树林，乃至从莱茵河两岸，出来的无限神话和故事拼合起来的长诗，野蛮供给他们这些文学，文明在当年即是基督教，却只供给他一部经，而摧灭这些文学。又看中世纪的欧洲文明尚不曾感化了野蛮人时，各地的新来入寇的北狄和本地人合起来出好些侠歌，南至伊大利、西班牙、法兰西，一律作这些义侠情爱的诗篇，基督教在当年即是文明的代名词，并管不了他们什么。甚至后到十七八世纪所出产的《风歌》（Ballad），还不都是早年野气的遗留吗？史诗固因文明演进早已下世，这些《风歌》也随科学商业共和民主国而亡了，且这现象不仅限于诗歌，即如小说，像当西侯特那样题目，近代当然也没了。再下一世论，十八九世纪之交出来一个所谓浪漫运动，这个运动至少在德国可以清清楚楚看出来是要求返于文明以前的感觉的。甚至到了十九世纪之中叶，中世野诗《矮子歌》

（*Nibelungenlied*）仍给黑伯儿（Friedrich Hebbel）、易卜生（Henrik Ibsen）、瓦歌纳（Richard Wagner）一个新动荡。这样看来，岂不是大文学反是野蛮时代感觉的出产品，随文明而消失他的大力吗？上面两个相反的现象，实在靠着一个民族自己发明文字与否而差别。自己发明文字的民族最初只用那文字当实用的工具，不曾用他当作书写文学的材料，到了文字之用可以被波及记录文学时，早年"野蛮"时代的真文学已经亡了。而印度、希腊、北欧民族是向先进民族借来文字的，待借来的文字用到记录这些先于文字的文学时，这些文学还不曾全散失。《周书》、《周颂》之前中国总应有些神话故事歌词，后来随文明而湮灭，这是自己发明文字者之吃亏处。

这样看来，文字之施用不是文学发生的一个必要条件，前乎文字固有大文学，当有文字的期间一切民歌故事也都在民间为不成文的文学。

且不止此。文字发明以后，反而给大力量的文学一种打击，使得他离去人们对于文学最自然的要求，而给文学若干的桎梏，使他作畸形发展。诚然，若没有文字的发明，把口中的文学变做纸上的文学，若干文体是不可能的，若干文体虽可能而也不能充分发展的，文学的技术不能有我们现在所见的那样细密的，文学的各种作用不若有我们现在所得的那样周到的，但也不至于失去语言之自然，性情之要求，精灵之动荡，一切人们之所共觉，而徇于这些小小精巧，那些小小把戏。文字固曾给文学一个富足，然也曾向文学取去些实质，算起账来，是得是失尚不易做为定论。那么我们若说文字发明是世间文学史上一个不幸事，虽像矛盾，或者过度，也或还成一调罢！

那些前于文字的"野蛮"文学究竟有些什么好处？这本是些主观的事，各人的欣赏原不同，但在这里也不妨说我的几句主观话。文化只增社会的复杂，不多增加社会的质实。一个民族蕴积他的潜力每在享受高等的物质文化之先，因为一个民族在不曾享受高等的物质文化时，单简的社会的组织，即是保留他的自然和精力的，既一旦享受文化之赐，看来像是上天，实在是用他早岁储蓄下的本钱而已。中国的四邻和中国接触无不享受文化，结果无不吃亏，只有日本人不曾吃了不救的亏，或者因为日本人到底未曾为中国化入骨髓。日耳曼人和罗马人接触，便吃了一个大亏，突厥人和东罗马人接触更吃了一个大亏。一个新民族，一旦震于文化之威，每每一蹶不振。若文化只能化了他的外表，而他的骨肉还能保存了他早年的"野蛮"，然后这个民族必光大。凡事皆然，文学其一。在不文时的文学中，力胜于智，重胜于巧，直胜于曲，质胜于表，斗力者人道之厚，斗智者世道之薄，重而直者可为刚大，巧而曲者难有后世。人情不以文不文分，则不文时之文学固犹是这个人情，粗细却以文不文分，则既文时之文学固然以细而失其直，以妙而失其壮，职业的文人造作上些不自然的物事，乃以微妙（此语系译英语之Subtleties）布置之，完成之，而说这是深远，这是精练。这样至多可以为《哈母烈》（*Hamlet*），固可以为《佛斯特》（*Faust*），而不可以为荷马的两大歌诗和北欧各族的史诗。这些初年文学中，人情本真，而有话直说，铺排若夸，而大力排荡，以神话为灵，以不文之人性为质，以若不自然者为自然，人生之起伏扬落固已备，世间之波荡离合固已显，若要说道理，说本义，便直说出来，如早年基督教画图。这已是大文学，又何取乎清谈客室（译"沙龙"一词）中之妙语，精妙小小的舞台上之巧技，以成其全？犹之乎建筑金字塔者，不取乎塔影以成建筑术之美，制和乐者，不模仿一切物之声以成音乐家之备。若在文学成统，文人成业，文章成法，"文心"成巧之后，所增加者总多是些诡情曲意，细工妙技。刻工细者每失一物之轮廓，绘画细者，每遗一像之神采，其能在后来繁杂精工的技术大海中摆脱了不相干，依旧振作不文前之意气，不拘束于后来之樊笼者，即是天才，即是大作家。然则不特不文前之文学是真文学，即文后之文学还不免时时返于故地，以为精神，其能在文了的文学中保持不失不文时的意气者，乃有最大排荡力。文学进化不是等于建

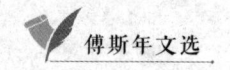

筑上天之台，一往的后来居上，乃是时时要从平地盖新屋，这平地还须最好是天然的土田，如果在一片瓦砾古迹之上，是没有法子打地基的。

那些在已"文明"了的社会中之不成文的文学有些什么好处？这又是个主观的事，各人的欣赏原不同，但我也就此说几句主观的话。小儿在母亲和奶妈手中，最欢喜听神话鬼话，稍大些，最欢喜父母长者讲故事。更长则自己探奇闻去了。教育他的，强以例如陆士衡文、李义山诗一流的东西给他欣赏，恐怕大多数人在这样情景之下是永远格格不入的，很少的"可儿"渐渐上了这一套，所谓雅正的欣赏乃开始了，其实这真是戕贼杞柳以为杯棬，他们在先的好听神话故事奇闻乃是真的文学要求，无名的诗人和艺术家，十口相传，供给这个要求，以存于一切古文、今文的压迫之下。文学不离众人，则文学不失众人之伦，文学用于赤子，则文学不失其赤子之心。原来欧洲的文学界也不留意这些东西的，及前世纪之中，哥里母兄弟始集德国一带的家庭和小儿故事，从此各国效仿，在俄东所得的尤多且可宝，丹麦人安得生又自造些小儿故事，继之者不止一方面。如果文人要卖弄聪明的话，何不择这样的地域去制作。

中国古代必不少绝好的神话故事，但现在多半只可凭《天问》、《山海经》知道些人名、地名和题目而已，其中的内容久已不见，如鲧禹故事，地平天成，正是中国的创世纪，今则有录无书，多么可惜！

至于民间故事童话，尚有很多可搜集者。搜集固是大业，若能就故题目作新创作，也是佳事。现在的文风每是描写中国人的劣根性，或是摹仿西洋人的恶习气，有能付给那些固有的神话故事题目一个新生命，付给那些尚在民间的童话俗语一个新运动者吗？我醒着睡着都找他！

十七年十一月

文人的职业

有歌曲必有歌者，有绘画必有画师，有文学必有文人，歌者、画者、文人，以及一切的艺术家，虽他自己要表达客观的境界，要说"实在"的话，但总是他自己的境界，他自己的话，这都是一个无量数方面的。物理学者虽然只有一个境界，而诗人和艺术家则因自身和环境互相反应之错综，有无量数之境界。惟一的然后是客观，多方面的必定由主观。所以谈一种文学，便等于谈该一种文人，拿《文苑传》当作文学史看，未尝不是，只是历来的文苑传都是依最形式的方法写的，正不能借此看出这些文人的实在罢了。

一个文人的成分是无限东西凑合的，以前的祖祖宗宗好些零碎，同时的东西南北又好些零碎。姑且约略来说，第一，他是个人；第二，他是个当时的人；第三，他是个在职业中的人。第一，文可不必谈，因为太普泛了。但我们还要提醒一句，因为文人是人，所以文学中最大的动荡力是情爱和虚荣心了。第二，我们在下一节中商量。第三，正是我们在这一节中说的。

文人的职业是因地有些不同的。譬如中国历代的文人大多数是官吏，西洋近代的文人，好些个不过是个国王或贵族的清客相公，而大多竟是优倡或江湖客而已。他们的职业成就他们的文学。十七八世纪的文学是贵族养他，近百年中是社会养他，所以十七八世纪的书籍，每每致于贵族，最近的书每每致于他的妻和友。又如唐诗和宋诗，真正不是一样的风格，也不是一样的题目。中晚唐的诗人，除韩、白几个人以外，都是枢臣节使的掾史或清客，所以所做诗无论是藻饰的或抒情的，自咏的或赠给人的，每每带着些书记翩翩的样子，现出些华贵的环境，露一点逢场俯仰的情绪。在这个情景中，我们显然看出当时的文人不是贵族社会的自身，而是在贵族式的社会中作客。风气先已如此了，便是真的贵族，做起文辞来，便也不免是这个样子了。所以唐诗在大体上说去是说客人的

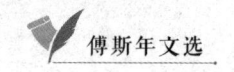

话，为别人作诗的话（杜少陵大体不这样，然李太白却不免）。到宋朝便没有诸侯式的方镇了，每没有食客做了，文人多要去做皇帝的官了，做官比做客在当时实在独立得多，自由得多，所以用不着说话给府主听，只由着自己的性儿，说自己的话好了。文人自成一个社会，在这社会里文人是主人。所以像山谷、后山，那类的诗，那类文人社会中的诗，绝难出现于中晚唐时府主的社会中，所以宋诗在大体上说是说主人的话，作自己的诗。举这一个例，以概括其他无数的例。

在中国，古往今来文人的职业大略有四种：一、史掾；二、清客；三、退隐；四、江湖客。

中国文学的开头是官的。这句话仿佛像答晋惠帝的傻问，但文学确有官的，有私的。中国的典册高文，例如箴、铭、颂、赞、符、命、碑、志等，是官的，西洋的荷马等是私的，近代的文学尤其是私的。官文不必即是当官者之言，只是一经沿袭一个官文的来源，便成一个官文的质实，所以历来所谓大手笔者，所做多是些官文，这些人有的也不过是布衣的。官文的来源起于史掾，这个名词本不很好，但一时想不出更好的来。经典时代所谓史之一职，与八代所谓掾之一职，合起来以概后世，故用这个名词。经典时代中所谓史，八代所谓掾，皆是给人做书记的。史掾的文辞，在原始上不过是工具的文辞，不能说是艺术的文辞，但公文有时也很有艺术性，特别在中国文学史中这个情形尤其显著。不特六朝的大文多是官文或半官文，即开中国文学史的《尚书》、《雅》、《颂》又都是官文。史掾的职业是执笔的臣仆，这个情形在最早的记载上已经看得很清楚，周代金文刻辞中常有下列一个公式："王立中庭，呼史某册命某为某官。王若曰。……"所以史掾说的话是别人的话，他的作用不过是修饰润色而已。因为这样的职业是如此，所以这样的文章在最好时不过是"如黄祖之腹中，在本初之弦上"（汪中《吊马守贞文》）。这个职业在汉武帝以后尤大发达，枚乘司马相如的时代，文人的职业还只是清客，不是史掾（司马长卿曾为郎官使蜀，然还是清客的浪漫把戏，到王褒乃是个有秩位的官）。到王褒、谷永，文学改宗古典一派，而职业已不是客而是官；赋（此处但就京都一类之赋言）、诔、碑（私文而官气者）、论（此处但就符命一类之论言之，如"剧秦美新""王命"等）、颂、赞、箴、铭等等体裁，都是在这个时候始发达官的文学，扬子云正是古典文学的大成就，同时也是官气文章的十足发达，《剧秦美新》之论，《十二牧》之箴，可以为例。东汉一代的文学，除诗乐府（民间文学）及史书（工具文学）以外，几乎皆是这一类的文，而文人也是在上则为列大夫，在下则举孝廉，辟郎官，直到蔡邕便是这一线的最高点。魏晋六朝大手笔固然多是些国家的典制，即到了排除八代以归秦汉之韩文公手中，如《平淮西碑》之"点窜《尧典》、《舜典》字，涂改《清庙》、《生民》诗"者，看看这个大文中之衣冠礼乐气象思路，又何尝不是官样文辞呢？不过散文谈官话究竟没有骈文谈官话之便当，坏事说成好事，寻常事说得有风度，所以诏令制诰永远是以骈文行之。直到了骈文的创造性早已消失之后，骈文中官文之一部尚能有花样可翻，如宋之四六，正是好例。而宋代的散文，得有骈文包办了官文去，自身还可免说官话，较自由些，故差有新生命了（其实宋代散文之进展依科举者甚大，这虽然也是一种官文，而与做史掾之官文不同）。

  文人的第二种职业是清客。清客也是在王庭或诸侯卿相乃至富家士族之家中供奉的。但史掾与清客有个大不同处，史掾是用自己的本领做别人的工具，清客是把自己的艺术供别人之欣赏，所以同样是个做奴才，史掾表达的是别人，清客表达的还是自己，史掾是僚属，清客仍不失其为客人，史掾是些官，清客还不失其为艺术或方术之士。

  战国时，梁朝稷下的那些先生们，大约都是些清客，其中固有专以方术见长的，也有特别以文辞见长的，例如邹衍、淳于髡。到汉朝则梁朝与淮南朝的清客最多，果然楚辞的好尚就在这个环境中成就，歌辩的体制就在这个环境中演进。司马长卿、东方曼倩在汉

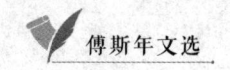

武朝中也只是清客，不能算做官，虽然不免于"主上所戏弄优倡所畜"，但究竟比执笔说官说的人可以多多自显性灵些。中国文学的好多缺陷，每每由于文学大多不自清客或江湖客来，这是比起近代欧洲来相形见绌的。本来清客只靠诸侯及世家贵族来蓄养，专制帝王的朝廷是比较难容较有自由的艺术家的，即使容许，一个朝廷也养不了许许多，且一个朝廷更难得有两样的风气，而艺术风气统一了，每每即是艺术的死症。

文人的第三种营生是退隐，退隐虽不是"职"，却在甚多文人身上已经成了一种"业"，这一业与业官实在是一件事情的两面，进则为官，退则归隐，归隐仍是士大夫的身份。自然，隐居的人们也不全是一类，虽大多是退到林泉的，然也有退到林泉竟真归农的，也有是一生布衣未出过茅庐的。中国文学中甚发达的山林文学自然是这些人们成就的，这些山林文学的意境有的很是宁静的，有的很是激昂的，真隐士多是真激昂的，因为真的隐遁，非"带性负气"不可，这是朱文公说对了陶渊明的话，假的隐遁也可以认识些山林中的性灵，例如杜子美误认做高人的王摩诘之在辋川。

在中国，山林文学之发达和帝政很有关系，因为有这样的帝政，然后官多，然后退位的官多，然后官家子弟之在林下田间，可以凭藉基业以欣赏文学者多，然后对于世务起了反感而深藏遗世者多，一统的帝政时代，清客之少，隐逸之多，当是一个原因；封建制度之下，正是相反的。

文人的第四种生活是做江湖客。江湖上的诗人文人，自古以来是很多的，只是因他们的文辞多上不了统治阶级之台面，所以我们不感觉着这些人的存在。虽时时代代多有这样的作者，而世过代迁每每留不下多少踪迹。敦煌石室卷子中给我们好些李陵、苏武的故事和诗歌，而不告诉我们以他们的作者；又给我们好多唐代的小说、汉土的佛曲，都不知作者。宋人的平话杂剧，亦不知作者；元明以来的长篇小说很多不知作者，我们所见近代的一切民间文学亦不知作者。这些东西中，自然也有些是好事的官们，清闲的绅士们作的，然大多总当是在江湖上吃闲、卖艺、说书、唱故事的人们所作的。这些众人中真有艺术家，因为只有他们乃是和倡优——这都是艺术家——同列的，乃不是士大夫，他们曾经以众人的力量创造了好些大文体，如楚辞、五言、七言、词、曲、杂剧、传奇、弹词、章回小说（详论在本书《文体之演化》一章中）。又出产了好些有力量的文辞，例如"古诗十九首"，所谓苏李诗、东汉乐府、唐人无名氏的词，以及直到近代一切通俗文学中的佳作。

其实上述四类也都互有出入，我们不能指每一文人单独的属于某一类。这样四种生活的交错，有个对称的样子，做官和做隐士原来只是一件事的两面，都是士大夫阶级，分别只在一进一退而已。做清客和做江湖客也只是一种营生的高低，都是方技的职业，分别只在一有府主而在上，一无府主而在下而已。做官和做清客又有相同处，便是他们都在上层。做隐士和做江湖客也有相同处，便是他们都在民间。这很像一个四角形的关系。

我并不想把这一部讲义写成一个唯物史观的文学史，且我反对这样无聊的时髦办法，但在讨论许多文学史的问题时，若忘他的物质方面的凭藉，是不能辟入的。

因文人的职业之不同，故文人的作品有的为人，有的为己，有的为多，有的为少，职业是在客位者为人，在主位者为己，在上层社会者为少，在下层社会者为多。文人和其他人一样，焉能自脱于他在社会中所处的地位呢？

文学因时代的不同，每每即是文人的地位因时代的不同。在了解很多文学史题上，这个观点很重要，现在姑举一个例，即上文已经提出过的唐诗、宋诗不同之一事。

自从五言诗成诗体正宗的时候——建安——算起，文人的地位多数是在朝做侍从供奉，在外做一薄宦或靠府主为生的。他们虽不全是这样，然多数是这样。这个情形，到了唐朝更甚，唐代的社会

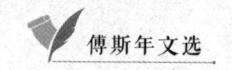

是贵族的社会，唐代的政治是在门阀手中的。中唐以来，地方割据的势力分了中朝的政权，各节度使又每成一个小朝廷，能养清客。这时候的书生，自是书生，不像宋朝人可以随便以天下事自任。这时候的书生正多出身清门的，然而与统治阶级每不是一事。他们所处的社会是华贵的社会，而他们正多是在这样的华贵社会中做客。譬如李白、杜甫的时代，主人自是杨家兄弟姊妹，及其环境中人乃外至严武等等，李白只是中朝的客，杜甫只是节度使的客。中晚唐诗人的客人生活尤其表显这情形，直经五代不会改，因此之故，唐代诗人除杜、韩几个大家而外，都是为这件事实所范围的。经五代之乱，世族社会扫地以尽，到了北宋以后，文人每以射策登朝，致身将相，所以文风从此一变，直陈其事，求以理胜者多，诗风从此一变，以作散文的手段作诗，而直说自己的话。这个转移，庆历间已显然，至元祐而大成就。以前读书人和统治者并非一事，现在差不多是一类了，以前的诗人寄居在别人的社会中，现在可以过自己的生活了。以前诗人说话要投别人的兴趣，现在可以直说自己的话了，总而言之，以前的诗多是文饰其外，现在的诗可以发挥其中了。以前是客，现在是主了。社会组织之变迁影响及于文人的生活，文人的生活影响及于文章之风气。诚然，最大家每每有超越时代的形迹，如韩昌黎的诗，在他当时是独立的，反而下与宋诗成一线，又如陆放翁的诗，在他当时是能高举的，反而与唐诗联一气，然而大多数诗人总是完全受时代之支配，依环境以创作者，即此第一等之最大诗人，一经深者，仍不脱离其时代，不过占得最在前耳。世人每以为庆历以降之变唐风，由于范欧诸公之提倡，王苏诸人之继作，然若北宋中世文人的生活依旧如唐时，这提倡正未必能成立，即成立也不得发展绵长，自然不至于依旧局促于西昆诸体，然仍当是凭唐人之遗绪，在个外范中一层一层翻些花样而已，大前提是变动不了的，数百年之绪是不能一下子转的，如欧阳公之《明妃曲》者是作不出来的。下边对举温飞卿、黄鲁直诗各一首，以为这一节所说的意思之形容，我们不说这两首诗可以分别代表晚唐、盛宋，然把这两首诗对着看一下，看看他们的身世之不同主或客，出词之不同内或外，境界之不同文或质，意态之不同清或醇，则时代之异，环境之别，再显然不过。

温飞卿《过陈琳墓》：
曾于青史见遗文，今日飘蓬过此坟。
词客有灵应识我，霸才无主始怜君。
石麟埋没藏春草，铜雀荒凉对暮云。
莫怪临风倍惆怅，欲将书剑学从军。

黄鲁直《池口风雨留三日》：
孤城三日风吹雨，小市人家只菜蔬。
水远山长双属玉，身闲心苦一春锄。
翁从旁舍来收网，我适临渊不羡鱼。
俯仰之间已陈迹，暮窗归了读残书。

宋朝庆历以来诗虽不接唐人，而宋朝的词反接唐人，唐人诗中的体质、情感、言语，到了北宋盛时不传入诗，反而转入词，这件事实我们几乎可以在一切北宋大家中看出的。这为什么，这因为宋诗人作词时的环境转与唐人作诗时的环境偶似，这便是说，在华贵的社会中作客。北宋的诗人作词还多是替歌妓做的，试着学说歌妓的话。南宋的词人作词便渐渐替自己做了，称心去说自己的话。唐诗人的环境同于倡，宋诗人的地位近于儒。北宋人制词多是临时的解放，因而最富风趣，不说自己的职业话，而去代歌者表他自己的世界。即如欧阳公，在诗中是大发议论的老儒，在词中香艳得温、李比不上，岂不以欧阳公当时在词在诗之社会的身份各不同，所以诗和词不像一个人的话吗？

史料论略

　　文学史仅仅是通史之一枝，况且谈论文学史中题目，时时免不了牵涉到通史中别枝的事，已如我在《叙语》中所说，则我们现在说到史料问题，自然应从泛论史料之一般起。使用史料时第一要注意的事，是我们但要问某种史料给我们多少知识，这知识有多少可信，一件史料的价值便以这一层为断，此外断断不可把我们的主观价值论放进去。譬如我们论到古代的史事，六艺和载籍和一切金骨刻文等等，都要"一视同仁"的去理会他们，如果抱着"载籍极博，犹考信于六艺"的观念，至多可以做到一个崔述，断断乎做不到一个近代史学者。金刻文的一字可以证《大诰》宁王之为文王，骨甲刻文的一字可以辩《史记》王振之为王亥，实在"后来居上"，何曾"于古为近是"。我们有时借重古人的某说，多半由于他们能见到我们已经见不到的材料，并不由于我们相信他们能用我们的方法，因此我们才要"一视同仁"，谁也不能做"大信"（欧阳修不信文王称王事，曾说"孔子之书，天下之大信也"，其实能细读《诗经》即不能更信事殷之说）。我们既不可以从传统的权威，又不可以随遗传的好尚。假使一个桐城派的古文家写文学史，或一个文选学家写诗史，必然千部一腔、千篇一面，都是他们自己欣赏的东西，而于民间文学体制之演成、各级文学作品所寄意之差异等等题中，所用之材料，不会去搜寻，即遇着也不会睬的。以这样方法所写成的文学史，也许在聪明人手中可以自辩着自负他的好尚之雅正，但究不是公正的使用材料而造成之史学的研究。总而言之，"别裁伪体亲风雅"，断断乎不是对付史料的态度。

史料可以大致分做两类：一、直接的史料；二、间接的史料。凡是未经中间人手修改或省略或转写的，是直接的史料；凡是已经中间人手修改或省略或转写的，是间接的史料。《周书》是间接的材料，《毛公鼎》则是直接的；《世本》是间接的材料（今已佚），卜辞则是直接的；《明史》是间接的材料，明档案则是直接的，以此类推。有些间接的材料和直接的差不多，例如《史记》所记秦刻石；有些便和直接的材料成极端的相反，例如《左传》、《国语》中所载的那些语来语去。自然，直接的材料是比较最可信的，间接的材料因转手的缘故容易被人更改或加减，但有时某一种直接的材料也许是孤立的，是例外的，而有时间接的材料反是前人精密归纳直接材料而得的，这个都不能一概论断，要随时随地的分别着看。整理史料是件很不容易的事，历史学家本领之高低全在这一处上决定。后人想在前人工作上增高：第一，要能得到并且能利用的人不曾见或不曾用的材料；第二，要比前人有更细密更确切的分辨力。近年能利用新材料兼能通用细密的综合与分析者，有王国维先生的著作，其中甚多可为从事研究者之模范；至于专利用已有的间接材料，而亦可以推陈出新找到许多很有关系的事实者，则为顾颉刚先生之《古史辨》诸文（多半尚未刊印）。这些都可以指示人们如何运用已有的史料和新见的史料。

古代文学史所用的材料是最难整理最难用的，因为材料的真伪很难断定，大多是些聚讼的问题。原来中国人之好做假书——就是制造假材料——是历代不断的，若大家认为最多出产假书的时期，由汉到今约四个：一、西汉末年，即所谓古文学；二、魏晋间；三、北宋的盛时，政府收书；四、明朝晚年，学士又有一番托古的习尚。就这四种去论，明朝的作伪是不能欺任何人的，北宋的作伪也没有大关系（如今本《竹书》、《文中子》等），魏晋间作伪的大成绩如《伪孔尚书》、《孔子家语》，已经为人辨别清楚的了；西汉末年的大作伪，也有近代所谓今文学家一派人的辩论，康有为的《新学伪经考》，就是这一辨伪题目中之大成，虽然其中过了度，太粗疏的地方很多，但这件事实的大概可知道。不过六经以外载籍诸子等等的考证，分析材料的考证，从来甚少；即如庄子、墨子等常读的书，至今没有整理好，而西汉时传下的一切经传的材料（今文的）至今尚很少人做工夫。经传里边明明有许多是汉朝的成分，如《孝经》中所说的天子诸侯都是汉家的天子诸侯，都不是周王和春秋战国间的诸侯。（说详后。今举一例，《孝经·诸侯章》云："在上不骄，高而不危；制节谨度，满而不溢。高而不危，所以长守贵；满而不溢，所以常守富。"此种观念至早不能上于汉文帝。春秋战国诸侯之地位不能引出此种议论。）《论语》中有类似谶纬的话（如"凤鸟不至，河不出图，吾已矣夫！"），《易》和《三家诗》仅是汉初的写定本（三家诗文已与《论语》所引不同），而《公羊传》之著竹帛，反较《春秋繁露》后几年，伏生二十八篇以《秦誓》为尾，想是由于伏生做过秦博士。今文的经传既然给我们些汉朝初年的色彩，至于大小戴记之大多部分为汉儒做作的，更不待说了。在这样情形之下，我们如不把这些汉代的作品分别清楚，便不能使用这些材料去写周代的文学史。

　　近年来有一个极不好的风气，大家好谈先秦的事物，所谓先秦的书原不多，易于读完，所以大家下笔，先秦这个，先秦那个。但我们敢自信这些所谓先秦的材料果真是先秦的材料吗？我们何不看看这些材料是怎么样出来的呢？

　　一种书因时代而生变改，在后来印书时代较难，在中世手抄本时代尚易，在简书时代，"父子相传"即可改易，至于口传许久后来再著竹帛之容易变动，更不待细论即明白（其实韵文之口传甚能保守古语，如《鄂谟长歌》、《维陀》皆然。然《公羊传》一类之口传，则难能保守也）。所以虽是汉初年给我们的先秦材料，我们也要于用他时谨慎的。古来著书艰难，一简不过几十字，一部书便是一个产业，虽以"惠施多方，其书五车"，如用现在的印刷法印成，未必便是一部大书。著述愈难，则著述和传授更多是有所为而为，"与时进止"是不可免的，固守最初面目是难的。

中国何时才有著作呢？无论今文或古文都告我们说，著作开始是很早的，但我们从文书材料上看来，西周只有官书和迷信书（《易爻》）流传，《论语》以前，不见有私家记言的文，而《论语》也但记一段语的扼要处，如标目摘由，也很可看出私家多多书写之不容易。若《孟子》一流的书已很充畅丰长的了，但仍然是记言，且许多是后来追记。直到荀卿、吕不韦、韩非才整篇的著作，系统的著作《史记》上有明文。但这风气方才开始，焚书的劫运就来了。那么，焚书于书失传上是很有贡献的吗？不过我们要知道，战国秦汉人们的书和他们的职业是一事的；阴阳、刑、名、纵横乃至儒、墨，都是家传师授的职业，焚书未必使书绝，而秦之摈退方士（方士本是一普遍名词，治方术者，皆是方士，后来遂为齐东一派所专用）。楚汉战争，和汉初年黄老儒术之递相消长，是真真使一切学者（即方士）失业的。书以人之失业而失传，家（今云派）以人之失业而亡家。古代的载籍消失必是秦汉之际一直下来渐渐成的，断非秦始皇帝能突然使他大亡特亡（《东周列国纪》已不传民间，自然可以焚的方法亡之）。对于这一点，古文今文是最不同的。在今文浸润的汉武帝诏书上，只能说到"礼坏乐崩朕甚闵焉"，古文家便于其上加上一句"书缺简脱"以便自己的议论。虽然古文家时时故意把汉初年书亡缺事说得淋漓尽致，以便售自己的假古董，而今文家自信一孔之为大全，也太陋了，甚至愚到说伏生二十八篇比二十八宿，后得《大誓》如拱北辰，多一篇不可，少一篇不能。"向壁虚造"的态度固不可，而"挟恐见破之私意"亦不应该，古文智而诬，今文愚而陋。我们将来要一部一部地把今文传经整理过，一以阎氏对付梅传之考订法对付之，等到可信者显然可信，存疑者存疑，然后可以大胆的用这些材料，以讨论文学史题。

现在我们断不定秦汉之际古代文学史的材料亡佚多少，但我们

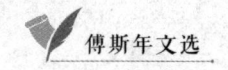

看得出古史料中，有甚多，经秦而作秦文，入汉而作汉文。汉儒以秦文写六经，是为古文派所甚诟病的。诚然，以转译的原故，使得古字错认了（如"文王"之误为"宁王"），是于解经上有很大危险的，更可促成"信口说而背传记，是末师而非往古"的毛病，不过这层于我们应用这些做史料上没有甚么很大关系。至于号称古代材料中有些汉朝话，乃真正要不得。不幸事实偏如此，不特经解是汉朝人的思想（如三家《诗》、《公羊》、《春秋》），《戴记》多少篇后人坚信为春秋晚年战国时期的，实在一望即知其是汉朝作品（详见《论汉儒林篇》），即《论语》、《孝经》也有不少汉朝话，伏生书中之《虞夏商书》恐怕大多数是战国作品，《大传》固是为这样子的书作的，这样子的书也未始不是为《大传》前身的思想作的。我们现在所据的古代史的材料（文学史自括在内）是汉初儒者给我们的，而汉初儒者又这样的不济，古今辨不清白，遗传的和自己的不分别，即今未存作伪的目的，学问的不济已经足以坏事而有余。略举两事，司马迁谓学者（汉初传文献给我们的学者）多谓周公东都洛邑（见《周本纪》），而在《五帝本纪》上说"学者多称五帝尚矣"，是则当时的"学者"，于宗周成周不知何所别指，于东周西周不知何所取义，而于五帝之荒唐，谈的津津。这是配传史料的人吗？汉文命博士集古制，遂有了《王制》，这本书把方块的想象和迂腐拼得整齐，其愚和其存史料之少，反比更后百年作伪的《周官》不如。近代今文学派以汉初为正，其实汉初儒家何曾高明到哪里去，尤其缺之的是历史观念，是很敢于自作古始，反去说是述而不作的。总而言之，汉初儒者不是能够做到正确的传史料的人；我们要去考核他们，不能便去依赖他们。

汉初儒者（他们并不自号曰今文，"今文"一词乃是后来自号为古文者加他们的）真正弄不出多少作为来。一经分了好几家，一家分立好几博士，相攻不休，谁都不能为正。这全然显出末学支离的样子，给人一个不满足。儒者的大题目，特别是中人主嗜好的，如礼、乐、封禅等，都不能做统一的决定。末师无学，几乎文义不能通顺，而又以师传拒更正。又加上些时代的迷信，愈趋愈向产生纬书的一路走：有这么多的毛病，那得不起反动？武昭以来立的博士多的很，有人能传一家经传便是子子孙孙的饭碗，一经博士可以数家并立，一家博士可以数人并立。上头鼓动人作伪，下头鼓动人分化。所以略受公羊家传者，便可造穀梁；略受三家《诗》任何之一者，便可造毛氏；其始无非去泰去甚，有时以平庸正文字，以谨慎去些"非常异义可怪之论"（汉儒的论时代话）。今文入了膏肓，使人生异途的思想，政府续设博士，使人启利禄的愿心，这焉得不出别派的经学？所以不必到了刘歆那宗有大力量的人之手中，《尚书》已经屡屡闹着出新样，天子诸侯卿大夫之"汉家"礼制，已经愈出愈多，又自己说比后苍为愈，"鲁国申公赵国贯公胶东庸生"自是些应时的产物。

　　刘歆有思想，有材料（与父向同校秘藏），有地位（自据秘藏），遂集合当时的零碎小反动，成一大反动，有终有始，有本有末，并且续了《史记》，这是乱了武帝时经学面目之最好记载。古文自比今文合理性些，或者这反动是思想上的进步，至少也是别开生面，但于史料学上却更添若干的蒙障，紊乱了许多史事，添入了许多自己的思想，损坏淆混了许多历史材料。尤其可恨的是把一部完全和齐鲁儒学（汉初儒学尽自齐鲁）不相干的晋人著作（《国语》），一部最好的史料，割裂的体无完肤。多少古代史料，遭汉儒之愚，和新儒之伪，弄得一塌糊涂。在未整理之前，我们没有权利去用他们！

　　譬如我们现在论列狭义的先秦文学，最重要的自然是《诗经》、《国语》（《左传》算在内）、《楚辞》三部书。就这三部书论：《诗》只传毛本，并武帝时三家的面目亦不见；《国语》弄的七错八乱，一部绝好的古代史料白白糟蹋，一部纯粹的记传说的文学弄的割裂添补到无从复原的地步；而《楚辞》乃并不是《汉

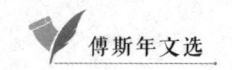

志》著录的样子，而是王逸章句本，是更后的了。我们要用先秦的材料，而这些先秦的材料是汉人转手送给我们的；偏偏这些汉人又不客观，以他们的主意去取、整齐、添补，更文字，造章句。我们若不先看看这层遮蔽的云有多深，能即用这些材料吗？但经传还是幸运的，因为汉儒注意这些，所以我们于史中见他们的辩论，还可以略知当时的面目，到于诸子载籍，现在所见，至早是由西汉末年《天禄石渠》校书定本出，校书者的意见、嗜好、判断，乃至作伪，便是这些书的命运。且随便举几个例，刘向叙他所校《战国策》书录曰：

> 所校中《战国策》书，中书余卷错乱相糅莒，又有国别者八篇少不足。臣向因国别者略以时次之，分别不以序者以相补，除复重，得三十三篇。本字多误脱为半字，以"赵"为"有"，以"齐"为"立"，如此字者多。中书本号或曰国策，或曰国事，或曰短长，或曰事语，或曰长书，或曰修书。臣向以为战国时游士辅所用之国，为之策谋，宜为《战国策》。

后来的一个编辑者对于原材料难得有这么大的权利。又如《墨子》分上中下三篇者，显然是三个不同之本，《天禄石渠》校书人分裂为三篇；《墨子》前七篇那样杂糅儒家、道家思想，且竟有"寡不敌其所长，故曰太盛难守也"一类与墨家思想恰恰相反的话，还不是校书者故意编造的吗？荀子之编订自然也出自《天禄石渠》：《劝学篇》亦见于《戴记》，不知究竟是何时作的，何人作的。至于《庄子》现存本成立更后了，是向秀、郭象的定本，篇数和《汉志》都不合，其中竟有"六经"、"西方圣人"等名词，显然是很后的了，而《齐物论》是慎到、田骈的书，大家日日读《天下篇》而不察觉。秦汉之际，方术家言不绝，并无所谓"古代哲学中绝"一件事，这可于《史记》、《汉书》上见出。当时甚多人传授这学传授那学：墨家在汉文时还是显学，武帝所罢黜之百家多是战国方术之绩，所以现存子家材料哪些是周，哪些是汉，甚为难定，黄老刑名一流书中，即如《韩非子》，也是一部总集。我们在未审定这些材料之时代以先，是不能自由使用的！

材料在汉朝经了改变，还有一个原因，即是注家的贡献。家学以陋而错认文字或误写，通学以泛而独断乃居上。刻石经、作笺注，都是可把后来的意见为断的。姑举一例，郑康成以古《论语》改鲁《论语》，古《论语》或是一段"向壁虚造"的故事，自然也有以常识修正其文字之处，不过有些改得太迁就自己的趋向了，便损坏了史料。且举《经典释文》所著录改处如下：

《学而篇》：传不习乎?	郑注云：鲁读传为专，今从古。
《公冶长篇》：崔子	鲁读崔为高，今从古。
《述而篇》：吾未尝无诲焉。	鲁读诲为悔，今从古。
又：五十以学易。	鲁读易为亦，今从古。
又：正惟弟子不能学也。	鲁读正为诚，今从古。
又：君子坦荡荡。	鲁读坦荡为坦汤，今从古。
《子罕篇》：冕衣裳者。	郑本作弁，云：鲁读弁为绝，今从古，《乡党篇》亦然。
《乡党篇》：下如授	鲁读下为趋，今从古。
又：瓜祭	鲁读瓜为必，今从古。
又：乡人傩。	鲁读为献，今从古。
又：君赐生。	鲁读生为牲，今从古。
又：车中不内顾。	鲁读车中内顾，今从古也。
《先进篇》：仍旧贯。	鲁读仍为仁，今从古。

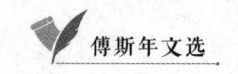

又：咏而归。	郑本作馈，馈酒食也。鲁读馈为归，今从古。
《颜渊篇》：片言可以折狱者。	鲁读折为制，今从古。
《卫灵公篇》：好行小慧。	鲁读慧为惠，今从古。
《季氏篇》：谓之躁。	鲁读躁为傲，今从古。
《阳货篇》：归孔子豚。	郑本作馈，鲁读为归，今从古。
又：古之矜也廉。	鲁读廉为贬，今从古。
又：天何言哉！	鲁读天为夫，今从古。
又：恶果敢而窒者。	鲁读窒为室，今从古。
《微子篇》：已而已而，今之从政者殆而！	鲁读期斯已矣，今之从政者殆。今从古。
《尧曰篇》：孔子曰：不知命，无以为君子也。	鲁论无此章，今从古（以上出《经典释文》）。

这样子的校改，其中自然有些不过是文字的变异，但也有几节竟关系思想制度，而"加我数年"一节，竟是大作伪的改字；若是没有《经典释文》给我们留下一个"校勘记"，我们竟很难对付孔子赞《易》那件事。虽然《周易》出来很后，孟、荀及战国子家、汉初儒者均不及见，而《论语》上这一句话，兼者《史记》的窜入文，若不是我们现在尚有这个痕迹可求，便又成一段不决的疑案。

我们现在对于古代的文籍，只能见到一个附注而行的本子，这注家便是章句之定订者，文字异同之独断者。我们于《诗》于《礼》只有郑，于《论语》只有何（郑本已残），于《山海经》只有刘校郭注，于《庄子》只有向、郭注本，如此类推，至多不过《天禄石渠》所校文，不幸乃多是汉末魏晋的定本。在这样"文献不足"的情景之下，切切不可以据孤证而发长篇议论，因为后来若果发现一个刻文,或旁证,可以使一个很美的推阐,全幅落地。尤其不可望风捉影,于史料残缺的空隙中补上了许多。

现在人好谈古东西,因为古代存书少,读遍不难,所以觉得容易,但我们正因为存书少,书中更有无限数的问题,读明白了极难,所以觉得谈古代东西最难。现代人对于先秦的文献大略可分为三个态度:一种人信一切材料,以为都是真的,都要用的,我们借呼这类为"墨守"。又一种人据虚无的事实,作放荡的空论,先秦这个,先秦那个,一片的捕风捉影之谈,这是病入了膏肓的。还有些较好的,能辨别古文之伪,但也不知今文只是前些,也不便是信史的材料;或者于辨别史料上也很能不拘成说,但究不敢充分的考证,这样好比废疾。我们应该于史料赋给者之外,一点不多说,史料赋给者以内,一点不少说,不受任何传说观念的拘束,只求证,不言疏,这样然后可以"起废疾,箴膏肓,发墨守"!

十六年十一月

论伏生所传书二十八篇之成分

六经问题之难决者，无过于《尚书》。《春秋》一经现在尚可见三传之文；《诗》虽仅存毛学，然三家异文尚遗留不少，且三家之解说虽不同，章句实无大异。最不得头绪者算是《尚书》了。但就汉代论，《诗》、《论语》、《老子》在文帝时立博士，《春秋》在景帝时立博士，《书》在建元间始立欧阳一家之博士（以上分见《史记》、《汉书》两《儒林传》，及刘歆上太常博士书），曾不多时，便闹《大誓》，闹所谓孔安国所献河间献王所好之孔子壁中书，又有张霸之百两篇，杜林之漆书，闹个不休。东晋梅氏书行世之后，直到明清人始认清楚其为伪书（疑东晋古文者，应以朱子为始，孔颖达亦略表示怀疑之态度），更牵连到王肃。今所见之本子不特不是西汉今文，且并不是马郑，且并不是梅氏原文字，且并不是隶古定本，而是唐开成之石本。

今虽有敦煌写本残卷使我们上溯到隶古定本，又有汉魏石经残字使我们略见今古文原来面目之一勺，有毛公鼎等使我们略知册诰之体式，有若干葬器款识使我们校订《尚书》中若干文字，然如但顾持此区区可得之材料，以解决《尚书》问题之大部分，颇为不可能之事。本文但以分解伏生二十八篇之组成为题，其实这个题目也是极大的，现在只写下其一部而已。

所谓伏生二十八篇者，究竟是否全是伏生所传，或与伏生所传小有异同，今不易断定。然此二十八篇，合以《大誓》，总可说是汉朝景武时代《尚书》面目，所以现在可以这二十八篇为对象去分析之。此二十八篇去孔子时所见书之面目已远，在这一点上是与《诗》大不同的。《诗》之称"三百"在孔、墨时已成习语，而《论语》所引《诗》大致与今所见差不多；若《书》，则《论语》所引除不相干之《尧曰篇》以外，"高宗亮阴"见于《无逸》，而"孝于惟孝"不见今存二十八篇中。又《左传》一书所用之材料甚博，他所引书颇可代表当时（即春秋战国之交）流行之《尚书》，《左传》引《诗》几乎全与今所见之三百篇合，其所引《书》除《盘庚》、《康诰》等以外，几乎全在今所见二十八篇之外（参看附表）。从此可知三百篇之大体至少在孔子前后一时代中已略成定形，而《书》之篇章各时代不同，且恐春秋战国时各国中所流传之《书》亦皆不同。《左传》之引《书》已证明如此，《吕氏春秋》之引《书》亦证明如此，《吕氏春秋》所引除《洪范》外，几皆不在二十八篇之内。

此二十八篇不能当作一个系统看。不特宋儒多如此说，即文章家如扬子云、韩昌黎等亦都有这个观念。《虞夏书》之"浑浑"，《殷盘》、《周诰》之"诘屈聱牙"，显然不是在一类中的。朱子能以东晋梅赜书之号称古文反易了解断其可疑，乃不能以《尧典》、《禹贡》之号称《虞夏书》，反比《周诰》的文辞近乎后代断其可疑，正由于时代环境所限，不可澈底的想下去。东晋古文辨伪之工作早已完成于阎、惠二君之手，当今所宜究治者，为此二十八篇究是何事。

今写此二十八篇之目如下并试为分类。

一、周诰

《尧典》	《大诰》
《皋陶谟》	《康诰》
《禹贡》	《酒诰》
《甘誓》	《梓材》
《汤誓》	《召诰》

续表

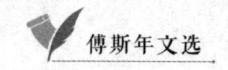

《盘庚》	《洛诰》
《高宗肜日》	《多士》
《西伯戡黎》	《无逸》
《微子》	《君奭》
《牧誓》	《多方》
《洪范》	《立政》
《金縢》	《顾命》（康王之诰）
《大诰》	附《文侯之命》

二、鲁书

《康诰》	《金縢》
《酒诰》	《费誓》

三、宋述商书

《梓材》	《盘庚》
《召诰》	《高宗肜日》
《洛诰》	《西伯戡黎》
《多士》	《微子》

四、外国书

《无逸》	《吕刑》
《君奭》	《秦誓》

五、三誓

《多方》	《甘誓》
《立政》	《汤誓》
《顾命》（康王之诰）	《牧誓》

六、东周述古所作之典书

《费誓》	
《吕刑》	《禹贡》
《文侯之命》	《洪范》

七、所谓虞夏书

《秦誓》	
	《尧典》
	《皋陶谟》

上旧传之篇第　　　　　　　　　　上试分之次序

第一类《周诰》。如上所表，第一类为《周诰》，自《大诰》至于《顾命》，合以《文侯之命》，凡十三篇。此正所谓"诘屈聱牙"之文辞。文式语法皆为一贯，此真一部《尚书》之精华，最为信史材料。我们现在读这几篇，其中全不可解者甚多（曲解不算），不能句读者不少，其可解可句读者不特不见得"诘屈聱牙"，反而觉得文辞炳朗，有雍容的态度，有对仗的文辞，甚且有时有韵，然则今日之不能尽读者，与其谓当时文辞拙陋，或谓土话太多，毋宁归之于文字因篆隶之变而致误，因传写之多而生谬，因初年章句家之无识而错简，淆乱，皆成误解。且彼时语法今多不解，彼时字义也和东周不全同，今人之不解，犹是语学上之困难也。即如《大诰》中，"宁人"、"宁王"之"宁"字，本是"文"字，乃以误认篆文而误，以致《大诰》本为文王殁武王即位东征之诰者，遂以此字之误，解作周公成王之书。吴大澂曰：

《书·文侯之命》，"追孝于前文人"。《诗·江汉》，"告于文人"。毛传云，"文人，文德之人也"。潍县陈寿卿编修介祺所藏兮仲钟云，"其用追孝于皇考己

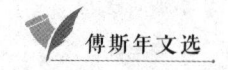

伯，用侃喜前文人"。《积古斋钟鼎彝器款识·追敦》云，"用追孝于前文人"。知"前文人"三字为周时习见语，乃大诰误文为宁，曰："予曷其不于前宁人图功攸终。"曰："予曷其不于前宁人，攸受休毕。"曰："天亦惟休于前宁人。"曰："率宁人有指疆土。""前宁人"实"前文人"之误，盖因古文文字，从心者，或作❂，或作❂，或又作❂❂。壁中古文《大诰》篇，其文字必与宁字相似，汉儒遂误释为宁。其实《大诰》乃武王伐殷大诰天下之文，"宁王"即"文王"，"宁考"即"文考"，"民献有十夫"即武王之"乱臣十人"也。"宁王遗我大宝龟"，郑注，"受命曰宁王"，此不得其解而强为之说也。既以"宁考"为武王，遂以《大诰》为成王之诰，不见古器，不识真古文，安知宁字为文之误哉？

虽传《大诰》为周公相成王时之诰，今乃以宁字之校订，更生此篇之时代问题，此问题今虽未能遽定，然《周诰》若干篇中待金文之助，重作校订工夫，可借此启示。阮芸台诸人每每强以《诗》、《书》中成句释金文，今当以金文中字句订《诗》、《书》之误字也。自《大诰》以下至于《顾命》十二篇，皆武王（或成王）或康王时物，除《无逸》稍有若经后人润色之处外，此十二篇文法上在一个系统中。《文侯之命》一篇虽也可以放在这一类中作附庸，然文体辞义皆与此十二篇不是一类，疑是战国时出土或流传忘其来源之彝器铭辞，解者按其辞气以晋文侯仇当之（书序）或以文公重耳当之（《史记》），其归之晋者，或出土在晋地（然此不足证此篇为晋物，鲁取郜大鼎于宋一事，可以为证），而平王东迁及襄王奔郑正合于所谓"闵予小子嗣，造（遭）天丕愆，殄资泽于下民，侵戎我国家"。惟此篇开头便说"父义和"，文侯仇不闻字义和。王引之曰：

> 古天子于诸侯无称字者。《唐诰》、《酒诰》、《梓材》三篇"王若曰：小子封"，"王曰：封"，定四年《左传》引《蔡仲命书》云，"王曰胡"，又引《践土之盟载书》云，"王若曰：晋重、鲁申、卫武、蔡甲午、郑捷、齐潘、宋王臣、莒期皆称其名，其他则称伯父、伯舅、叔父、叔舅而已，未有称字者也。或以义为字，或以义和为字，并当阙疑"。（《经义述闻》卷二十三）

此篇全无记事之上下文，除篇末无"对扬王休用作宝彝"，一套外，全是一篇彝器铭辞之体，其文辞内容又绝与师訇敦、毛公鼎同，然则渊源当亦不二致。宋代出师訇敦，清代出毛公鼎，汉时山川多出鼎彝（见《说文》序），则战国时当有此样出土之先例，果"文侯之命"出土地为晋，则当时发读文字者，自然依文中所说之情景想到翼侯仇或绛侯重耳矣。

此若干篇《周诰》在当时是如何出来的，可以《左传》定公四年所记祝佗语为证：

> 昔武王克商，成王定之。……分鲁公以殷民六族……命以"伯禽"而封于少暤之墟。分康叔以……殷民七族……命以"康诰"而封于殷墟。……分唐叔以……阙巩，沽洗，怀姓九宗……命以"唐诰"而封于夏墟。

今《伯禽》、《唐诰》两篇皆不见（《伯禽》为篇名从刘焯说），而《康诰》犹存。然则《康诰》正是派康叔到殷故都卫地以建国时之教令，给他的一个"政治工作大纲"。其《酒诰》等篇虽或不如《康诰》之重要，也是同样的教令。这样的教令至少在王之册府与受诏诸侯之册府中都要保存的，或者以其重要之故分布给其他诸侯，而受此诰者容或铸于彝器上。周朝彝器上铸文章是较普遍

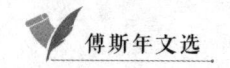

的。《左传》记子产铸刑书，散氏盘记割地的条约，曶鼎记讼事，小盂鼎记俘获，其他记争战来享，记礼仪之彝器，尤不可胜数，然则不特《康诰》等可得镌于彝器上，《大诰》、《顾命》一类赴告之文，亦未尝不可镌以垂记念。且此项诰语竟成为周代贵族社会中之教科书，《楚语》记下列一事：

> 庄王使士亹傅太子箴，辞……王卒使傅之。问于申叔时，叔时曰："教之春秋，而为之耸善而抑恶焉，以戒劝其心；教之世，而为之昭明德而废幽昏焉，以休惧其动；教之诗，而为之道广显德，以耀明其志；教之礼，使知上下之则；教之乐，以疏其秽而镇其浮；教之令，使访物官；教之语，使明其德，而知先生之务用明德于民也；教之故志，使知废兴者而戒惧焉；教之训典，使知族类行比义焉。"

所谓《春秋》、《诗》、《礼》、《乐》可不待解，世即后世所谓《世本》，语即《国语》一类之文书，所谓令所谓训典当即《诰书》之类。熟知掌故以为出辞从政之具，是春秋时之风气，可于《左传》中明白看出。我们比较一下，则对于《周诰》诸篇，不特可以想到他如何出来，寄托于如何之物质上，且可知其缘何流传于后来也。

说到这里，或者要问，《周诰》的文辞是周王说话的本质呢，还是史官修饰了的文辞？我们可以直率回答，《周诰》中的话，虽然不全是一篇一篇的官样文章，然而史官的贡献也很不少了。试以《文侯之命》，毛公鼎、师訇敦比较一下，看此项文字竟有定式，试读《周诰》各篇中的文辞，其可解者每是很有修辞力量的文辞，而称今道古，像有一个历史哲学，威仪棣棣，叮咛周至，不是一个直截的态度。在当时的统治者都是战士焉能说这样文学的话？且当时的文学本是一种专门之业,所以王如用到文字,总须"呼史某册命","朱批上谕"是做不了的。今抄《康诰》、《召诰》、《无逸》各一段,以见所谓美术散文进化至此时之地步,此地步去吐辞茫昧之时代已远得很了!

《康诰》一节:

王若曰:孟侯,朕其弟,小子封!惟乃丕显考文王,克明德慎罚,不敢侮鳏寡,庸庸,祗祗,威威,显民,用肇造我区夏。越我一二邦,以修我西土,惟时怙冒,闻于上帝。帝休,天乃大命文王,殪戎殷。诞受厥命。越厥邦厥民,惟时叙。乃寡兄勖,肆汝小子封,在兹东土。王曰:呜呼!封,汝念哉!今民将在祗遹乃文考。绍闻衣德言。往敷求于殷先哲王。用保乂民。汝丕远。惟商耇成人。宅心知训。别求闻由古先哲王。用康保民。弘于天。若德裕乃身不废在王命。

《召诰》一节:

我不可不监于有夏,亦不可不监于有殷。我不敢知曰:有夏服天命,惟有历年。我不敢知曰:不其延惟不敬厥德,乃早坠厥命?我不敢知曰:有殷受天命,惟有历年。我不敢知曰,不其延惟不敬厥德,乃早坠厥命?今王嗣受厥命,我亦惟兹二国命嗣若功,王乃初服。呜呼!若生子,罔不在厥初生。

《无逸》一节:

周公曰:呜呼!我闻曰:昔在殷王中宗,严恭寅畏,

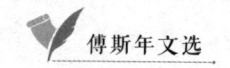

天命自度，治民祗惧，不敢荒宁。肆中宗之享国七十有五年。其在高宗时旧劳于外，爰暨小人，作其即位，乃或亮阴，三年不言，其惟不言，言乃雍。不敢荒宁，嘉靖殷邦，至于小大，无时，或怨。肆高宗之享国五十有九年。其在祖甲，不义惟王，旧为小人，作其即位爰知小人之依，能保惠于庶民，不敢侮鳏寡。肆祖甲之享国三十有三年。自时厥后，立王生则逸，生则逸，不知稼穑之艰难，不闻小人之劳，惟耽乐之从。自时厥后亦罔或克寿，或十年，或七八年，或五六年，或四三年。

第二类是鲁书。这一类中有两篇：一、《金縢》；二、《费誓》。相传为伯禽伐淮夷之誓，其文近于《周诰》而无深义。《金縢》一篇必不是与《大诰》、《康诰》等有同样价值者，此篇文体全与《周诰》不类。《顾命》一篇中虽陈丧礼，但仍以赴告之辞结束之，《金縢》乃全是一篇故事，篇中周公祝辞尚近于《周诰》，其"武王既丧"以下竟像东周的文辞。这一篇当是后人根据相传的故事及话言拼凑成的。《鲁书》一类可以说是《周诰》的附庸。

第三类是宋述商书。此一类中，《西伯戡黎》及《微子》二篇之可以呼作《宋书》，当是无问题的，此是宋人记其由来之档案。至于《盘庚》及《高宗肜日》，以年代论，比《周诰》早得多，以文辞论，反比《周诰》较易通解，然这两篇都不类春秋的文辞。又商末至少有两次的大乱。一、纣亡时；二、武庚亡时。经这样大乱，册府是完整不了的。清朝人不为明朝人保存档案，周朝人更决无为商朝人保存史料之理。宋以丧亡之后，小休之时，根据传训，写成典书，是事实之最可能者。惟其传说有自，所以不像后来的文辞，惟其追记在后，所以稍有近后的语句。此一说虽无证据，然如此假定，一时也找不到与此矛盾的证据。

以上三类，除《无逸》一篇或者稍经后人之润色，《金縢》一篇大有可疑之外，都是绝好的史料，与彝器铭辞相发明。今尚存之《逸周书》中，虽《世俘》、《作雒》等篇，其史料的价值，亦下此一等也。

第四类是外国书，这一类中有《吕刑》、《秦誓》两篇。《吕刑》相传为周穆王作，这话全不可通。《周诰》的排场是很清楚的，周王诰语所及之人，"越在外服，侯田男卫邦伯，越在内服，百僚庶尹"，而《吕刑》一篇诰语所及之人，则是"伯父伯兄仲叔季弟幼子童孙皆听朕言"，这乃是一个部落的族长，哪里是诸侯的共王？且《周诰》中的用事，述祖德则"丕显文武"，引鉴戒则殷人夏后，《吕刑》里边，既无宗周成周之典，又无三代兴亡之事，而是三苗、重黎、伯夷、皇帝，遥遥与《楚语》中所载南方之神话相应。且《吕刑》开头说："惟吕命王，享国百年，耄荒，度作刑以诰四方。"而《史记》曰："甫侯言于王。"郑玄曰："吕侯受王命入为三公。"此皆不得其义而强解之者，"吕命王"固不能解作"王命吕"。若以《书序》说，"吕命穆王"则以臣命君成何事体？诸家著录周代彝器中有吕王器数事，如"吕王斗作大姬壶"等，然则吕固称王矣。今如释吕命王为周昭王之类，即命为吕王之号，或命为误字，其本字为吕王之号，则文从字顺。然则此篇固是吕王之诰，南方之训典，与成周无涉，固墨子之所引，而非早年儒家之书也。

《秦誓》一篇，《书序》、《史记》皆以为秦缪公丧师于崤之罪己诏，然按其文义颇与崤战后事之情景不合。《左传》记当时秦缪公云："孤违蹇叔，以辱二三子，孤之罪也！不替孟明，孤之过也！"今《秦誓》中并无此等意思，只在渴思有才有量之贤士。意者此之指名秦缪公犹《文侯之命》之指名晋文侯，皆实不得其人，强以与此文差不多的地理及时代之最有名人物当之，强以其间最著名之事迹当之，而忘其不切也。《商颂》之指名正考父，《鲁颂》之指名奚斯，皆同一心理耳。

《秦誓》一篇，以文辞论，是《尚书》中最上等者。如下列一

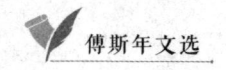

段，实是绝美的文章，散文进化到此一步已是像有工夫的了。

昧昧我思之，如有一介臣，断断猗无他技，其心休休焉，其如有容：人之有技，若己有之，人之彦圣，其心好之，不啻如自其口出，是能容之，以保我子孙黎民，亦职有利哉！人之有技，冒疾以恶之，人之彦圣，而违之俾不达，是不能容，以不能保我子孙黎民，亦曰殆哉！邦之杌隉，曰由一人，邦之荣怀，亦尚一人之庆。

第五类是三代的三篇誓。至迟到春秋中叶，禅代征伐的两种政治理想都完成了一个系统，这可以《左传》为证。征伐是三代创业之功绩，夏以启为创业之祖（启之训为开，可以汉讳为证，然则启固是夏后氏之太祖，鲧禹犹在天神一格中也），据传说，其所伐者为有扈，故造《甘誓》，商以汤为成事之王，所伐者为夏桀，故造《汤誓》，周以武王为定功之世，所伐者为殷纣，故造《牧誓》，所谓《太誓》，亦即《牧誓》之一流，同一题目，不是一个人造的，故成不同的篇章。以此诸篇之文辞与《周诰》、《殷盘》比一下，显然这是后人的文辞，以其中发挥的意思与孟子、墨子所记者较一下，显然这是凭藉着"征诛"一种思想而出的文章。

第六类是《禹贡》、《洪范》两篇。《禹贡》言地理，而以九州之观念为纲，《洪范》综言天人系统，而以五行之观念为领。如这样子的典书，在战国时恐不少有，《晋书·束晳传》记汲冢简书各种，按其名实，足知彼时文书之有多体。《禹贡》虽比《穆天子传》为实（《穆天子传》亦因误读致有今天之面目）。《洪范》当比《大历》为实，然皆战国时托古拓今之创作，彼时之典书也。造作此等典书之风气，最迟至春秋已成，可以《左传》、《国语》所引各种古今杂糅铺排数目之训典为证。

《禹贡》、《洪范》两篇，虽大体上我们可以断定他是春秋战国时的东西，但如必确切指定其属于何一世则亦未必成功。为什么呢？古来的书每每先有个核子，后来逐渐发展与改变一书中自身之层每不容易分辨，必以一书最初之层为此书之时代固失之，必以其最后层当之，亦未为得。

《洪范》一书之中央思想为五行，五行系统论之成立虽或在后，但其根蒂必在先。荀子在非子思、孟子时，指摘他们"按往旧造说，谓之五行"，所谓"造说"者，明其有自己的贡献，所以"按往旧"者，明其有凭藉传说处。《左传》文七年，"水火金木土谷谓之六府"，此与五行之数虽小异而大同。且五方之说，似较五行为尤早，王国维曰："'贞方帝卯一牛之南□'，曰'贞㸿寞于东'，曰'己巳卜王寞于东'，曰'寞于西'，曰'贞寞于西'，曰'癸酉卜中贞三牛'。曰'方帝'，曰'东'，曰'西'，曰'中'，疑即五方帝之祀矣。"五方之观念，自与五行相混而更盛。

《禹贡》之中央思想为九州。九州之名见于《国语》者，有"谢西之九州"，此指一地方说，可以不论。若禹九州之说，至迟在春秋已盛。齐侯镈钟及齐侯钟云："及其高祖，虩虩唐成，又（有）骰（严）在帝所，塼（溥）受大命，刻（克）伐颙（履）司，敳（败）乃灵师。伊少（小）臣佳（唯）桷（辅）。咸有九州，处禹之堵（都）。"（《啸堂集古录》下）孙诒让考证（《古籀拾遗》上十六叶）此二器一作于灵公初卒，一作于灵公已有谥时，齐灵二十八年，正当春秋鲁哀公十九年也。春秋时此故事既用于如此之场所，则此故事必不创于彼时，然则禹九州之说纵不归之于夏殷，亦决不后以西周也。且《禹贡》九州之名称亦决非战国时名号，详拙著《禹贡九州释名》，今不录。惟九州观念与禹贡地理究是两事，尽可九州之说甚早，《禹贡》之书却可以甚后。然今如以《禹贡》地名有但见于汉代者，以为即是甚晚之书，亦未可通。地名之仅见于汉代书，不必即始于汉代，即如辽西辽东诸郡，《汉志》明言秦置，而《史记·匈奴列传》云是燕置，可见《汉志》所谓秦置郡县中，每有导源自六国时者。此犹是郡县之名称设置也。若一般地名，则创造尤不易。今如执鲜卑一调以为大招是东汉时所作之证，何其凿也？《禹贡》一篇，以文辞论，固绝不能为夏商及西周之书，然必以为是战国，亦未有充分之证据，若以为东周之书，可无谬焉。

第七类是所谓《虞夏书》两篇，即《尧典》、《皋陶谟》。所记皆尧舜禹禅让之故事，与三誓正为相对者，彼申三代征伐之思想，此陈三帝禅让之思想，皆战国时学者心中口中之大问题。此两篇从头即不是假定如《周诰》一类的文章而做的，自己先说"曰若稽古"，明为后人之言，而《左传》僖二十七年引《尧典》明明曰《夏书》。战国学人托尧舜禹故事以立言者必多，即春秋时或已多有之，如季孙行父不纳莒太子时所引《舜功》一大段文章，即所谓放四凶族登庸十六才子者，必亦是传说之一种，而与今所见《尧典》不合。今所见《尧典》中儒家思想之成分更重，原来故事之神话性更轻，《皋陶谟》一篇中竟将不同部族之"宗神"（Tribal Gods）合于一堂，而成全神庭（Pantheon），部落之传说早为大一统之观念改化矣。

以上四类，但可以东周思想史之资料，不可为虞夏殷周史迹之所依也。

附《左传》引书表

《诗》、《书》在春秋战国时之面目，可取春秋战国时书引《诗》、《书》者统计推论之。《左传》所本源之《国语》一书，当是战国初年集合数国之语以成之者（说详后），其引《诗》、《书》颇可取以为《诗》、《书》在彼时状态之证据。顾栋高《春秋大事表》（卷四十七）所统计《左传》所载赋诗之事，几全与今所见诗篇章合。而引《书》多数在廿八篇之外。顾《书》抄引错乱无序，今

——据《左传》本文及杜注校之，列表如下。（至顾氏所引二十二事之外，是否有遗漏者，今不及遍校《左传》全书，且待异日也。）

一、隐六——《商书》曰："恶之易也，如火之燎于原，不可乡迩，其犹可扑灭？"杜曰："《商书》、《盘庚》。"

按，今《盘庚》无"恶之易也"一句，此句亦不类《盘庚》文辞。

二、庄八——《夏书》曰："皋陶迈种德，德乃降。"杜曰："《夏书》，逸书也。"

三、僖五——故《周书》曰："皇天无亲，惟德是辅。"又曰："黍稷非馨，明德惟馨。"又曰："民不易物，惟德繄物。"杜曰："逸书。"

四、僖二十三——《周书》有之："乃大明服。"杜曰："《周书》、《康诰》。"

五、僖二十四——《夏书》曰"地平天成"，称也。杜曰："《夏书》，逸书。"

六、僖二十七——《夏书》曰："赋纳以言，明试以功，车服以庸。"杜曰："《尚书》，虞夏书也。"按，此三语在今《皋陶谟》中（伪孔《益稷》）。

七、文五——《商书》曰："沈渐刚克，高明柔克。"杜曰："此在《洪范》，今谓之《周书》。"

八、文七——《夏书》曰："戒之用休，董之用威，劝之以九歌，勿使坏。"杜曰："逸书。"

九、宣六——《周书》曰："殪戎殷。"杜曰："《周书》、《康诰》也。"

十、宣十五——《周书》所谓"庸庸祗祗"者，谓此物也夫。杜曰："《周书》、《康诰》。"

十一、成二——《周书》曰："明德慎罚。"杜曰："《周书》、《康诰》。"

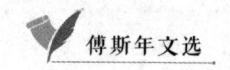

十二、成十六——《周书》曰："惟命不于常。"有德之谓。杜曰："《周书》、《康诰》。"

十三、成十六——《夏书》曰："怨岂在明，不见是图。"杜曰："逸书也。"

十四、襄十三——《书》曰："一人有庆，兆民赖之，其宁惟永。"杜曰："《周书》、《吕刑》也。"

十五、襄二十一——《夏书》曰："念兹在兹，释兹在兹，名言兹在兹，允出兹在兹，惟帝念功。"杜曰："逸书也。"

十六、襄二十三——《夏书》曰："念兹在兹。"杜曰："逸书也。"

十七、襄二十六——故《夏书》曰："与其杀不辜，宁失不经。"杜曰："逸书也。"

十八、襄三十一——《大誓》云："民之所欲，天必从之。"杜曰："今《尚书·大誓》，亦无此文，故诸儒疑之。"

按，此处传文疑是敷衍经文者。《经》云："公薨于楚宫。"《传》云："公作楚宫，穆叔曰：《大誓》云：'民之所欲，天必从之，君欲楚也夫，故作其宫。若不复适楚，必死是宫也。'六月辛巳，公薨于楚宫。"鲁至此时，几成楚之藩邦，何欲楚之有？《鲁语》记襄公如楚之故事云："襄公如楚及汉，闻康王卒，欲还，叔仲昭伯曰：'君之来也，非为一人也，为其名与其众也。今王死，其名未改，其众未败，何为还！'"如此形势，何欲之为？且楚宫之楚，非谓荆楚之国，犹言大宫也。《诗》："定之方中，作于楚宫。揆之以日，作于楚室。"是其例。强以左氏书比附经文者，乃有此露马脚之文焉。

十九、襄三十一——《周书》数文王之德，曰："大国畏其力，小国怀其德。"杜曰："逸书。"

二十、昭十四——《夏书》曰："昏，墨，贼，杀。"皋陶之刑也。杜曰："逸书。"

二十一、哀六——《夏书》曰："惟彼陶唐，帅彼天常，有此冀方。今失其行，乱其纪纲，乃灭而亡。"又曰："允出兹在兹。"杜于前段下云："逸书。"于后段下云："又逸书。"

二十二、哀十一——《盘庚》之诰曰："其有颠越不共，则劓殄无遗育，无俾易种于兹邑。"杜曰："《盘庚》、《商书》也。"按，今本《盘庚》作"乃有不吉不迪，颠越不恭，暂遇奸宄，我乃劓殄灭之，无遗育，无俾易种于兹新邑"。

诗部类说

《诗经》的部类凡三：一曰风，二曰雅，三曰颂。更分之则四：一曰国风，二曰小雅，三曰大雅，四曰三颂。此样之分别部居至迟在汉初已如是，所谓"四始"之论，即是凭藉这个分部法而生的，无此分别即无"四始"说，是很显然的。然四始之说究竟古到什么时候呢？现在见到的《毛诗》四始说在诗序中，其说曰：

> 是以一国之事，系一人之本，谓之风。言天下之事，形四方之风，谓之雅。雅者，政也，言王政之所由废兴也。政有大小，故有小雅焉，有大雅焉。颂者，美盛德之形容以其成功告于神明者也。是谓四始，诗之至也。

这一说不是释四始，而是释四部之名义，显是后起的。今所见最早之四始说在《史记·孔子世家》：

> 古者诗三千余篇。及至孔子，去其重，取可施于礼义，上采契、后稷，中述殷周之盛，至幽、厉之缺，始于衽席。故曰："《关雎》之乱以为《风》始，《鹿鸣》为《小雅》始，《文王》为《大雅》始，《清庙》为《颂》始。"《三百五篇》孔子皆弦歌之，以求合《韶》、《武》、《雅》、《颂》之音。礼乐自此可得而述，以备王道，成六艺。

此则四始之本说，非如毛序之窃义。据此说，知所谓四始者，乃将一部《诗经》三百余篇解释为一个整齐的系统，原始要终，一若《吕子》之有十二纪，《说文》之始一终亥者然。且与删诗之义，歌乐之用，皆有关系。作此说者，盖以为其终始如此谨严者，正是孔子有心之编制，为礼义，为弦歌，势所必然。

现在如可证明诗之部类本不为四，则四始之说必非古义，而为战国末年说诗者受当时思想系统化之影响而创作者。现在依风、雅、颂之次序解释之。

风

所谓"风"一个名词起来甚后。这是宋人的旧说，现在用证据充实之。《左传》襄二十九，吴季札观周乐于鲁，所歌诗之次序与今本"三百篇"大同。其文曰："为之歌《周南》、《召南》，……为之歌《邶》、《鄘》、《卫》，……为之歌《王》，……为之歌《郑》，……为之歌《齐》，……为之歌《豳》，……为之歌《秦》，……为之歌《魏》，……为之歌《唐》，……为之歌《陈》，……自《郐》而下，……为之歌《小雅》，……为之歌《大雅》，……为之歌《颂》。"此一次序与今见毛本（熹平石经本，据今已见残石推断，在此点上当亦不异于毛本）不合者，《周南》、《召南》不分为二。《邶》、《鄘》、《卫》不分为三，此等处皆可见后代《诗经》本子之腐化。《周南》、《召南》古皆并举，从无单举者，而《邶》、《鄘》、《卫》之不可分亦不待言。又襄二十九之次序中，《豳》、《秦》二风提在《魏》、《唐》之前，此虽似无多关系，然《雅》、《颂》之外，陈、郐、曹诸国既在后，似诗之次序置大部类于前，小国于后者；如此，则《豳》、《秦》在前，或较今见之次序为胜。最可注意者，即此一段记载中并无风字。《左传》一书

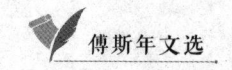

引《诗》喻《诗》者数百处，风之一词，仅见于隐三年周郑交质一节中，其词曰："《风》有《采蘩》、《采蘋》，《雅》有《行苇》、《泂酌》。"此一段君子曰之文辞，全是空文敷衍，准以刘申叔分解之例，此当是后人增益的空话。除此以外，以《左传》、《国语》两部大书，竟无《国风》之风字出现，而雅、颂两名词是屡见的，岂非风之一词成立本在后呢？《论语》又给我们同样的一个印象，《雅》、《颂》是并举的，《周南》、《召南》是并举的，说到"关雎之乱"，而并不曾说到"风之始"，风之一名词绝不曾出现过的。即《诗三百》之本文，也给我们同样的一个印象，《小雅·鼓钟篇》，"以雅以南"，明是雅、南为同列之名，非风、雅为同列之名。《大雅·崧高篇》所谓"吉甫作诵……其风肆好"者，风非所谓国风之义。孟子、荀子、儒家之正宗，其引《诗》亦绝不提及风字。然则风之一词之为后起之义，更无可疑。其始但是周南、召南一堆，邶、鄘、卫一堆，王一堆，郑一堆。……此皆对小雅、大雅一堆而为平等者，虽大如"洋洋盈耳"之周南、召南，小如"自郐而下无讥焉"之曹，大小虽别，其类一也。非《国风》分为如许部类，实如许部类本各自为别，更无风之一词以统之。必探诗之始，此乃诗之原始容貌。

然则风之一词本义怎样，演变怎样，现在可得而疏证之。风者，本泛指歌词而言，入战国成一种诡词之称，至汉初乃演化为枚马之体。现在分几段叙说这个流变。

一、"风"、"讽"乃一字，此类隶书上加偏旁的字每是汉儒所作的，本是一件通例，而"风"、"讽"二字原为一字尤可证：

《毛诗·序》"所以风"，《经典释文》"如字。徐，福凤反，今不用"。按，福凤反即讽（去声）之音。又"风，风也"。《释文》："并如字。徐，上如字，下福凤反。崔灵恩集注本，下即作讽字。刘氏云：动物曰风，托音曰'讽'，崔云：'用风感物则谓之讽。'"《左氏》昭五年注，"以此讽"，《释文》"本亦作风"。又风读若讽者，《汉书集注》中例甚多，《经籍篹诂》辑出者如下：《食货志》下；《艺文志》；《燕王择传》；《齐悼惠王肥传》；《灌婴传》；《娄敬传》；《梁孝王武传》；《卫青传》；《霍去病传》；《司马相如传》，三见；《卜式传》；《严助传》；《王褒传》；《贾捐之传》；《朱云传》；《常惠传》；《鲍宣传》；《韦元成传》；《赵广汉传》，三见；《冯野王传》；《孔光传》；《朱博传》；《何武传》；《扬雄传》上，二见；《扬雄传》下，三见；《董贤传》；《匈奴传》上，三见；《匈奴传》下，二见；《西南夷传》，二见；《南粤王传》；《西域传》上；《元后传》，二见；《王莽传》上，二见；《王莽传》下；《叙传》上；《叙传》下，二见；又《后汉书·崔琦传》注亦同。按由此风为名词，讽（福凤反）为动词，其义则一。

二、风乃诗歌之泛称。

《诗·大雅》"吉甫作诵，其诗孔硕，其风肆好"。又《小雅》"或湛乐饮酒，或惨惨畏咎。或出入风议，或靡事不为"。郑笺以为"风犹放也"，未安，当谓出入歌诵，然后上与湛乐饮酒相配，下与靡事不为相反。《春秋繁露》"'文王受命，有此成功。既伐于崇，作邑于丰。'乐之风也"（文王受命在《大雅》）。《论衡》"'风'乎雩，风歌也"。按，如此解《论语》"浴乎沂，风乎舞雩，咏而归"，然后可通。何晏注，风凉也，揆之情理，浴后晒于高台之上，岂是孔子所能赞许的？

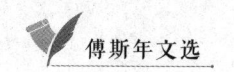

据上引诗之辞为风；诵之则曰讽（动词），泛指诗歌，非但谓十五国。又以风名诗歌，西洋亦有成例如Aria伊大利语谓风，今在德语曰Arie，在法语曰Air，皆用为一种歌曲之名。以风名诗，固人情之常也。

三、战国时一种之诡词承风之名。

《史记·滑稽列传》：威王大悦，置酒后宫，召髡，赐之酒。问曰："先生能饮几何而醉？"对曰："臣饮一斗亦醉，一石亦醉。"威王曰："先生饮一斗而醉，恶能饮一石哉？其说可得闻乎？"髡曰："赐酒大王之前，执法在傍，御史在后，髡恐惧俯伏而饮，不过一斗径醉矣。若亲有严客，髡帣韝鞠䠆，侍酒于前，时赐馀沥，奉觞上寿数起，饮不过二斗径醉矣。若朋友交游，久不相见，卒然相睹，欢然道故，私情相语，饮可五六斗径醉矣。若乃州闾之会，男女杂坐，行酒稽留，六博投壶，相引为曹，握手无罚，目眙不禁，前有堕珥，后有遗簪，髡窃乐此，饮可八斗而醉二参。日暮酒阑，合尊促坐，男女同席，履舄交错，杯盘狼藉，堂上烛灭，主人留髡而送客。罗襦襟解，微闻芗泽，当此之时，髡心最欢，能饮一石。故曰：酒极则乱，乐极则悲，万事尽然，言不可极，极之而衰，以讽谏焉。"

此虽史公录原文，非复全章，然所录者尽是整语，又含韵词，此类文章，自诗体来，而是一种散文韵文之混合体，断然可知也。此处之讽乃名词，照前例应为风字。"以风谏焉"，犹云以诗（一种之诡词）谏焉，此可为战国时一种诡词承风之名之确证。至于求知这样的诡词之风是什么，还有些材料在《战国策》及《史记》中。《战国策》八记邹忌与城北徐公比美事，《史记》四十六记邹忌子以鼓琴说齐威王事，皆是此类文章之碎块遗留者。又《史记》七十四所记之淳于髡，正是说这样话的人，邹忌、淳于髡便是这样"出入风议"的人，他们的话便是这样诡词，而这样的诡词号风。到这时风已不是一种单纯韵文的诗体，而是一种混合散文韵文的诡词了。《荀子·成相》诡诗尚存全章，此等风词只剩了《战国策》、《史记》所约省的，约省时已经把铺陈的话变做仿佛记事的话了。然今日试与枚马赋一比，其原来体制犹可想象得之。

四、孔子已有"思无邪"与"授之以政"之诗论，孟子更把《诗》与《春秋》合为一个政治哲学系统，而同时上文所举之诡词一体，本是篇篇有寓意以当谏诤之用者。战国汉初，儒者见到这样的诡调之"风"，承袭儒家之政治伦理哲学，自然更要把刺诗的观念在解诗中大发达之，于是而"周道缺，诗人本之衽席，《关雎》作，仁义凌迟，《鹿鸣》刺焉"，于是而"'三百篇'当谏书"。《国语》云"瞽献曲，史献语"。一种的辞令，每含一种的寓意，如欧洲所谓Moral者，由来必远，然周汉之间，"诗三百"之解释，至于那样子政治化者，恐也由于那时候的诡词既以风名，且又实是寓意之词，儒者以今度古，以为《诗经》之作，本如诡诗。而孟子至三家之《诗》学，乃发展的很自然矣。

五、由这看来，讽字之与风字，纵分写为二，亦不过一动一名，原始本无后人所谓"含讥带讽"之义，此义是因缘引申之义，而附加者。

六、我疑"论"、"议"等词最初亦皆是一种诡诗或诡文之体，其后乃变为长篇之散文。《庄子·齐物论》，"六合之外，圣人存而不论，六合之内，圣人论而不议，《春秋》经世，先王之志，圣人议而不辨"。此处之论，谓理；议，谓谊；辨谓比。犹云六合外事，圣人存而不疏通之，六合内事，圣人疏通而不是非之，《春秋》有是非矣，而不当有词，以成偏言。这些都不是指文体之名称而言者，然此处虽存指文体，此若干名之源，也许是诡诗变为韵文者。《九辩》之文还存在，而以辩名之文，《九辩》外尚有非

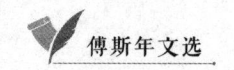

者。至于论之称，在战国中期，田骈作《十二论》，今其《齐物》一篇犹在《庄子》（考另见），在战国晚年，荀卿、吕不韦皆著论（见《史记》）。然此是后起之义，《论语》以论名，皆语之提要钩玄处。《晋书·束皙传》，"太康二年……盗发魏安釐王冢，得竹书数十车。……《论语·师春》一篇，书《左传》诸卜筮，师春似是造书者姓名也"。《左传》诸卜筮本是一时流行，至少在三晋流行之《周易》，师为官，春为名，当即传书之人。《左传》卜筮皆韵文诡诗，或者这是论一词之最古用处吗？议一字见于《诗经》者，"或出入风议"，应是指出入歌咏而言，如此方对下文"靡事不为"。又《郑语》，"姜，伯夷之后也，嬴，伯翳之后也。伯夷能礼于神，以佐尧者也。伯翳能议百物，以佐舜者也"。韦昭解，"百物草木鸟兽，议使各得其宜"，此真不通之解。上句谓伯夷能礼，下句当谓伯翳能乐，作诡诗以形容百物，而陈义理，如今见《荀子·赋篇》等。

约上文言：春秋时诡诗一种之名，入战国变成散文一种之体。现在且立此假设，以待后来之证实或证虚。

七、枚马赋体之由来。汉初年赋绝非一类，《汉志》分为四家，恐犹未足尽其辨别。此等赋体渊源有自，战国时各种杂诗之体，今存其名称者尚不少，此处不及比次而详论之，姑谈枚乘、司马相如赋体之由来。枚赋今存者，只《七发》为长篇，而司马之赋，以《子虚》为盛（《上林》实在《子虚》中，为人割裂出来），此等赋之体制可分为下列数事：

（一）铺张侈辞。

（二）并非诗体，只是散文，其中每有叶韵之句而已。

（三）总有一个寓意（Moral），无论陈设得如何侈靡，总要最后归于正道，与淳于髡饮酒，邹忌不如徐公美之辞，全然一样。

我们若是拿这样赋体和楚辞较，全然不是一类，和宋玉赋校，词多同者，而体绝不同，若和齐人讽词校，则直接之统绪立见。枚马之赋，固全是战国风气，取词由宋玉赋之一线，定体由讽词之一线，与屈赋毫不相干者也。淳于髡诸邹子之风必有些很有趣者，惜乎现在只能见两篇的大概。

因风及讽，说了如许多，似去题太远。然求明了风一词非《诗三百》中之原有部类之名，似不得不原始要终，以解风字，于是愈说愈远矣。

雅

汉魏儒家释雅字今可见者几皆以为"雅者正也"（参看《经籍籑诂》所辑）。然雅字本谊经王伯申之考订而得其确诂。《荀子·荣辱篇》云："譬之越人安越，楚人安楚，君子安雅。"《读书杂志》云："引之曰：雅读为夏，夏谓中国也，故与楚越对文。《儒效篇》'居楚而楚，居越而越，居夏而夏'，是其证。古者夏、雅二字互通，故左辽齐大夫子雅，韩子《外储说》右篇作子夏。杨注云'正而有美德谓之雅'，则与上二句不对矣。"斯年按，《荀子》中尚有可以佐此说之材料，《王制篇》云："声则凡非雅声者举废。"又云："使夷狄邪音不敢乱雅。"此皆足说明雅者中国之音之谓；所谓正者，纵有其义，亦是引申。执此以比《论语》所谓"子所雅言，《诗》、《书》、执礼皆雅言也"，尤觉阮元之说，以雅言为官话，尔雅为言之近官话者，正平可易。且以字形考之，雅、夏二字之本字可借古文为证。《三体石经》未出现风雅之雅字，然《说文·疋》下云，"古文以为诗大疋字"，然则《三体石经》之古文雅字必作疋甚明。《三体石经·春秋》中夏字之古文作是，从日从疋，是夏字之一体，正从疋声，加以日者，明其非为时序之字，准以形声字之通例，是之音训正当于疋字中求之也。

雅既为夏，夏既为中国，然则《诗经》之《大雅》、《小雅》皆是周王朝及其士民之时，与夏何涉？此情形乍看似可怪，详思之

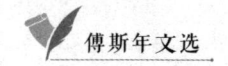

乃当然者。一、成周（洛邑）、宗周（镐京）本皆有夏地，夏代区域以所谓河东者为本土，南涉河及于洛水，西涉河及于渭水，故东西对称则曰夷夏，南北对称，则曰夏楚，春秋末季之秦公云"事蛮夏"，无异谓秦先公周旋于楚晋之间，而《左传》称陈、蔡、卫诸国曰东夏（说详拙著《民族与古代中国史》）。然则夏本西土之宗，两周之京邑正在其中。二、周人自以为承夏之统者，在《诗》则曰"我求懿德，肆于时夏""无此疆尔界，陈常于时夏"，在《书》则曰"惟乃丕显考文王，克明德慎罚，不敢侮鳏寡，庸庸祗祗，威威显民，用肇造我区夏"〔说详拙著《新获卜辞写本后记》，跋见《安阳发掘报告》第二期三八四—五页（文中印刷错误极多）〕。然则周室王朝之诗，自地理的及文化的统系言之，固宜曰夏声，朝代虽有废兴，而方域之名称不改，犹之《诗经》中邶、鄘本非周之侯封，桧、魏亦皆故国之名号，时移世异，音乐之源流依故国而不改。音乐本以地理为别，自古及今皆然者，《诗》之有《大雅》、《小雅》正犹其有《周南》、《召南》。所谓"以雅以南"，可如此观，此外无他胜谊也。

颂

颂之训为容，其诗为舞诗，阮元说至不可易。详拙著《周颂说》，今不复述。

如上所解，则全部《诗经》之部类皆以地理为别，虽《颂》为舞诗，《雅》证王朝之政，亦皆以方土国家为部类者。有一现象颇不可忽略者，即除《周诗》以外，一国无两种之诗。鲁、宋有《颂》，乃无《风》，其实鲁之必有《颂》外之诗，盖无可疑。即就《周诗》论，豳、王异地，雅、南异统，雅为夏声，乃中国之音，南为南方，乃南国之诗。当时江淮上之周人殖民地中两种音乐并用，故可曰"以雅以南"。今试为此四名各作一界说如下：

《大雅》、《小雅》	夏声
《周南》、《召南》	南音（南之意义详周颂说）
王国	东周之民歌
豳诗	周本土人戍东方者之诗（说见后）

所谓四方之音

在后来所谓国风之杂乱一大堆中，颇有几个地理的头绪可寻。《吕氏春秋·音初》篇为四方之音各造一段半神话的来源，这样神话固不可当作信史看，然其分别四方之音，可据之以见战国时犹深知各方之声音异派。且此地所论四方恰和所谓国风中系统有若干符合，现在引《吕子》本文，加以比核。

甲，南音

> 禹行功，见涂山之女，禹未之遇，而巡省南土。涂山氏之女，乃令其妾候禹于涂山之阳，女乃作歌，歌曰："候人兮猗。"实始作为南音。周公及召公取风焉，以为"周南召南"。

以"候人兮"起兴之诗，今不见于二《南》，然战国末人，必犹及知二《南》为南方之音，与北风对待，才可有这样的南音原始说。二《南》之为南音，许是由南国俗乐所出，周殖民于南国者不免用了他们的俗乐，也许战国时南方各音由二《南》一流之声乐出，《吕览》乃由当时情事推得反转了，但这话是无法证明的。

乙，北音

> 有娀氏有二佚女，为之九成之台，饮食必以鼓。帝令燕往视之，鸣若谥隘，二女爱而争搏之，覆以玉筐，少选，发而视之，燕遗二卵，北飞，遂不返。二女作歌，一

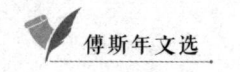

终日："燕燕往飞。"实始作为北音。

以燕燕子飞（即燕燕往飞）起兴之诗，今犹在《邶》、《鄘》、《卫》中（凡以一调起兴为新词者，新词与旧调应同在一声范域之中，否则势不可歌。起兴为诗，当即填词之初步，特填词法严，起兴自由耳）。是诗之《邶》、《鄘》、《卫》为北音。又《说苑·修文篇》"纣为北鄙之声，其亡也忽焉"，《卫》正是故殷朝歌。至于《邶》、《鄘》所在，说者不一。

丙，西音

周昭王亲将征荆，辛馀靡长且多力，为王右。还反涉汉，梁败，王及蔡公抎于汉中，辛馀靡振王北济，又反振蔡公。周公乃侯之西翟，实为长公（周公旦如何可及昭王时，此后人半神话）。殷整甲徙宅西河，犹思故处，实始作为西音。长公继是音以处西山，秦缪公取风焉，实始作为秦音。

然则《秦风》即是西音，不知李斯所谓"击瓮叩缶，弹筝搏髀"者，即《秦风》之乐否？《唐风》在文辞上看来和《秦风》近，和《郑》、《王》、《陈》、《卫》迥异，或也在西音范围之内。

丁，东音

夏后氏孔甲田于东阳萯山，天大风，晦盲，孔甲迷惑，入于民室。主人方乳，或曰："后来，是良日也，之子是必大吉。"或曰："不胜者，之子是必有殃。"乃取其子以归曰："以为余子，谁敢殃之？"子长成人，幕动坼橑斫斩其足，遂为守门者。孔甲曰："呜呼，有疾，命矣夫！"乃作为破斧之歌，实始为东音。

今以破斧起兴论周公之诗在《豳风》。疑《豳风》为周公向东殖民以后，鲁之统治阶级用周旧词，采奄方土乐之诗（此说已在《周颂说》中论及）。

从上文看，那些神话固不可靠，然可见邶、南、豳、秦方土不同，音声亦异，战国人固知其为异源。

戊，郑声

《论语》言放郑声，可见当时郑声流行的势力。《李斯上秦王书》"郑卫桑间……异国之乐也，今弃击缶而就郑卫"，不知郑是由卫出否？秦始皇时郑声势力尚如此大，刘季称帝，"朔风变于楚"，上好下甚，或者郑声由此而微。至于哀帝之放郑声，恐怕已经不是战国的郑声了。

己，其他

齐人好宗教（看《汉书·郊祀志》），作侈言（看《史记·孟子驺子列传》），能论政（看《管》、《晏》诸书），"泱泱乎大国"，且齐以重乐名。然诗风所存齐诗不多，若干情诗以外，即是桓姜事者，恐此不足代表齐诗。

周南　召南

《周南》、《召南》都是南国的诗，并没有岐周的诗。南国者，自河而南，至于江汉之域，在西周下一半文化非常的高，周室在那里建设了好多国。在周邦之内者曰周南，在周畿外之诸侯统于方伯者曰召南。南国称召，以召伯虎之故。召伯虎是厉王时方伯，共和行政时之大臣，庇护宣王而立之之人，曾有一番轰轰烈烈的功业，"日辟国百里"。这一带地方虽是周室殖民地，但以地方富庶之故，又当西周声教最盛时，竟成了文化中心点，宗周的诸侯，每在南国受封邑。其地的人文很优美，直到后来为荆蛮残灭之后，还保存些有学有文的风气。孔子称"南人有言"，又在陈、蔡、楚一带地遇到些有思想而悲观的人，《中庸》上亦记载"宽柔以教，不报无道，南方之强也，

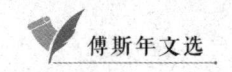

而君子居之"。这些南国负荷宗周时代文化之最高点,本来那时候崤函以西的周疆是不及崤函以东大的(宣王时周室还很盛,然渭北已是犹出没地,而渭南的人,与散地为邻者当不远于镐京,已称王了。不知在汉中有没有疆土,在巴蜀当然是没有的。若关东则北有河东,南涉江汉南北达二千余里)。我们尤感觉南国在西周晚年最繁盛,南国的一部本是诸夏之域,新民族(周)到了旧文化区域(诸夏)之膏沃千里中(河南江北淮西汉东),更缘边启些新土宇(如大、小《雅》所记拓土南服),自然发生一种卓异的文化,所以其地士大夫家庭生活,"鼓钟钦钦,鼓瑟鼓琴,笙磬同音,以雅以南,以籥不僭"。《周南》、《召南》是这一带的诗,《大雅》、《小雅》也是这一带的诗,至少也是由这一带传出,其较上层之诗为雅,其较下层之诗称南。南国盛于西周之末,故雅南之诗多数属于夷、厉、宣、幽,南国为荆楚剪灭于鲁桓、庄之世,故雅南之诗不少一部分属于东周之始,已是周室丧乱后"哀以思"之音。

二《南》有和其他《国风》绝然不同的一点:二《南》文采不艳,而颇涉礼乐:男女情诗多有节制(《野有死麕》一篇除外),所谓"发乎情,止乎礼义"者,只在二《南》里适用,其他《国风》全与体乐无涉(《定之方中》除外),只是些感情的动荡,一往无节制的。

《周南》、《召南》是一题,不应分为两事,犹之乎《邶》、《鄘》、《卫》之不可分,《左传》襄二十九,吴季札观乐于鲁,"为之歌周南召南",固是不分的。

诗的阶级

以地望之别成乐系之不同,以乐系之不同,成"诗三百"之分类,既如上所说,此外还有类分"诗三百"的标准吗?曰:应该尚有几种标准,只是参证的材料遗留到现在的太少了,我们无从说确切的话。然有一事可指出者,即《颂》、《大雅》、《小雅》、二

《南》、其他《国风》，各类中，在施用的场所上，颇有一种不整齐的差异。《大雅》一小部分似《颂》，《小雅》一小部分似《大雅》，《国风》一小部分似《小雅》。取其大体而论，则《风》、《小雅》、《大雅》、《颂》各别；核其篇章而观，则《风》（特别是二《南》）与《小雅》有出入，《小雅》与《大雅》有出入。《大雅》与《周颂》有出入，而二《南》与《大雅》，或《小雅》与《周颂》，则全无出入矣。此正所谓"连环式的分配"，图之如下：

今试以所用之处为标，可得下列之图，但此意仅就大体言，其详未必尽合也。

宗庙	朝廷	大夫士	民间
			邶以下国风
		周南	召南
		小	雅
	大	雅	
周	颂		
鲁	颂		
商	颂		

[注]《邶》、《鄘》、《卫》以下之《国风》中，只《定之方中》一篇类似《小雅》，其余皆是民间歌词，与礼乐无涉（王柏剽诗即将《定之方中》置于《雅》，以类别论，固可如此观，然不知《雅》乃周室南国之《雅》，非与《邶风》相配者）。

故略其不齐，综其大体，我们可说《风》为民间之乐章，《小雅》为周室大夫、士阶级之乐章，《大雅》为朝廷之乐章，《颂》

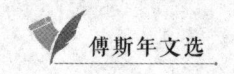

为宗庙之乐章。

诗篇之次序

今见"诗三百"之次叙是绝不可靠的，依四始之义，这次叙应该是不可移的，至少首尾如此。但这是后来的系统哲学将一总集化成一个终始五德论的办法，是不近情理的。不过传经者既以诗之次序为不可移，乃有无数的错误，即如《大雅》内时代可指的若干诗中，因有一篇幽王时的诗在前，乃不得不将以后的诗都算在幽王身上了。这个毛病自宋人起已看出来，不待多所辩证，现在但论《大雅》中几篇时代的错误。

《大雅》的时代有个强固的内证。吉甫是和仲山甫、申伯、甫侯同时的，这可以《崧高》、《烝民》为证。《崧高》是吉甫作来美申伯的，其卒章曰："吉甫作颂，其诗孔硕。其风肆好，以赠申伯。"《烝民》是吉甫作来美仲山甫的，其卒章曰："吉甫作诵，穆如清风。仲山甫永怀，以慰其心。"而仲山甫是何时人，则《烝民》中又说得清楚，"四牡彭彭，八鸾锵锵。王命仲山甫，城彼东方。四牡骙骙，八鸾喈喈。仲山甫徂齐，式遄其归"。《史记·齐世家》："盖太公之卒百有余年（按，年应作岁，传说谓太公卒时百有余岁也），子丁公吕伋立。丁公卒，子乙公得立。乙公卒，子癸公慈母立。癸公卒，子哀公不辰立（按哀公以前齐侯谥用殷制，则《檀弓》五世反葬于周之说，未可信也）。哀公时纪侯谮之周，周烹哀公而立其弟静，是为胡公。胡公徙都薄姑，而当周夷王之时。哀公之同母少弟山，怨胡公，乃与其党，率营丘人袭杀胡公而自立，是为献公。献公元年，尽逐胡公子，因徙薄姑都治临菑。九年，献公卒，子武公寿立。武公九年周厉王出奔于彘，十年王室乱，大臣行政，号曰共和。二十四年周宣王初立。二十六年武公卒，子厉公无忌立。厉公暴虐，故胡公子复入齐，齐人欲立之，乃与攻杀厉公，胡公子亦战死。齐人乃立厉公子赤为君，是为文公，而诛杀厉公者七十人。"按，厉王立三十余年，然后出奔彘，次年为共和元年。献公九年，加武公九年为十八年，则献公九年乃在厉王之世，而胡公徙都薄姑在夷王时，或厉王之初，未尝不合。周立胡公，胡公徙都薄姑，则仲山甫徂齐以城东方，当在此时，即为此事。至献公徙临菑，乃杀周所立之胡公，周未必更转为之城临菑，毛《传》以"城彼东方"为"去薄姑而迁于临菑"，实不如以为徙都薄姑。然此两事亦甚近，不在夷王时，即在厉王之初，此外齐无迁都事，即不能更以他事当仲山甫之城齐。这样看来，仲山甫为厉王时人，彰彰明显。《国语》记鲁武公以括与戏见宣王，王立戏，仲山甫谏。懿公戏之立，在宣王十三年，王立戏为鲁嗣必在其前，是仲山甫犹及宣王初年为老臣也（仲山甫又谏宣王料民，今本《国语》未纪年）。仲山甫为何时人既明，与仲山甫同参朝列的吉甫、申伯之时代亦明，而这一类当时称颂之诗，亦当在夷王厉王时矣。这一类诗全不是追记，就文义及作用上可以断言。《烝民》一诗是送仲山甫之齐行，故曰："仲山甫徂齐，式遄其归。吉甫作诵，穆如清风。仲山甫永怀，以慰其心。"这真是我们及见之最早赠答诗了。

吉甫和仲山甫同时，吉甫又和申伯同时，申伯又和甫侯一时并称，又和召伯虎同受王命（皆见《崧高》），则这一些诗上及厉，下及宣，这一些人大约都是共和行政之大臣。即穆公虎在彘之乱曾藏宣王于其宫，以其子代死，时代更显然了。所以《江汉》一篇，可在厉代，可当宣世，其中之王，可为厉王，可为宣王。厉王曾把楚之王号去了，则南征北伐，城齐城朔，薄伐狎狁，淮夷来辅，固无不可属之厉王，厉王反而是败绩于姜氏之戎，又丧南国之人。

大、小《雅》中那些耀武扬威的诗，有些可在宣时，有些定在厉时，有些或者在夷王时的。既如此明显，何以毛《序》一律加在宣王身上？曰，这都由于太把诗之流传次序看重了：把前面伤时的归之厉王，后面伤时的归之幽王，中间一段耀武扬威的归之宣王。不知厉王时王室虽乱，周势不衰，今所见诗之次序是绝不可全依

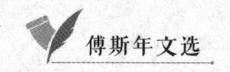

的，即如《小雅·正月》中言"赫赫宗周，褒姒灭之"，《十月》中言"周宗既灭"，此两诗在篇次中颇前，于是一部《小雅》，多半变作刺幽王的，把一切歌乐的诗、祝福之词，都当作了刺幽王的。照例古书每被人移前些，而大、小《雅》的一部被人移后了些，这都由于误以诗之次序为全合时代的次序。

《大雅》始于《文王》，终于《瞻仰》、《召旻》。《瞻仰》是言幽王之乱，《召旻》是言疆土日蹙，而思召公开辟南服之盛，这两篇的时代是显然的。这一类的诗不能是追记的。至于《文王》、《大明》、《绵》、《思齐》、《皇矣》、《下武》、《文王有声》、《生民》、《公刘》若干篇，有些显然是追记的。有些虽不显然是追记，然和《周颂》中不用韵的一部之文辞比较一下，便知《大雅》中这些篇章必甚后于《周颂》中那些篇章。如《大武》、《清庙》诸篇能上及成康，则《大雅》这些诗至早也要到西周中季。《大雅》中已称商为大商，且云"殷之未丧师，克配上帝"，全不是《周颂》中遵养时晦（即兼弱取昧义）的话，乃和平的与诸夏共生趣了。又周母来自殷商，殷士祼祭于周，俱引以为荣，则与殷之敌意已全不见，至《荡》之一篇，实是说来鉴戒自己的，末一句已自说明了。

《大雅》不始于西周初年，却终于西周初亡之世，多数是西周下一半的篇章。孟子说"王者之迹熄而《诗》亡，《诗》亡然后《春秋》作"，这话如把《国风》算进去，是不合的，然若但就《大雅》、《小雅》论，此正所谓王者之迹者，却实在不错。《大雅》结束在平王时，其中有平王的诗，而《春秋》始终鲁隐之元年，正平王之四十九年也。

最早的传疑文人——屈原、宋玉、景差

三百篇后，四言的运命已经终结，既如我们在十二节里所说：接续四言体制而起的，是所谓"楚辞"一类的诗歌，这类体制影响后来的文学反比《诗经》大得多，所以值得我们格外考校一下。

最可注意的一件事，是中国文学演进到楚辞，已经有指名的文学家了。在"诗三百"中，无论二《南》、《国风》，都是民间歌曲之类，正如现在常语所谓"民众为民众造的"，固然指不出作者来，即在《雅》、《颂》，作者是谁，于文学史上亦无重大的关系。我们只要知道那些篇章各是何时作，便可以看出文学之演化，反正《小雅》是时代的怨言，《大雅》和《颂》是庙堂的制作，都是很少个人性的。这不是说，我们对于这些篇的作者问题理当忽略的。假如我们可以知道这些篇的作者们岂不甚好，不过这些篇的作者问题在汉时已经不能考定，何况现在？并且因为这些篇较少个人性，况又一经作为乐用，以答嘉宾，以为享祭，文学的意味更远退在乐章的作用以后。《诗经》之存到后世，在初步是靠乐，靠为人解作一切修身之用（如《论语》）。在后代是靠他被当时人作为谏书即当时人系统哲学的一部，并不是靠他的文学，尤不是靠他的作者。譬如被人指为《诗经》作者的，都是一代政治人物或闻人，如周公、庄姜、奚斯、正考父，真正都是渺不相干的（说见前）。但这情形，到楚辞便全不然了。楚辞的文章是个人性的（《九章》等除外），他的传流不是靠乐的。楚辞有个最大的中心人物屈原。屈原一死便成若干的"故事"所凭托，到后来竟成了神话（如五月五日龙舟节）。自汉以来，大家仿佛觉得楚辞就是屈原，屈原就是楚

辞。这样可以一个文学家为一种文学的中心，始于屈原，历来也以屈原的一段为最大。中国古代的文辞演化到屈原，已经有"文人"了，文辞的作者问题成为重要问题了，这是和"诗三百"的时代迥然不同的，这件事实是文学史上一个断代的事实。

辞赋两个字是没有分别的，文选里面有赋，有辞，有骚，这个我们固不必如苏东坡骂作者为齐梁间小儿，然这样分法却实在是齐梁间人强作解事（或者这种强解由来已久）。例如《怀沙》是王逸所谓辞的，王逸是只章句辞不选赋的，然司马子长明明说屈原将死"乃作《怀沙》之赋"。《七略》、《汉志》一作于西汉之末，一作于东汉之初，都不分辞赋，可知辞赋之分是东汉人的俗作。《七略》、《汉志》却把赋分作四类：一、屈原赋之属，唐勒、宋玉、庄夫子、贾谊、枚乘、司马相如、淮南王等属之；二、陆贾赋之属，枚皋、朱建、严助、朱买臣、司马迁、臣婴、齐臣说、萧望之、扬雄、冯商等属之；三、孙卿赋之属，所属者今皆亡。第二目号为秦时杂赋；四、杂赋之属，皆不著作者，而于结语也提出来称"家"（东汉人用家字义与今殊）。为什么这样分法，我们固难讲定。《七略》、《汉志》的分类，原来不是尽美尽善的。但《七略》虽分得每每错，却每每代表当时的风尚（如前论《诸子略》）。赋除杂类以外，既有三宗，我们且不妨测想一下，何以分为三宗之故。《七略》、《汉志》将赋一律作为"不歌而诵"，恐不尽当。《九歌》、《招魂》、《大招》固非歌不可，《九辩》之性质又和汉《大风》、《秋风》不两样，《大风》、《秋风》既皆是歌词，《九辩》为什么独不然？又如《离骚》、《九章》等篇中之用兮字，都显是由歌调节奏而生（汉以来自然把兮之用推广了）。这样是抒情的节韵，并不是铺陈的话言，所以我疑屈赋一类[①]。

[①] 原编者按：下缺。

楚辞余音

　　三百篇后，四言诗一体几乎没有继续者。荀赋虽四言，而和《风》、《南》、《雅》、《颂》的体制完全不同。有些句诚然像是摹仿《诗经》的，但孙卿是一个儒者，义理重的毕竟不能成文学的正流。《诗三百》原不是"学者"所成就的业作，而孙卿以学者为文章虽然有时也能成就一种典型，到底不能理短情长，续三百的运命。《乐记》说，"诗之失愚"，孙卿不愚，所以孙卿不能为三百作续。我们只好从《七略》、《汉志》的分类，使他和屈原、陆贾鼎足而三，下开汉朝典著中的一伦，而不上当时亡后之余响。秦刻石虽是四个字成一句，但体裁既完全自作古始，好些处三句一韵的，而那一种赫赫之度，炎炎之神，实在如李申耆所说的话，"亦是斯公焚诗书之故智"，我们自然更不能说他和"诗三百"有什么关系。至于汉初的四言诗，如唐山夫人《安世房中歌》，原来已成杂言，又是楚调，上和三百不相干（论见《汉乐府歌词》节）。若韦、孟的讽谏诗竟全不是诗了。腐词迂论，不特无诗意，并且全无散文的情趣，一般文章的气力。可见文学的重要质素，并不在乎择词拟句，成形立式，而在感情统率语言之动荡。不然，把韦、孟的讽谏诗一句一句的看下去，何尝不是《雅》、《颂》的辞句？然而这些典语，并没有个切响。但这一线的发展后来愈大，西汉末年已经有这一行的若干"典制"，而蔡伯喈谀鬼，竟拿这一路的物事制成了所谓"大手笔"。所以四言到了汉世有格无韵，成文不成语，我们当然不更以诗论这些。八代中能作四言诗的，偶然有如曹孟德，能说几句"慨当以慷"的话，而曹子建能把五言作成文

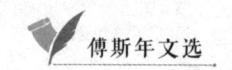

宗，却不能把四言振作起来，他的四言是失败的试验。可见四言之流，早成绝势。三百篇后，能把四言成隆高造诣者，只有一个陶渊明，他的四言"卓绝后先，不可以时代拘墟"，不过他的四言也只是他的个性，并不曾重为四言造出一个风气来。

四言已经不是汉初的文学，汉初的诗歌乃是续楚辞的。汉承秦绪，一切这样，已如我们在第二节中所说。秦统一六国，又不过十多年，能革政治，不能革人民的礼乐、习俗。楚又是七国中最大的国家，到战国因疆土包括了中国中部，若干中国文化区域入了他的版图，反而变了他的文化，这种中国化的楚风，转向此方发展，文学中又成就了辞赋歌辩的一套大体裁。则汉初的民间文学，风气当和楚风有关系，是件很自然的事。何况兴兵灭秦的人，不分项刘，都是楚人。后来沛公都关中，政制必承秦代之遗留，风气不能改楚人之习尚，则楚风之能及关中，这层也许有些帮助（《汉书·礼乐志》云"高祖乐楚声"）。我们看《汉志》的辞赋略，便可见到楚国把汉朝的文学统一得周全，恰和齐秦统一宗教，齐鲁统一宗法礼制，三晋统一官术，没有两样。

楚辞的起源当然上和四言下和五言七言词乃至散文的平话一个道理，最初只是民间流传的一体，人民自造又自享用的。后来文人借了来，作为他自己创作的体裁，遂渐渐地变大规模，成大体制，也渐渐地失去民间艺文的自然，失去下层的凭藉，可以不知不觉着由歌词变为就格的诗，由内情变为外论，由精灵的动荡变为节奏的敷陈，由语文变为文言。楚辞一体的发达，到汉初，还不曾完全变成了文人的文学，相传的屈、宋、景、唐文辞，虽然论情词已经是些个人的，却到底有些人民化，口传语授，增损改易，当然是少不了的，屈、宋的平生到底只在些故事传说中。这个"文人化的楚辞"一线上之发达，到贾谊，才完全脱离了故事传说的地步，文体上也脱离相传所谓屈、宋所作各篇之重重复复，词无边际的状态。这层转移正因为由流传的歌体变为成篇章的制文之故。枚乘、枚皋、东方朔都寻这一线发达，至司马相如而"文人之赋"大成。辞和赋本来没有分别，《七略》、《汉志》固不作这个分别，司马子长也称《怀沙》为赋，但楚辞和汉赋在现在看来却是有些分别；由辞到赋的改变甚渐，然而一步一步的俱有不同。这层改变在下一节详细说，我们此地只提出一句，说，楚辞入了汉代然后进为文人的文学之势急增，至景武间，遂成就了别一个体裁。

楚辞虽然一面沿屈宋以至贾谊等的文人化的一个方向走，体裁愈扩张愈不可歌，一面楚歌之短调当汉初世还在很多地方仍是民间的歌乐，如高帝歌《大风》，项羽歌《垓下》，武帝《瓠子》、《秋风》、《西极》、《天马》诸歌，《乌孙公主歌》、《李陵歌》，一切见于史书之西汉盛时歌词，在汉武制乐府之前者，什之八九，属于楚辞一流的短调，只是非史书所载，如《乐录》、《杂记》、《黄图》以及好造故事的《王子年拾遗记》所录一切不可靠的，乃不属于这一体。大约当时文人化的一宗衍成长篇，遂渐不可歌，民间用的歌词犹用短调，依然全附音乐而行（现存这些短歌虽都不是些平民造的，然这些帝王将主于此等处只是从民俗之所为）。恰如北宋末以及南宋初时之词已经溶化成长阕，文人就卖弄文章，遂多不便歌，而小令犹是通俗的歌调，一个道理（七言久不为一般歌调，而竹枝、茶歌等一切流行民间之变体仍是七字句，五言失其乐府上之地位更早，而五字成句在现在歌谣中还常见）。直到汉乐府体大兴，东汉的五言乐府又成宗派，然后楚辞的余响在民间歌词的区域中歇息。我们不知汉初各地俗乐之分配（《汉书》记载不详），也不明了楚辞歌调怎样凭附楚乐而行，又不大清楚后来的乐府如何代替了楚歌，所以这一段汉初年楚乐歌流行民间的故事，我们叙说不出详细来。但地域所被之远，流行时间之长久，是可寻思的。

论这几篇楚调短章的文辞，则《垓下》、《大风》、《秋风》、《天马》、《乌孙》、《李陵》都是歌出来有气力的文辞。我们论这些歌词，断不能拿我们读抒情诗的眼光及标准去评量一切，即如"采采芣苢，薄言采之"一类的话，若是我们做起诗来即这样，自然再糟没有了。但如果我们想象那是田家妇女，八九成群，于晴和的日子，采芣苢，随采随唱，则感觉这诗自有他的声响及情趣，即果不善，也不如我们始想之甚。《垓下》、《大风》、《秋风》、《天马》，以至《李陵》、《乌孙公主》之辞，以文采论，固无可言（《秋风辞》除外），然我们试想作者之身份，歌时之情景，则这些短歌中所表现的气力，和他言外之余音，感动我们既深且久，就是到了现在，如我们把他长读起来，依然振人气概，动人心脾，所以经二千年的淘汰，永久为好诗。大约篇节增长，技术益工，不便即算是进步，因为形骸的进步，不即是文章质素的进步。若干民间文体被文人用了，技术自然增加，态情的真至亲切从而减少。所以我们读大家的诗，每每只觉得大家的意味伸在前，诗的意味缩在后，到了读所谓"名家"诗时，即不至于这样的为"家"的容态所压倒，到了读"无名氏"的诗乃真是对当诗歌，更无矫揉的技术及形骸，隔离我们和人们亲切感情之交接。那么，无文采的短章不即是"原形质"，识奇字的赋不即是进步啊！

上节所叙列表以明之：

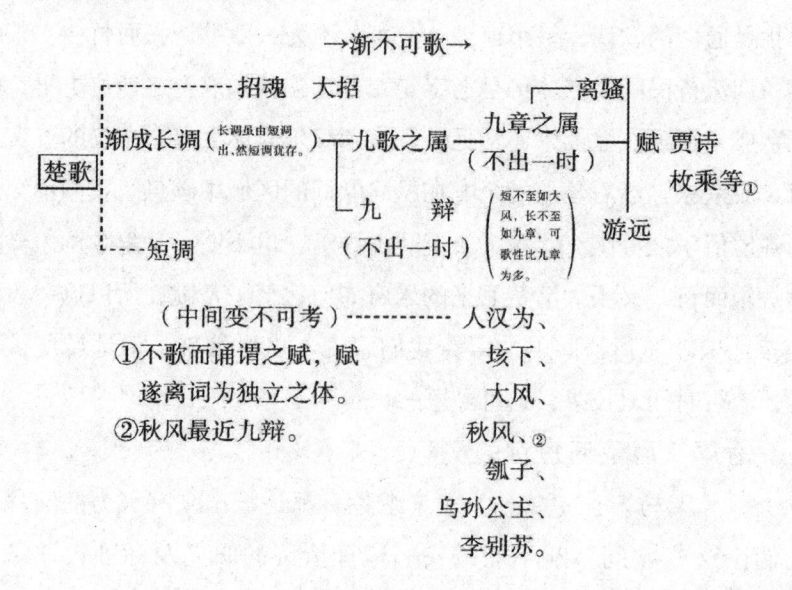

```
                    →渐不可歌→
         ┌── 招魂  大招
         │                        ┌─ 离骚
渐成长调（长调虽由短调  ┤─九歌之属 ── 九章之属 ┤     赋  贾诗
出，然短调犹存。）      │          （不出一时）│        枚乘等①
楚歌 ┤                  │                     
         │          └─ 九 辩    短不至如大    游远
         │             （不出一时） 风，长不至
         │                        如九章，可
         └── 短调                 歌性比九章
                                  为多。

        （中间变不可考）---------- 入汉为、
①不歌而诵谓之赋，赋              垓下、
  遂离词为独立之体。              大风、
②秋风最近九辩。                  秋风、②
                                 瓠子、
                                 乌孙公主、
                                 李别苏。
```

附录

项羽垓下歌

《史记》：项王军壁垓下，兵少食尽，汉军及诸侯兵围之数重。夜间汉军四面皆楚歌，项王乃大惊曰："汉皆已得楚乎？是何楚人之多也！"项王则夜起饮帐中。有美人名虞姬，常幸从，骏马名骓，常骑之，于是项王乃悲歌慷慨，自为诗，曰：

　　力拔山兮气盖世，时不利兮骓不逝，骓不逝兮可奈何？虞兮虞兮奈若何！

刘邦大风歌

《史记》：高祖还归，过沛，留置酒沛宫，悉召故人父老子弟纵酒。发沛中儿得百二十人，教之歌。酒酣，高祖击筑，自为歌诗。曰：

　　大风起兮云飞扬。威加海内兮归故乡。安得猛士兮守四方！

武帝瓠子歌

《汉书·沟洫志》：上既临河决，悼功之不成，乃作歌，曰：

　　瓠子决兮将奈何！浩浩洋洋兮虑为河。虑为河兮地不得宁，功无已时兮吾山平。吾山平兮钜野溢，鱼弗郁兮柏冬日。正道弛兮离常流，蛟龙骋兮放远游。归旧川兮神哉沛，不封禅兮安知外！皇谓河公兮何不仁，泛滥不止兮愁吾人。啮桑浮兮淮泗满，久不返兮水维缓。

一曰：

　　河汤汤兮激潎濩，北渡回兮迅流难。搴长茭兮湛美

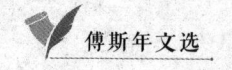

玉，河公许兮薪不属。薪不属兮卫人罪，烧萧条兮噫乎何以御水！林竹兮楗石菑，宜防塞兮万福来。

贾 谊

我们在论屈原时，已经略略谈到贾谊，司马迁本是把屈、贾合传的。他如此作的意思，是不是因为辞赋一体为他们造成一个因缘（若然，则应知其颇有不同者，因屈原文犹带传说之采色，而贾谊著赋已不属传疑也），或者觉得他们两个人遭逢不偶的命运相同（其实绝不同），或者太史公藉着自喻自发牢骚（太史公传古人，每将感慨系诸自己，如《伯夷列传》等），我们用不着瞎猜谜去；但他两个人都是在文学上断时代的，就他们在文学史上所据的地位重要而论，则合传起来，不为厚此薄彼。不过我们也要知道屈原究竟是个传疑的人，贾生乃是信史中的人物罢了。

《史记·贾谊传》说：

贾生名谊，洛阳人也。年十八，以能诵《诗》属《书》闻于郡中。吴廷尉为河南守，闻其秀才，召置门下，甚幸爱。孝文皇帝初立，闻河南守吴公治平为天下第一，故与李斯同邑而常学事焉，乃征为廷尉。廷尉乃言，贾生年少，颇通诸子百家诸书。文帝召以为博士。是时贾生年二十余，最为少，每诏令议下，诸老先生不能言，贾生尽为之对，人人各如其意所欲出，诸生于是乃以为能不及也。孝文帝说之，超迁，一岁中至太中大夫。贾生以为汉兴至孝文二十余年，天下和洽，而固当改正朔，易服色，法制度，定官名，兴礼乐，乃悉草具其事，仪法，色尚黄，数用五，为官名，悉更秦之法。孝文帝初即位，谦让未遑也。诸律令所更定，及列侯悉就国，其说皆自贾生发之。于是天子议以为贾生任公卿之位，绛灌东阳侯冯敬之属尽害之，乃短贾生曰："洛阳之人，年少初学，专欲擅权，纷乱诸事。"于是天子后亦疏之，不用其议，乃以贾生为长沙王太傅。贾生既辞往行，闻长沙卑湿，自以寿不得长，又以适去，意不自得。及度湘水，为赋以吊屈原。（辞略）贾生为长沙王太傅，三年，有鸮飞入贾生舍，上于坐隅。楚人命鸮曰服，贾生既以适居长沙，长沙卑湿，自以为寿不得长，伤悼之，乃为赋以自广。（辞略）后岁余，贾生征见，孝文帝方受釐，坐宣室。上因感鬼神事而问鬼神之本，贾生因具道所以然之状，至夜半，文帝前席。既罢，曰："吾久不见贾生，自以为过之，今不及也。"居顷之，拜贾生为梁怀王太傅。梁怀王，文帝之少子，爱而好书，故令贾生傅之。文帝复封淮南厉王子四人皆为列侯，贾生谏，以为患之兴自此起矣。贾生数上疏，言诸侯或连数郡，非古之制，可稍削之，文帝不听。居数年，怀王骑堕马而死，无后。贾生自伤为傅无状，哭泣岁余，亦死。贾生之死时年三十三矣。

贾生死时只三十三，而死前"哭泣岁余"，在长沙又那样不乐，以这么短的时光，竟于文学史上开一新时代，为汉朝政治创一新道路，不可不谓为绝世天才。我们现在读他的文字时，且免不了为他动感慨。

骤看贾生的文辞和思想像是甚矛盾，因为好几种在别人不能一个人兼具的东西，或者性质反相的东西，在他却集在一个人的身上。第一，贾生兼通儒家思想及三晋官术。我们在读他《陈政事疏》时，觉得儒术名法后先参伍，一节是儒术之至意，一节是名法之要言。《汉志》虽把他的著作列在儒家，然不"亲亲"而认"形势",何尝是儒家的话?荀卿虽然已经以三晋人而儒学,李斯又是先谏逐客而后坑儒生的,究竟不如贾谊这样的拼合。第二,能侃侃条疏政事,为绝好之"笔"的人,每多不能发扬铺张,成绝好之"文"(此处文笔两字用六朝人义)。贾谊的赋,及《过秦》中篇既有那样的文采,而他的《过秦》上、下篇(从《史记》之序)及陈政事各疏又能这样的密察,不是文人的文字。第三,贾生的政论,如分封诸侯、教傅太子等,都是以深锐的眼光看出来的,都是最深刻切要的思想,都不是臆想之谈,都不是《盐铁论》一般之腐,却又谓匈奴不过一大县,欲系单于之颈,又仿佛等于一个妄想的书生。贾谊何以有这些矛盾的现象呢?一来,所表示者不由一线而各线为矛盾的集合以成大造诣时,每每是天才强,精力伟大之表显,我们不必拘于能够沾沾自固的一格以评论才人。二来,他初为河南守吴公"闻其才,召置门下,甚幸爱",河南守"故与李斯同邑,而常学事焉",那么,贾生大有成了李斯"再传弟子"的样子。李斯先已学儒术而终于名法,贾生成学之环境及时代当可助成他这样子的并合众流。三来,他到底是一个少年的天才,所以一面观察时政这么锐敏,一面论到他不见的匈奴那么荒唐。四来,政治的状态转变了以后,社会的状态,不能随着这政治的新局面同时转,必须过上一世或若干世,然后政治新局面之效用显出来。汉初的游士文人(游士与文人本是一行),如郦食其,不消说纯粹是个战国时人,即如邹阳、陆贾、朱建、叔孙通、娄敬、贾山,哪一个不是记得的是些战国的故事,说得的是些战国的话言,做得的是些战国的行事。秦代之学,"以吏为师",本不能在民间发达另一种成学的风气,时期又短,功效未见而亡国,所以汉起来时,一般参朝典、与国政、游诸侯的文士,都是从头至底战国人样子的,到了贾谊我们才看见些汉朝东西。贾谊死于梁怀王死后年余,梁怀王文帝前十一年薨(西历前169),则贾生当死于文帝前十二三年(西历前168—前167),上距高帝五六年间(西历前202—前201),为三十三年，贾谊纯然是个汉朝的人了。战国时好几种不同的风气，经过秦代的压迫、楚汉的战乱以后，重以太平的缘故，恢复起他在社会上的作用时，自然要有些与原状态不同的分合，政制成一统之后，若干风尚也要合成一个系统，而贾生以他的天才，生在一个转移的时代，遂为最先一个汉文章、汉政治思想、汉制度之代表，那么，贾生之兼容若干趋向，只和汉家之兼有列国一样，也是时代使然。贾生对封建的制度论实现于景帝时，而他一切儒家思想均成于武帝，贾生不是一个战国之殿，而是一个汉风之前驱。但他到底是直接战国的人，所以议政论制，仍是就事论事，以时代之问题为标，而思解决处理之术，不是拿些抽象名词，传遗雅言，去做系统哲学的。以矛盾为相成的系统哲学，很表示汉代风气的，并不曾见于贾谊。

贾谊实在把战国晚年知识阶级中的所有所能集了大成，儒术及儒家相传的故实，黄老刑名，纵横家之文，赋家之辞，无不集在他一人身上，他以后没有人能这样了。

论贾生的著作，大略可分三类：一、论；二、赋；三、疏。《过秦论》上节论子婴，中节论秦成功之盛，衰亡之急，下节论二世（从《史记》之叙）。拿他论二世、子婴的话和他在疏中论汉政的话来比，显然见得过秦文章发扬，而事实不切，论汉政则甚深刻。想来《过秦论》当是他早时在洛阳时的著作，尚未经历汉廷，得识世政之实。《过秦》上、下两节文章发扬而不艳，虽非尽如六朝人所谓"笔"，然亦不甚"文"，故昭明不选。《过秦论》之中节，乃是魏晋六朝人著论之模范，左太冲有"著论准《过秦》，作赋拟《子虚》"之言，其影响后人不限一时，陆机《辩亡》、干宝《晋记》不过是个尤其显著的摹拟罢了。这篇的中节就性质论实在近于赋体，例如他说："当是时，齐有孟尝，赵有平原，楚有春申，魏有信陵。此四君者，皆明知而忠信，宽厚而爱人，尊贤而重士，约纵离横，并韩、魏、燕、赵、齐、楚、宋、卫、中山之众。于是六国之士，有宁越、徐尚、苏秦、杜赫之属为之谋，齐明、周最、陈轸、昭滑、楼缓、翟景、苏厉、乐毅之徒通其意，吴起、孙膑、带佗、兒良、王良、田忌、廉颇、赵奢之朋制其兵。尝以十倍之地，百万之众，叩关而攻秦，秦人开关延敌，九国之师，逡巡遁逃而不敢进。"这些人们时代相差百多年，亦无九国在一起攻秦之事，六国纵约始终未曾坚固的结过一次，然为文章之发扬不得不把事实说的这般和戏剧一样，那么，又和《子虚》、《上林》的文情，有什么分别呢？这类的论只可拿作"散文的赋"看。《文选》于论一格里，《过秦》中节之外，还有东方朔《非有先生》，王褒《四子讲德》（西汉后与此无涉，故不叙举以下）。这两篇虽以论史，其实如赋。古来著论本是敷文，不是循理，以循理为论，自魏晋始（如夏侯太初之论乐毅，江统之论徙戎，乃后世所谓论）。

贾谊的赋现在只存《服鸟》、《吊屈原》两篇，《惜誓》一篇《史记》、《汉书》都不提，《王逸》也说疑不能明（《北堂书钞》、《艺文类聚》、《文选》注、《古文苑》所引汉赋多六朝人所拟作）。其中字句虽有些同屈原赋，但《吊屈原赋》不谈神仙，而《惜誓》却侈谈神仙，也许是后人拟贾谊而作的。我们拿贾谊两赋与《离骚》、《九章》比，则不特《离骚》重重复复，即《九章》亦不免，而贾赋不这样。这因为屈赋先经若干时之口传，贾赋乃是作时即著文的，所以没有因口传而生之颠倒。又屈原情重而不谈义理，贾赋于悲伤之后，归纳出一篇哲论，这也是文章由通俗体进到文人体时之现象。贾赋的文采都不大艳，都极有气力，这也是因为贾生到底不是专为辞人之业的人。屈君还是一个传疑中的辞人，贾生已是一个信史上的赋家了。贾赋在后来的影响并不大，后来的赋本是和之以巨丽，因之以曼衍，而贾赋"其趣不两，其于物无强，若枝叶之附其根本"（张皋文叙《七十家赋》中论贾谊赋语）。神旨一贯，以致言辞不长，遂不为后来之宗。

说到贾谊的疏，到赵宋时才发生大影响。自王介甫起，个个以大儒自命的上万言书，然而做文章气都太重，都不如贾生论当时题目

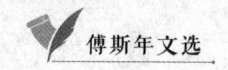

之切。自东汉时，一般的文调都趋于整齐，趋于清丽采艳，所以他的《陈政事疏》自班固而下没有拿着当文章看他。这疏中的意思在文、景、武三朝政治发展上固然有绝大的关系，即就文章论也为散文创到一个独至境界，词通达而理尽至，以深锐的剖析，成高抗的气力。通篇中虽然句句显出"紧张"的样子，而不言过其情，因为有透彻的思想作著根基，明亮的文辞振着气势。拿他的《陈政事疏》和荀子著书比，荀子说不这样明白；和《吕览》比，《吕览》说不这样响亮；和《孟子》比，《孟子》说不这样坚辟；和《战国策》比，《战国策》说不这样要练；和董仲舒比，更断然显出天才与愚儒之分（仲舒弟子先以之大愚）。这实在是文学上一种绝高的造诣，声色和思想齐光，内质和外文并盛。只是东汉以后，文学变成士大夫阶级的文饰品，这样"以质称文"的制作，遂为人放在"笔"之列了。

贾生的论似赋，赋乃无后；论虽在六朝势力大，现在却只成历史的痕迹了。只有《陈政事疏》，至今还是一篇活文章，假如我们了解文、景、武三世政情的话。

继贾谊后，能把政事侃侃而谈的，有晁错。错无贾谊之文，政策都是述贾谊的。然错无儒家气，所以错所论引更多实在。

贾谊遗文现在所得见的，只有《汉书》所引之赋和疏，《史记·始皇本纪》替所引之论，现在虽有新书流传，不过这部书实是后人将《汉书》诸文拼成的一集，所补益更无胜义，宋人先已疑之，《四库提要》承认此事实，而仍为之回护，无谓也。

附录

举目如下

《吊屈原赋》、《服鸟赋》、《陈政事疏》、《请封建子弟疏》、《谏王淮南诸子疏》（以上见《汉书》本传）

《过秦论》（见《史记·始皇本纪》）

《说积贮》、《谏除盗铸钱今使民放铸》（以上见《汉书·食货志》）

儒 林

刑名出于三晋，黄老变自刑名，迂怪生于燕齐，儒术盛于邹鲁。学业因地方而不同，亦因时代而变迁，一派分为数支，数学合为同派。以上这些情形在战国时代的，我们在前篇中说，现在只谈儒术入汉时的样子。原来儒宗势力之扩张，在乎他们是些教书匠，在战国时代的著作看来，儒虽然有时是一思想的系统，不过有时也是一个职业上的名词。"自行束脩以上，吾未尝无诲焉"，可以显明的看出儒是职业来。后来术士、纵横之士都号儒，固然因为这些人也学过《诗》、《书》、孔子语（从儒者学的），也因为儒这一个名词本不如墨之谨严，异道可以同文，同文则同为人呼作儒（如秦所坑之儒当然不是拒叔孙通之鲁两生所谓儒）。儒既是"教书匠阶级"，遂因为教书而散居四方（孔子常言学，本是他的职业话），贵显者竟为人君之师。子夏设教西河，魏文侯好儒，以之为师，子贡适齐，澹台子羽居楚，故孟子前一世之楚人，已有"北学于中国"者（陈良），子思则老于卫。墨与儒为敌，然墨翟亦曾先"修儒者之业，读孔子之书"，禽滑釐则受业于子夏。儒学之布于中部诸国，子夏居西河之力为大。故战国末季，儒为显学，亦成通名。我等固无证据谓战国时纵横之士亦号为儒，然汉初号为儒者每多纵横之士，如陆贾以至主父偃皆是。韩非子谓儒分为八，"自孔子之死也，有子张氏之儒，有子思之儒，有颜氏之儒，有孟氏之儒，有漆雕氏之儒，有仲良氏之儒，有孙氏之儒（孙卿），有乐正氏之儒"。这话不见得能尽当时的儒家宗派，大约仅就韩非所见的说，韩非未尝到过齐鲁（大约如此），当时齐鲁另有些宗派。现在

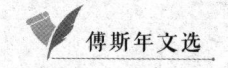

看《礼记》及他书所记，汉初儒者所从出，有两个大师：一、曾子；二、荀卿。传《礼》、传《论语》者俱称曾子，汉儒一切托词多归之曾子；《诗》、《书》、《礼》、《乐》之论每涉荀卿，而刘向校书时，《荀子》竟有三百余篇，去重复，存三十余篇，其中尚多与《礼记》出入之义。故汉初之儒，与战国之儒实难分。《管子》、《晏子》书中亦均有儒家语，出于战国，或出于初汉，亦难定。

儒家虽在战国晚年已遍及列国，但汉初年儒学仍以齐鲁为西向出发之大本营。在战国时，儒本有论道、传经之不同，汉朝政治一统，论道者每每与纵横家俱废，而两者又侪复为一。诸经故训，是内传；外传则推衍其义，以论古今，以衡世人，以辩政治。故《诗》鲁说、《尚书大传》、《春秋繁露》以及陆贾、贾谊所著，都可说是荀子著书一线下来之流派。现在我们以六经为分，论汉初儒者所遗之文学。

《诗》

《诗经》释义之学，毛郑胜于三家，故三家为毛淘汰，朱子胜于毛郑，故毛郑为朱子淘汰。清代儒者想回到毛郑身上的人，所争得的只是几个名物上的事，训诂大有进步，而解释文义，反而拘束不如朱子，故清儒注了几遍却并不能代朱子。嘉庆以来，三家《诗》之学兴，然究竟做不到《公羊》复兴的状态，因为《公羊传》文，邵公《解诂》俱存，《繁露》也不失，所以有根据。三家《诗》六朝即成绝学，借汉儒所引，现在尚得见者，"存十一于千百"，虽可恢复些残缺，究竟没有像公羊学那样子成大宗的凭藉。我们现在就清儒所辑三家《诗》异文及遗说看，三家《诗》实在大同小异。大约三家《诗》之异处，在引申经义，以论政治伦理之处，不在释经，故"五际"之义，只有《齐诗》有，《鲁》、《韩》都没有。三家皆以《诗》论道、论政，《齐诗》尤能与时抑扬，大约一切齐学，都作侈言，都随时变迁。《齐诗》如此，遂有五际，《公羊》如此，流成谶纬，伏《书》如此，杂以五行。《鲁诗》也是高谈致用，但不如齐学杂阴阳而谈天人，大约《韩诗》尤收敛，最少非常异义可怪之论，故流行也最久（此只就汉儒所说及现存若干段中可得之印象论之，其实情甚难知）。举例而言，太史公是学《鲁诗》的，《鲁诗》也最是大宗，他说：

> 孔子去其重，取可施于礼义，上采契后稷，中述殷周之盛，至幽厉之缺，始于衽席。故曰，《关雎》之乱，以为《风》始，《鹿鸣》为《小雅》始，《文王》为《大雅》始，《清庙》为《颂》始。

太史公读《春秋历谱牒》，至周厉王，未尝不废书而叹也，曰：呜呼！师挚见之矣。纣为象箸而箕子唏，周道缺，诗人本之衽席，《关雎》作，仁义凌迟，《鹿鸣》刺焉。

这样子拿着《诗经》解说一种的系统的政治哲学，和《公羊传》又有何分别？想当时三家必有若干"通义"，如春秋之胡毋生条例，大一统、黜周王鲁故宋、三世三统等。大约汉初儒者，都以孔子删《诗》修《春秋》皆是拨乱反正之义。

《庄子·天下篇》（篇首当是汉初年儒者所修改，六经次序犹是武帝时状态）说"《诗》以道志"，《太史公自叙》说，"《诗》长于风""《诗》以达意"，《经解》"《诗》之失愚"，这些话都不错。但把《诗经》张大其辞而作解释的风气，自孔子已然。他说："《诗》三百，一言以蔽之，曰，思无邪。"又说："人而不为《周南》、《召南》，其犹正墙面而立也与？"这些话，我们也不能怪他，因为《诗》在当时是教育，拿来做学人修养用的，故引申出这些哲学来也是情理之常。我们固断然不能更信这些话是对于《诗》本文有切解的，但也要明白当时有这些话的背景。对汉儒以《诗经》侈谈政治也该一样。且《诗》本有一部分只是些歌谣，正靠这种张大其辞得存于世。

关于汉初三家《诗》义，可看陈乔枞等著作，此处不及多说。

《书》

《诗》于景帝时即是三家，三家虽大同，究不知出于一家否。《书》却只有一家，欧阳、大小夏侯皆出自伏生。自昭帝时，闹《大誓》问题起，一切的所谓《古文尚书》层出不穷，经学之有古文问题，自《尚书》始。汉朝《诗》学起于多元，而终于无大异（《毛诗》在外），《书》学起于一元，而终于纷歧。

伏生说《书》，也不是专训诂，也是借《书》论政，杂以故事，合以阴阳，一如《春秋》及《诗》之齐学。现在抄陈寿祺辑定《大传》之二节，前节《唐传》，后节《略说》。

维五祀，定钟石，论人声，乃及鸟兽，咸变于前。故更著四时，推六律六吕，询十有二变，而道宏广。五作十道。孝力为右，秋养耆老，而春食孤子。乃浡然招乐，兴于大麓之野。报事还归二年，谖然乃作《大唐之歌》。《乐》曰："舟张辟雍，鸧鸧相从。八风回回，凤皇喈喈。"歌者三年，昭然乃知乎王世明有不世之义。维十有三祀，帝乃称王而入唐郊，犹以丹朱为尸，于时百事咸昭然，乃知王世不绝，烂然必自有继祖守宗庙之君。维十有四祀，钟石笙管，变声乐，未罢，疾风发屋，天大雷雨。帝沉首而笑曰，明哉非一人之天下也。乃见于钟石。帝乃雍而歌耆重篇，招为宾客而雍为主人，始奏《肆夏》，纳以《孝成》。还归二年，而庙中苟有歌《大化》、《大训》、《天府》、《九原》，而夏道兴。维十有五祀，祀者祀者，舜为宾客而禹为主人。乐正进赞曰，尚考室之义，唐为虞宾，至今衍于四海，成禹之变，垂于万世之后。于时卿云聚，俊人集，百工相和而歌《卿云》，帝乃倡之曰："卿云烂兮，礼缦缦兮。日月光华，旦复旦兮。"八伯咸进稽首曰："明明上天，烂然星辰。日月光华，弘予一人。"帝乃载歌旋持衡曰："日月有常，星辰有行。四时从经，万姓允诚。于予论乐，配天之灵。迁于贤圣，莫不咸听。鼚乎鼓之，轩乎舞之。菁华已竭，褰裳去之。"于时八风循通，卿云蔟蔟。蟠龙贲信于其藏，蛟鱼踊跃于其渊。龟鳖咸出于其穴，迁虞而事夏也。

子夏读书毕，孔子问曰，吾子何为于《书》？子夏曰，《书》之论事，昭昭若日月焉，所受于夫子者，弗敢忘。退而穷居河济之间，深山之中，壤室蓬户，弹琴瑟以歌先王之风，有人亦乐之，无人亦乐之，上见尧舜之道，下见三王之义，可以忘死生矣。孔子愀然变容曰，嘻！子殆可与言《书》矣！虽然，见其表未见其里，窥其门未入其中。颜回曰，何谓也？孔子曰，丘常悉心尽志以入其中，则前有高岸，后有大溪，填填正立而已。六《誓》可以观义，五《诰》可以观仁，《甫刑》可以观诚，《洪范》可以观度，《禹贡》可以观事，《皋陶谟》可以观治，《尧典》可以观美。

《大传》现在只有这个辑佚本，然已可看其杂于五行阴阳之学，纯是汉初年状态。西汉儒者本不以故训为大业（以故训为大业东汉诸通学始然），都是"通经致用"的人们。

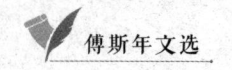

《礼》

《礼》本无经，因为礼之本不明文字的事，汉初儒者以战国时之《士礼》十七篇当之（此虽古文说，然甚通），郑注的《仪礼》即是这个。据《汉书·儒林传》，《礼》学之传如下：

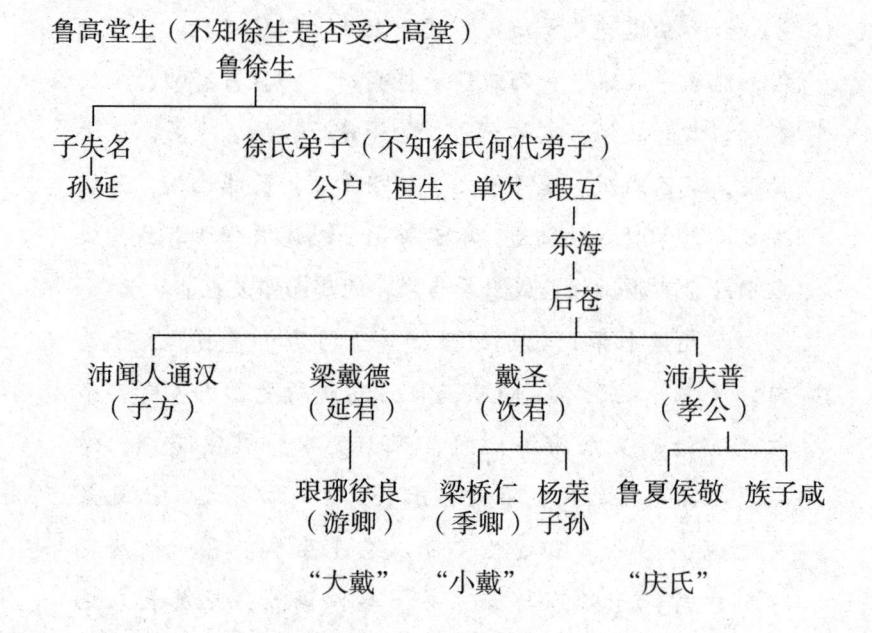

鲁高堂生（不知徐生是否受之高堂）
鲁徐生

子失名　　徐氏弟子（不知徐氏何代弟子）
孙延　　　公户　桓生　单次　瑕互
　　　　　　　　　　　　　　　东海
　　　　　　　　　　　　　　　后苍

沛闻人通汉　梁戴德　　戴圣　　沛庆普
（子方）　（延君）　（次君）　（孝公）

　　　　　琅琊徐良　梁桥仁　杨荣　鲁夏侯敬　族子咸
　　　　　（游卿）　（季卿）　子孙

　　　　　"大戴"　　"小戴"　　　　"庆氏"

《礼记》

二戴所传之《记》中，多存汉早年文学，现在举几篇重要的叙说一下子，其但关于制度、祭祀的，考证应详，非一时所能就，故从阙。

《曲礼》 这篇文章恰如这个名字，所谈皆是些礼之节，无长段，都是几句话的小段。从开始"不敬"起，至"贫贱而知好礼，则志不慑"，稍谈修养并极言礼之重要，以下便是一条一条的杂记了。所记多是些居室接人的样子，很可表现鲁国儒家（一种的）之样子主义，也有很多是释名称的，如前边所举"十年曰幼学"等，末尾尤多。这篇东西的材料大约多是先秦，然也有较后的痕迹。如"去国三世，爵禄有列于朝，出入有诏于国，若兄弟宗族犹存，则反，告于宗后；去国三世，爵禄无列于朝，出入无诏于国，惟兴之日，从新国之法"。这断非汉朝一统天下时代的话，且所举名称与《礼》，多与《春秋》合，与《孟子》、《荀子》亦有同者。所以这部书的大多部分应是先秦的物事，或者竟在春秋战国之交。这本书里包含很多鲁国"士阶级"之习俗及文教，故历史材料的价值很大。然很后的增加也有，如"行，前朱雀而后玄武，左青龙而右白虎"，这已经纯是秦汉间方士之谈了。

《檀弓》 这篇恐是《礼记》中最早之篇，所记虽较长，不如《曲礼》之简，仿佛繁者宜居后，然里面找不出一点秦汉的痕迹来（这篇里所记多鲁故，间有卫齐晋事，无战国事，所记晋献文子之张老，犹在前也）。所记固是丧葬祭一流的事，而和《论语》、《孟子》、《荀子》相发明处很多，所列的些名字也多是春秋末乃至战国时儒家或与儒家多少相涉的人。取韩非儒分为八之言以校之，则数家之名见于此篇，取墨子非儒之义以核之，则此篇里恰有为墨论引以为矢的话（《檀弓上》：孔子曰："之死而致，死之不仁，而不可为也，之死而致生之不知，而不可为也。是故竹不成用，瓦不成味，木不成斲，琴瑟张而不平，竽笙备而不和，有钟磬而无簨虡，其曰明器神之也。"此外一切以丧祭为人生惟一重事的话，皆墨家所力攻者）。《论语》孔子叩原壤之胫，曾子临死战战兢兢之言，孟子有若似夫子等语，在《檀弓》里都有一个较详的叙述。这篇里面已经把孔子看作神乎其神，《史记》野合而生孔子之说，虽尚未出，然孔子在《檀弓》中已不知其父之墓，且已是损益三代，宗殷文周的人，并可预知其死了（《国语》已把孔子看成神人，这需要至少好几十年，孔子同时人断无如此者，故《国语》、《左氏》作者断非孔子之友"鲁君子左丘明"）。所有一切服色、

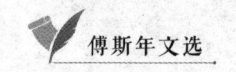

宗制，汉代儒者专以为业的，在这书里也有端了。曾子一派下来之鲁国正统儒家，在这篇里已经很显得他的势力了。这篇里实在保存了很多很多可宝贵的七十子后荀子前儒家史料。

《王制》　《王制》中的制度与《孟子》、《周礼》各不同，究是何王之制，汉儒初未曾明说。如说是三王一贯之制，乃真昏语。东汉卢植以为《王制》是汉文帝令博士诸生所作（引见《经典释文》卷一及卷十一），大约差近。《周礼》之伪，最容易看出的地方，在他的整齐及琐碎，是绝不能行之制度，《王制》之伪，最容易看出的地方，在他的刻板的形式，也是绝不能行之制度。如说，"凡四海之内九州，州方千里，建百里之国三十，七十里之国六十，五十里之国百有二十，凡二百一十国，名山大泽不以封。其余以为附庸闲田。八州，州二百一十国。天子之县内，方百里之国九，七十里之国二十有一，五十里之国六十有三，凡九十三国，名山大泽不以盼，其余以禄士以为闲田"。这样的制度，就是新开辟的美洲，拿着经纬线当省界的，也还办不到。但这篇中若干的礼制与初年儒家说相发明，其教胄子，论选士，合亲亲及名分之谊以折狱，戒侈靡，论养老等，皆汉初儒者以为要政者，试与贾谊疏一校即知。其不带着战国的色彩，亦甚显然，盖战国人论制，无此抽象，无此刻板，无此系统者。所以卢植以为文帝令博士作，即使无所本，也甚近情，实不能因卢是古学，古学用《周官》，遂大抑《王制》也。

这篇很代表汉初年儒家的政治思想。《礼记》由二戴删录，二戴不与古文相干，所以这一篇还能经古文学之大盛而遗留。但郑玄觉其与《周礼》违，遂创为殷制之说，此实不通之论。

《王制》自古文学兴后，即不显，朱文公亦不喜他，直到清嘉庆后，今文学复兴，以后以经籍谈政治者，愈出胆愈大，于是《王制》竟成素王手制之法。此种议论，发之康长素，本甚自然，发之绍述王、段之俞荫甫乃真怪事，总是一时习俗移人呵。

《月令》 这一篇同时见于《吕览》，又删要见于《淮南鸿烈·时则训》。然《淮南子》有此无足异，《礼记》与《吕览》有此，俱甚可怪。这篇整齐的论夏正，应该是汉初阴阳家的典籍，这个照道理放不进儒家的系统之内，而与《吕氏春秋》的其他各篇也并不相连属，但秦始皇帝坑燕齐海上术士，而扶苏谏曰，诸儒皆诵法孔子，荀卿亦以五行讥孟子子思，那么，阴阳家的势力浸入儒家，由来甚久了。到汉时，刑名黄老儒术无不为阴阳所化，《易》竟为六经之首，结果遂成了图录谶纬。然阴阳学在当时颇解些自然知识（看《淮南子》），历法其一。《礼记》中之有《月令》，是汉先年儒术阴阳合糅的一个好证据。至于以《十二纪》分配《吕览》十二卷，应该也是汉人的把戏。（本书《序意篇》云，"凡十二纪者所以纪治乱存亡也，所以知寿夭吉凶也"，是未尝纪历也。）

《曾子问》 所论皆礼之枝节，又附会孔子问礼老聃事。

《文王世子》 汉早年每以良儒为太子诸王太傅，虽文景不喜儒，这个风尚却流行。我疑这篇正是当时傅太子或傅诸王者之作，然无论如何，此是汉代所作，中云"遂设三老五更群老之席位焉"，三老五更是秦以来爵。

《礼运》 《礼运》运字之解释，当与"天其运乎"、"日月运行"之运同，指变动言，故始终未必如一。但，纵使如此，此篇之不一贯尚极明显，细按之实是拼凑好几个不同的小节而成，每节固非如注疏本中所章句者之短，而亦不甚长，前后反复及颠倒之痕迹，已有数处。这篇里有一个甚显著的色彩，就是这一篇杂黄老刑名之旨，并不是纯粹儒家的话。如：

> 是故礼者君之大柄也（按，礼是儒者之词，柄是刑名之语），故政者君之所以藏身也（按，此是黄老驭政之术），故君者立于无过之地也。故君者所明也，非明人者也，君者所养者，非养人者也，君者所事也，非事人者

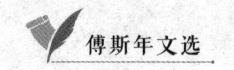

也。故君明人则有过，养人则不足，事人则失位，故百姓则君以自治也，养君以自安也，事君以自显也。故礼达而分定，故人皆爱其死而患其生（此亦儒道刑名混合语）。

尤其有趣的是最前两大节，宗旨完全相反。第一大节中说："今大道既隐，天下为家，各亲其亲，各子其子，货力为己，大人世及以为礼，城郭沟池以为固，礼义以为纪，以正君臣，以笃父子，以睦兄弟，以和夫妇，以设制度，以立田里，以贤勇知，以功为己，故谋用是作，而兵由此起，禹、汤、文武、成王、周公由此其选也。此六君子者，未有不谨于礼者也，以著其义，以考其信，著有过，刑仁讲让示民有常。如有不由此者，在势者去，众以为殃。是谓小康。"已经极言礼为世运既衰后之产物，维持衰世之品。其下言偃忽问，"如此乎礼之急也"，已不衔接，而孔子答语，"夫礼，先王以承天之道，以治人之情，……夫礼必本于天"，又这样称礼之隆。这显然不是一篇之文，一人之思想。

此篇第一节中论天下为公之大同思想，为近代今文学家所开始称道，实是汉初年儒道两种思想之混合，且道之成分更多。汉武帝以后，经宋学清学，无多人注意此者，最近始显。

《学记》　此篇是汉初儒者论教及学之方，并陈师尊之义。中引《兑命》，在伏生已佚，不知何据。又引《记》，不知何《记》。汉先年儒者生活之状态，此篇可示其数端。

《乐记》　此篇有一部分与《荀子·乐论》参差着相同。但荀子注重在驳墨，此则申泛义而已。此篇当是汉儒集战国及汉初儒者论乐之文贯串起来成这一篇，以论乐之用。末有三老五更之词，可见里边有汉朝的材料。

《经解》、《哀公问》、《仲尼燕居》、《孔子闲居》　此数篇皆论礼之用及其节制，颇有与《荀子》相证处，要是汉初年儒者述而兼作之言。

《中庸》 《中庸》显然是三个不同的分子造成的，今姑名之为甲部、乙部、丙部。甲部《中庸》从"子曰君子中庸小人反中庸起"，直到"诗曰，妻子好合，如鼓琴瑟，兄弟既翕，和乐且耽。宜尔室家，乐尔妻孥。子曰，父母其顺矣乎"。开头曰中庸，很像篇首的话（现在的篇首显然是一个后加的大帽子），这甲部中所谓中庸，全是两端之中，庸常之道，写一个下大夫上士中间阶级的世家人生观，所以结尾才是"妻子好合，如鼓琴瑟，兄弟既翕，和乐且耽，宜尔室家；乐尔妻孥，子曰，父母其顺矣乎"一流的话，不述索隐行怪，而有甚多的修养，不谈大题目，而论家庭社会间事，显然是一个文化甚细密中的东西（鲁国），显然不是一个发大议论的文笔（汉儒）。相传子思作《中庸》，看来这甲部《中庸》，与此传说颇合。要之，总是这一类的人的文字。乙部《中庸》，从"子曰：鬼神之为总其盛矣乎"起，直至"明乎郊社之礼帝尝之义治国其如示诸掌乎"止，与甲部《中庸》完全不相干，反与《礼记》中论郊祀、论祭、《大传》诸篇相涉，其为自他篇羼入无疑。丙部《中庸》自"哀公问政"以下直至篇末，"上天之载无声无臭至矣"，合着头上那个大帽子，由"天命之谓性"至"致中和，天地位焉，万物育焉"，共为一部。这一部中的意思，便和甲部完全不同了，这纯是汉儒的东西。这部中间，所谓中庸，已经全不是甲部中的"庸德之行，庸言之谨"，而是"中和"了。《中庸》在甲部本是一家之"小言詹詹"，在这丙部中乃是一个会合一切而谓共不冲突（即太和）之"大言炎炎"。盖中之初义乃取其中之一点而不偏于其两端之一，丙部中所谓中者，以其中括有其两端，所以仲尼便"祖述尧舜（法先王），宪章文武（法后王），上虑天时（羲和），下袭水土（禹）"，这比孟子称孔子之集大成更进一步了。孟子所谓金声玉振，尚是论德性的话，此处乃是想把孔子包罗一切人物。孟荀之所以不同，儒墨之所以有异，都把他一炉而熔之。九经之九事有些在本来是不相容的，如亲亲尊贤，在战国是两派思

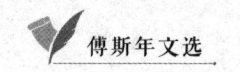

想，亲亲者儒，尊贤者墨，此乃"并行而不相害并育而不相悖"，这岂是晚周子家所敢去想的？然而中庸究竟不能太后了，因为虽提到祯祥，尚未入谶纬，但也许卢植有所删削。

西汉人的思想截然和晚周人的思想不同，西汉人的文章也截然和晚周人的文章不同。我想，下列几个标准，有时可以助我们决定一篇的文章属于晚周或汉世。

（一）就事说话的晚周，作起文来的是西汉的。

（二）对当时问题而言的是晚周的，空谈主义的是西汉的。

（三）思想成一贯，然并不为系统的铺排的，是晚周，为系统的铺排的，是西汉（自《吕览》发之）。

（四）凡是一篇文章或一部书，读了不能够想出他的时代的背景来的，就是说，发的议论是抽象，对于时代独立的，是西汉，而反过来的一面，就是说，能想出他的时代的背景来的，却不一定是晚周。因为汉朝也有就事论事的著作家，而晚周却没有凭空成思之为方术者。

《吕览》是中国第一部一家著述，以前只多见些语录（《论语》不必说，即《孟子》等亦是记言之文）。谈话究竟不能成八股，所以战国以文代言的篇章总有个问题在前面，且以事为学，也难得抽象。汉儒不以事为学而以书为学，不以文代言，而以文为文，所以才有那样磅礴而混沌的气象。汉儒竟有三年不窥园亭者，遑论社会？那么，他的思想还不是书本子中的出产品吗？

《中庸》一书前人已疑其非子思作，如"载华岳而不重"，若是子思，应为岱宗。又"今天下，书同文，车同轨，行同伦"，这当然不是先秦的话。此数点前人已论，故不详说也。

《中庸》为子思作一说，见《史记》，而《汉志》有《中庸》说二篇，不知我们上文所论乙丙两部是不是说二篇中之语。

《儒行》　哀公问儒冠服儒服于孔子一说，已见于《荀子》三十一《哀公篇》，然意思和《儒行篇》全不同。《哀公问篇》

中，问舜冠，孔子不对，以其不问苍生而问此。又问绅委章甫有益于仁否，孔子告以服能致善。这都未尝答以不知儒服。汉高帝恶儒生，骂人曰竖儒，随时溺儒冠，所谓以儒服为戏者，大约即是他，及他这一类人《儒行篇》中只言儒服儒冠受之自然（"丘少居鲁，衣逢掖之衣，长居宋，冠章甫之冠，丘闻之也，君子之学也，博其服也，乡丘不知儒服。"）却不敢诋毁笑儒服者，而以儒行对当之，这恐是汉初儒者感受苦痛自解之词。哀公即刘季也。

《大学》 《孟子》说："人有恒言，皆曰天下国家。天下之本在国，国之本在家，家之本在身。"可见《孟子》时尚没有一种完备发育的"身、家、国、天下"之系统哲学，《孟子》只是始提到这个思想。换言之，这个思想在《孟子》时是胎儿，而在《大学》时已是成人了。可见《孟子》在先，《大学》在后。《大学》总是说平天下，而与孔子、孟子不同。孔子时候有孔子时候的平天下，"九合诸侯，一匡天下"，如齐桓晋文之霸业是。孟子时候有孟子时候的平天下，所谓"以齐王"是。列国分立时候的平天下，总是讲究天下如何定于一，姑无论是"合诸侯匡天下"，是以公山弗扰为东周，是"以齐王"，总都是些国与国间的关系；然而《大学》之谈平天下，但谈理财，既以财为末，又痛非聚敛之臣。理财原来只是一个治国的要务，到了理财成了平天下的要务，必在天下已一之后。可见《大学》不先于秦皇。《大学》引《秦誓》，秦向被东方诸侯以戎狄视之，他的掌故是难得成为东方的学问的。《书》二十八篇，出于伏生，伏生故秦博士，我总疑《书》中有《秦誓》，是伏生做过秦博士的痕迹。这话要真，《大学》要后于秦代了。且《大学》篇末大骂一阵聚敛之臣，不如盗臣，迸之四夷，不与同中国等等。汉初兵革纷扰，不成政治，无所谓聚敛之臣，文帝最不会闻聚敛之臣，而景帝也不闻曾用过，直到武帝时才大用而特用，而《大学》也就大骂而特骂了。《大学》总不能先于秦，而汉初也直到武帝才大用聚敛之臣，如果《大学》是对时政而立论，那么，这篇书或者应该作于孔伋、桑弘羊登用之后，轮台下诏之前罢！

《大学》、《中庸》之为显学自宋始，仁宗始御书此两篇以赐新科状元王拱宸，十数年而程学兴，诚所谓利禄之途使然。在此一点，汉宋两代学问有何不同？（《中庸》古已显，惟未若宋后之超于经上，《大学》则自宋始显耳。）

《大戴记》 《大戴记》现存篇章不完，乾隆间儒者以《永乐大典》核之，稍有所得，而篇数的问题至今难决。现在抄录通行本的决叙如下面。

....

主立第三十九

哀公问五义第四十

哀公问于孔子第四十一

礼三本第四十二

....

礼察第四十六

夏小正第四十七

保傅第四十八

曾子立事第四十九

曾子本孝第五十

曾子立孝第五十一

曾子大孝第五十二

曾子事父母第五十三

曾子制言上第五十四

曾子制言中第五十五

曾子制言下第五十六

曾子疾病第五十七

曾子天圆第五十八

武王践阼第五十九

卫将军文子第六十

…………

五帝德第六十二

帝系第六十三

劝学第六十四

子张问入官第六十五

盛德第六十六

明堂第六十七

千乘第六十八

四代第六十九

虞戴德第七十

诰志第七十一

文王官人第七十二

诸侯迁庙第七十三

诸侯衅庙第七十四

小辩第七十五

用兵第七十六

小间第七十七

朝事第七十八

投壶第七十九

公府第八十

本命第八十一

易本命第八十二

按，此书之少独立性质，一校即见。《主言》与王肃《家语·王言》合，《哀公问五义》与《荀子·哀公篇》二节合，《哀公问于孔子》与《小戴记·哀公问》合，《礼三本》与《荀子·礼论》第二节合，《礼察初》同《小戴·经解》，后一部分与《汉书·贾谊传》合，《夏小正》在《隋书·经籍志》尚独立，《保

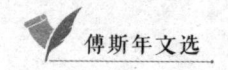

傅》则全是《贾谊传》语。《曾子立事》至《曾子天圆》，《汉志》别有《曾子》十八篇，王应麟、晁公武即以此十篇当之，不为无见。《武王践阼》纯是道家语（或亦一种之《佚周书》），《卫将军文子》则多同《仲尼弟子列传》，而太史公只云取《论语·弟子问》，不言取此。《五帝德帝系姓》则同于《史记·五帝本纪》，《劝学》则大同于《荀子》第一篇。《盛德》、《明堂》两篇为一为二，东汉许、郑已有争论。《千乘》、《四代》、《虞戴》、《德诰志》、《小辩》、《用兵》、《小间》七篇，王应麟据《三国·蜀志·秦宓传》裴注引刘向《七略》"孔子三见哀公，作《三朝记》七篇，今在《大戴礼》"之语，定为即《汉志》、《论语》类之《三朝记》。《迁庙》、《兴庙》两篇疑实一篇，其中一部同《小戴·杂记》；《朝事》多同《小戴·聘义》及《周礼·典命》、《大行人》、《小行人》、《司仪掌客》等，《投壶》合于《小戴记》。《公符》未有昭帝冠辞，《本命篇》中一节合于《小戴·丧服四制》。这样的凌迟看看与诸书合，很不像一个能在西汉时与《小戴记》有分家的资格的书。且一部独立的书，自己没有独立的性质，篇篇和别些书综错着相合，而自己反见出一个七拼八凑的状态来，殊不近于情理。所以我疑现存的《大戴记》是《礼记》盛行之后，欲自树立门户者，将故书杂记拼合起来，且求合于刘向、许、郑所论列，至《汉志》所举百三十篇以内，《小戴》四十九篇以外之所谓《大戴记》，其本来面目早已不见了。如果这个设想不错，则今本《大戴记》之原本，当是魏晋宋间人集史说子家而成之，若王肃《家语》，不过不必有王肃的那个反郑的作用罢了。后来又丧失数十篇，又将《夏小正》加入，并且和《隋志》也不合啦。所谓十三卷，无非凑合《隋志》所举之数（其实《隋志》中《夏小正》尚独立）。

我疑《礼记》自后苍、二戴后，四十九篇已成本书，此外篇章，原无定本，因传学之人之好尚而或增或减；文籍上初无所谓

《大戴》、《小戴》之分［大小戴书之分，疑在后（东汉），裴引《别录》恐非原文］。亦无所谓二戴、庆氏三家之别（虽并立学官，实无大异，他经今文分立同）。汉博士分立，每因解说之小不同，不尽由篇章之差异，书之有大、小夏侯，公羊之有严、颜，皆是也。《汉书》谓桥仁季卿为小戴学，刘向《别录》谓其传《礼记》四十九篇，《后汉书》则谓其从同郡戴德学，《后汉·曹褒传》，父充，传庆氏《礼》，"褒亦传《礼记》四十九篇，教授诸生千余人，庆氏学遂行于世"，是四十九篇三氏所共（今本《大戴》题九江太守戴德，是又弟冠兄戴矣）。自刘向、班固以来，引用《礼》篇，颇出今本大小戴《记》之外，篇名已有佚者，即篇名尚在引文却不见，是四十九篇之外随时有多出者，直到郑注始成画一。其引文篇名在，而文不在者，是今本四十九篇中与当时本有出入。《经典释文》引晋陈邵云，"马融、卢植考诸家同异，附戴圣篇章，去其繁重，及所叙略，而行于世，即今之《礼记》是也。郑玄亦依卢、马之本而注焉"。此语如实，则今传《礼记》之字句是马、卢、郑玄三家定本，而郑氏定本以前，三家分别之实，已无可尽考。郑君虽说："戴德传《礼》八十五篇，则《大戴礼》是也，戴圣传《礼》四十九篇，则此《礼记》是也。"但郑君所谓《大戴礼》是什么东西，殊不可考，亦不能断定其必尽在《汉志》百三十一篇之内。今本《大戴》可疑滋多，已如前一节所说，并非郑所谓者。

但假如我们以为"《大戴礼》是后来拼凑成的"之一说不差，我们却不能轻视这部材料书，其中诚保存不少古材料。读者试以《大戴礼》之文句与大体合于他书者，比较一下，或者可以看出先后杂糅、更改、删加等事来。欧洲人所发达之章句批评学（Text Criticism）实在是"手抄本校勘学"，由校勘而知其系统。乾嘉间儒者之校勘，精辟实过于欧洲，只因所据不过几个宋本，所参不过几部类书，及《永乐大典》，故成绩有时局促。王静安君据敦煌出土材料，成其考定《切韵》数抄本之善作，可以为模范者，也只是把不同的本子比一下子，因其不同，知其系统之别。如用这一法于《大戴礼记》，或者可得些新知识（即是以《大戴》为校书之用）。

《礼记》四十九篇中，无为古文学撑场面者，然除《王制》以外，亦无与古文学大冲突的话。这因为二戴、庆氏本是今文，又或者为古学之马、卢删其今文色彩之重者，故有现在不即不离的情形。

与《礼记》关系最多之子家，非《孟子》，实《荀子》。《荀子》大约是汉初年言学者所乐道，故文章重复至三百二十二篇（见刘向所叙），故研究《礼记》，非参考《荀子》不可。

《礼记》中《大学》、《中庸》、《乐记》、《经解》等篇，显然是西汉之文，重而不华，比而不艳，博厚而不清逸。系统多而分析少，入东汉后，文章不是这样子了。

《乐》

关于乐一艺之文学，《汉志·六艺略》著录百六十五篇，现在除《乐记》二十三篇外，皆知其佚。此处《乐记》二十三篇与现在《礼记》中《乐记》之关系如何，亦难定。现存材料不够我们作结论的。《乐》与文学出产之关系至大，而六经之《乐》与文学出产之关系乃至小，今故不论。

《易》

《易》和孔子没有关系，也和儒家没有关系。孔子晚而喜《易》韦编三绝之说，最早见于今本《史记》。《论语》上只有一句提到《易》的，即"加我数年，五十以学《易》，可以无大过矣"。然此易字在鲁《论》是亦字，从下文读，古《论》始改为易。古《论》向壁虚造，本不可信，那么，《论语》是不曾谈到易一字的，《孟子》、《荀子》都不引《周易》。《左氏》、《国语》所引《周易》并不与现存《周易》同（自然有同处）。且《易》本为卜筮之书，《史记》有明文，《史记·儒林传》叙，举孔子与《诗》、《书》、《礼》、《乐》、《春秋》五经之关系，无一字谈《周易》，《自叙》谓太史公学天官于唐都，受《易》于田何，习道论于黄子，也是把《易》与方术一齐看，疑《仲尼弟子列传》之谈《易》，皆后人所补（如刘歆一流人）。且《史记·五帝纪》无一语采《系辞》，《系辞》必非子长所见（一知百虑之言当据别文）。又《儒林传》云："鲁商瞿受《易》孔子，孔子卒，商瞿传《易》，六世至齐人田何，字子庄（此六世之传，《汉书·儒林传》与《史记·仲尼弟子传》不同），而汉兴。田何传东武人杨同子，仲子仲传菑川杨何。何以《易》，元光元年征官至大夫。"按，周敬王四十一年即鲁哀公十六年（西历前479）孔子卒，下至汉元光元年（西历前134）三百四十五年。八世传三百四十五年，必平均师年四十四，弟子始生，八代平均如此，天下无此事。且《史记》、《汉书》所记之传授，由鲁而江东，由江而燕，而东武，而齐，准以汉世传经之例，无此辗转之远，此为虚造之词无疑，《易》本愚人之术，孔子不信，孔子并祷亦不为，何况卜筮？《易》实是齐国阴阳家之学，与儒术本不相干，而性相反，自战国晚年，儒生术士不分，而《易》始成平学。

《易十翼》皆是汉时所著，即现存系词状态想亦非司马子长所及见，其他可知矣（子长虽引《易大传》然并未引伏羲等雅训之言，知所见不同今《系辞》也）。儒家受了阴阳化，而五经之外有《易》；阴阳家受了儒化，而《易》有《文言》、《系辞》。

《春秋》

孔子和《春秋》的关系之不易断，已如我们在论孔子时所说，现在我们只谈汉初年的《春秋》学。原来《春秋》是公羊所传，《春秋》即是《公羊》，《公羊》即是《春秋》。《穀梁》本有把《公羊》去泰去甚的痕迹，而《左氏》则是刘歆等把《国语》割裂了来作伪，此两节均待后来说。《公羊传》何时著于竹帛，《史记》、《汉书》俱无明文，后汉戴宏叙云（引见《公羊注疏何序》疏文）："子夏传与公羊高，高传与其子平，平传与其子地，地传与其子敢，敢传与其子寿。至汉景帝时，寿乃共弟子齐人胡毋子都著于竹帛。"现在《传》文全存；胡毋生《条例》，何休依之为《解诂》。但何去胡毋生三百年，此中《公羊》学之变化正不少，杂图谶尤者，故现在从《解诂》中分出胡毋生之《条例》来，也不容易。今抄《注疏》本卷第一于下，以见《公羊春秋》之义法及文辞。就释经而论，乃是望文生义，无孔不凿；就作用而论，乃是一部甚超越的政治哲学，支配汉世儒家思想无过此学者。

《隐公》

元年春王正月。传：元年者何？君之始年也。春者何？岁之始也。王者孰谓？谓文王也。曷为先言王而后言正月？王正月也。何言乎王正月？大一统也。公何以不言即位？成公意也。何成乎公之意？公将平国而反之桓。曷为反之桓？桓幼而贵，隐长而卑，其为尊卑也微，国人莫知；隐长又贤，诸大夫扳隐而立之，隐于是焉而辞立，则未知桓之将必得立也。且如桓立，则恐诸大夫之不能相幼君也，故凡隐之立为桓立也。隐长又贤，何以不宜立？立適以长不以贤，立子以贵不以长。桓何以贵？母贵也。母贵则子何以贵？子以母贵，母以子贵。

三月，公及邾娄仪父盟于昧。及者何？与也。会及暨皆与也，曷为或言会或言及或言暨？会犹最也，及犹汲汲也，暨犹暨暨也。及我欲之，暨不得已也。仪父者何？邾娄之君也。何以名？字也。曷为称字？褒之也。曷为褒之？为其与公盟也。与公盟者众矣，曷为独褒乎此？因其可褒而褒之。此其为可褒奈何？渐进也。昧者何？地期也。

夏五月，郑伯克段于鄢。克之者何？杀之也。杀之则曷为谓之克？大郑伯之恶也。曷为大郑伯之恶？母欲立之己杀之，如勿与而已矣。段者何？郑伯之弟也。何以不称弟？当国也。其地何？当国也。齐人杀无知何以不地？在内也；在内虽当国不地也，不当国虽在外亦不地也。

秋七月，天王使宰咺来归惠公仲子之赗。宰者何？官也。咺者何？名也。曷为以官氏？宰士也。惠公者何？隐之考也。仲子者何？桓之母也。何以不称夫人？桓未君也。赗者何？丧事有赗，赗者盖以马，以乘马束帛、车马曰赗，货财曰赙，衣被曰襚。桓未君则诸侯曷为来赗之？隐为桓立，故以桓母之丧告于诸侯。然则何言尔？成公意也。其言来何？不及事也。其言惠公仲子何？兼之，兼之非礼也。何以不言及仲子？仲子微也。

九月，及宋人盟于宿。孰及之？内之微者也。

冬十有二月，祭伯来。祭伯者何？天子之大夫也。何以不称使？奔也。奔则曷为不言奔？王者无外，言奔则有外之辞也。

公子益师卒。何以不日？远也。所见异辞，所闻异辞，所传闻异辞。

《春秋》本是一个"断烂朝报"，试将甲骨遗文以时次排列，恐怕很像《春秋》了。所以有《穀梁春秋》把《公羊》去泰去甚，尚可说是"尊修旧文而不穿凿"，《公羊》之例无一无破例者，董仲舒"为之词"曰《春秋》无常例，则实先本望文生义，后来必有不能合义之文，在断烂朝报本无所庸心，在释者却异常麻烦。董子

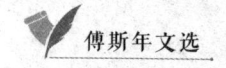

书号《春秋繁露》，引申经义之外，合以杂文，宋人已疑之，然非尽伪，合于公羊家言者甚多（参看《四库提要》）。兹于本篇之末附其元光元年对策以见董仲舒之学发于《公羊春秋》，一以《春秋》论时政。

《春秋繁露》一书既陵迟（《汉志》儒家有董仲舒百二十三篇），不引，引太史公举董仲舒论《春秋》语如下。

周道衰废，孔子为鲁司寇，诸侯害之，大夫壅之。孔子知言之不用，道之不行也，是非二百四十二年之中，以为天下仪表，贬天子，退诸侯，讨大夫，以达王事已矣。子曰："我欲载之空言，不如见之于行事之深切著明也。"夫《春秋》上明三王之道，下辨人事之纪，别嫌疑，明是非，定犹豫，善善恶恶，贤贤贱不肖，存亡国，继绝世，补敝起废，王道之大者也。《易》著天地阴阳四时五行，故长于变；《礼经》记人伦，故长于行；《书》记先王之事，故长于政；《诗》记山川溪谷，禽兽草木，牝牡雌雄，故长于风；《乐》乐所以立，故长于和；《春秋》辨是非，故长于治人。是故《礼》以节人，《乐》以发和，《书》以道事，《诗》以达意，《易》以道化，《春秋》以道义；拨乱世反之正，莫近于《春秋》。《春秋》文成数万，其旨数千；万物之散聚皆在《春秋》。《春秋》之中，弑君三十六，亡国五十二，诸侯奔走不得保以社稷者，不可胜数，察其所以，皆失其本已。故《易》曰："失之毫厘，差以千里。"故曰："臣弑君，子弑父，非一旦一夕之故也，其渐久矣。"故有国者不可以不知《春秋》，前有谗而不见，后有贼而不知。为人臣者不可以不知《春秋》，守经事而不知其宜，遭变事而不知其权。为人君父而不通于《春秋》之义者，必蒙首恶之名，为人臣子而不通于《春秋》之义者，必陷篡弑之诛，死罪之名。其实皆以为善为之不知其义，被之空言而不敢辞。夫不通礼义之旨，至于君不君，臣不臣，父不父，子不子。夫君不君则犯，臣不臣则诛，父不父则无道，子不子则不孝，此四行者天下之大过也。以天下之大过，予之，则受而弗敢辞，故《春秋》者，礼义之大宗也。夫礼禁未然之前，法施已然之后，法之所为用者易见，而礼之所为禁者难知。

《公羊春秋》与《齐诗》有同样的气炎，"泱泱乎大国之风"，《公羊传》、《春秋繁露》，都无鲁儒生沾沾的气象。

《论语》、《孝经》

今本《论语》是郑本，幸有《经典释文》存若干条"鲁"、"古"之异。《论语》自是曾子后著于竹帛的，大体上与汉无涉，然"行夏之时，乘殷之辂，服周之冕，乐则韶舞"，纯是汉初儒者正朔服色之思想，至早不能过于战国晚年，而"凤鸟不至，河不出图，吾已矣夫"，竟是谶纬的话了。《乡党》一篇，也有可疑处。汉兴，传《论语》有两家，《汉志》说："传齐《论》者，昌邑中尉少府家畸、御史大夫贡禹、尚书令五鹿充宗、胶东庸生、唯王阳各家。传鲁《论语》者，常山都尉龚奋、长信少府夏侯胜、丞相韦贤、鲁扶卿、前将军萧望之、安昌侯张禹，皆名家。张氏最后，而行于世。"

《孝经》当是如《礼记》者诸篇之一，所以后苍亦传之，后来为人称为《孝经》，以配六艺。所说纯是汉朝的话，如德教加于百姓，刑于四海之天子，只有秦汉皇帝如此，自孔子至战国末，无此天子。训诸侯以"在上不骄，高而不危，制节谨度，满而不溢。

高而不危，所以长守贵也，满而不溢，所以长守富也。富贵不离其身，然后保其社稷，而和其人民"。又申之以"战战兢兢，如临深渊，如履薄冰"。这哪里是对春秋战国诸侯的话，汉家诸侯王常常坐罪国除，所以才说得上在上不骄，制节谨度，保其社稷，战战兢兢。然而刘歆时代《孝经》也有了古文，则古文之古可知了。

综合上面所论汉武帝前之六经，可见当时儒学实是齐鲁两学之合并，合并后互相为国，然仍各有不同处。齐放肆而鲁拘谨，齐大言而鲁永言（荀卿游学于齐，故荀卿亦非纯然三晋学者）。又汉初五经之学，几乎无不杂五行阴阳者，而以齐国诸学为尤甚。原五行之说本始于齐（见《孟子荀卿列传》）。而荀卿之以责子思、孟轲，当是风开得不合事实（言五行者托于《孟子》）。汉初，黄老刑名亦为五行所化，武帝时号称宗儒术而绌百家，实则以阴阳统一切之学而已。制礼乐的世宗，并不如封建的世宗之重要。

又汉初儒者实在太陋了，不识字（如书"文王"之成"宁王"），不通故，承受许多战国遗说，而实不知周时之典（如太史公《周本纪赞》之言，汉学者竟分不清楚宗周与成周），其有反动固宜。

汉初儒学的中心人物是孔子，《诗》、《书》、《礼》、《乐》本是孔子时代士人之通学，《春秋》尚不闻，《易》尤后出。孔子与文艺关系，实不如汉初儒者所说之甚。大约《诗》、《书》、《礼》、《乐》、《春秋》是鲁学，儒家是在鲁地，故孔子与鲁成儒家之中心，今虽不及见汉初六经面目，但六经实是汉初定本。直到宋人才有了考证的工夫，亦能发达古器物学，以证实在，后人反以理学为宋学（其实清朝所谓理学是明朝的官学，即"大全"之学），以宋学（考定文籍，辨章器物，皆宋人造成之学）为汉学，直使人有"觚不觚"之叹。现在括之曰，儒是鲁学，经是汉定，理学是明官学，考定是宋学。

现在把《史记·儒林列传》抄在下面，并附带解释数处可疑的地方。

儒 林

太史公曰：余读功令，至于广厉学官之路，未尝不废书而叹也。曰，嗟乎！夫周室衰而《关雎》作，幽厉微而礼乐坏，诸侯恣行，政由强国，故孔子闵王路废而邪道兴，于是论次《诗》、《书》，修起礼乐，适齐闻《韶》，三月不知肉味，自卫返鲁，然后乐正，《雅》、《颂》各得其所（按此处独不举《易》，可知太史公并未见，"加我数年，五十以学《易》"之改文，世家所云，后人窜入无疑也），世以混浊莫能用，是以仲尼干七十余君无所遇，曰，苟有用我者，期月而已矣。西狩获麟，曰，吾道穷矣。故因史记作《春秋》，以当王法，其辞微而指博，后世学者多录焉（持以上之语与《汉书·儒林传》叙比，则知此是汉武时儒者所释孔子与六经之关系，彼是古文学盛行后之说也）。自孔子卒后七十子之徒散游诸侯，大者为师傅卿相，小者友教士大夫，或隐而不见，故子路居卫，子张居陈，澹台子羽居楚，子夏居西河，子贡终于齐，如田子方、段干木、吴起、禽滑厘之属，皆受业于子夏之伦，为王者师。是时独魏文侯好学，后陵迟，以至于始皇（以至于始皇五字衍文也），天下并争于战国，儒术既绌焉，然齐鲁之间，学者独不废也。于威宣之际，孟子荀卿之列，咸遵夫子之业而润色之，以学显于当世。及至秦之季世，焚《诗》、《书》，坑术士（坑术士而谓之坑儒，可知当时术士即儒也。参见《始皇纪》扶苏谏语），六艺从此缺焉（此句当是后来文家所改无疑。《新学伪经考》卷一辨之已详）。陈涉之王也，而鲁诸儒持孔氏之礼器往归陈王，于是孔甲为陈涉博士，卒与涉俱死。陈涉起匹夫，驱瓦合适戍，旬月以王楚，不满半岁竟灭亡，其事至微浅，然而缙绅先生之徒，负孔子礼器，往

263

委质为臣者，何也？以秦焚其业，积怨而发愤于陈王也。及高皇帝诛项籍，举兵围鲁，鲁中诸儒尚讲诵习礼乐，弦歌之音不绝，岂非圣人之遗化，好礼乐之国哉！故孔子在陈，曰，归与归与！吾党之小子狂简，斐然成章，不知所以裁之。夫齐鲁之间于文学，自古以来，其天性也。故汉兴，然后诸儒始得修其经艺，讲习大射乡饮之礼。叔孙通作汉礼仪，因为太常，诸生弟子共定者咸为选首，于是喟然叹兴于学。然尚有干戈，平定四海，亦未暇遑庠序之事也。孝惠吕后时，公卿皆武力有功之臣。孝文时颇征用，然孝文帝本好刑名之言。及至孝景，不任儒者，而窦太后又好黄老之术，故诸博士具官待问，未有进者。及今上即位，赵绾、王臧之属明儒学，而上亦乡之，于是招方正贤良文学之士，自是之后，言《诗》于鲁则申培公，于齐则辕固生，于燕则韩太傅；言《尚书》自济南伏生；言《礼》自鲁高堂生；言《易》自菑川田生；言《春秋》于齐鲁自胡毋生，于赵自董仲舒。及窦太后崩，武安侯田蚡为丞相，绌黄老刑名百家之言，延文学儒者数百人，而公孙弘以《春秋》白衣为天子三公，封以平津侯，天下之学士靡然乡风矣。公孙弘为学官，悼道之郁滞，乃请曰，丞相御史言，制曰，盖闻导民以礼，风之以乐。婚姻者居室之大伦也，今礼废乐崩，朕甚愍焉，故详延天下方正博闻之士，咸登诸朝，其令礼官劝学，讲议洽闻兴礼，以为天下先，太常议，与博士弟子，崇乡里之化，以广贤材焉。谨与太常臧博士平等议曰，闻三代之道，乡里有教，夏曰校，殷曰序，周曰庠。其劝善也，显之朝廷；其惩恶也，加之刑罚。故教化之行也，建首善自京师始，由内及外。今陛下昭至德，开大明，配天地，本人伦，劝学修礼，崇化厉贤，以风四方，太平之原也。古者政教未洽，不备其礼，请因旧官而兴焉。为博士官置弟子五十人，复其身。太常择民年十八已上，仪状端正者，补博士弟子。郡国县道邑有好文学，敬长上，肃政教，顺乡里，出入不悖所闻者，令相长丞上所二千石，二千石谨察可者，当与计偕，诣太常，得受业如弟子。一岁，皆辄试，能通一艺以上，补文学掌故缺；其高第可以为郎中者，太常籍奏。即有秀才异等，辄以名闻，其不事学若下材及不能通一艺，辄罢之，而请诸不称者罚。臣谨案，诏书律令下者，明天人分际，通古今之义，文章尔雅，训辞深厚，恩施甚美，小吏浅闻，不能究宣，无以明布谕下，治礼次，治掌故，以文学礼义为官，迁留滞，请选择其秩比二百石以上，及吏百石通一艺以上。补左右内史，太行卒史，比百石已下，补郡太守卒史，皆各二人，边郡一人，先用诵多者，若不足，乃择掌故补中二千石属，文学掌故补郡属备员。请著功令，佗如律令。制曰：可。自此以来，则公卿大夫士吏斌斌多文学之士矣。申公者，鲁人也，高祖过鲁，申公以弟子从师入见高祖于鲁南宫。吕太后时，申公游学长安，与刘郢同师。已而郢为楚王，令申公傅其太子戊，戊不好学，疾申公。及王郢卒，戊立为楚王，胥靡申公，申公耻之，归鲁，退居家教，终身不出门，复谢绝宾客，独王命召之乃往。弟子自远方至受业者百余人，申公独以《诗经》为训以教，无传疑，疑者则阙不传（此句重复，疑此句是释上文"无传疑"之注，传抄羼入耳）。兰陵王臧既受《诗》，以事孝景帝，为太子少傅，免去。今上初即位，臧乃上书宿卫，上累迁，一岁中为郎中令。及代赵绾，亦尝受诗申公，绾为御史大夫，绾臧请天子欲立明堂，以朝诸侯，不能就其事，乃言师申公，于是天子使使束帛加璧，安车驷马，迎申公，弟子二人乘轺传从。至，见天子，天子问治乱之事，申公时已八十余，老，对曰，为治者不在多言，顾力行何如耳。是时天子方好文辞，见申公对，默然；然已招致，则以为太中大夫，舍鲁邸，议明堂事。太皇窦太后好老子言，不说儒术，得赵绾、王臧之过，以让上，上因废明堂事，尽下赵绾、王臧吏，后皆自杀。申公亦疾免以归（此是汉武帝初年一大事，黄老对儒术最后之奋斗也）。数年卒。弟子为博士者十余人，孔安国至临淮太守，周霸至胶西内史，夏宽至城阳内史，砀鲁赐至东海太守，兰陵缪生至长沙内史，徐偃为胶西中尉，邹人阙门庆忌为胶东内史，其治官民皆有廉节，称其好学。学官弟子行虽不备，而至于大夫郎中掌故，以百数。言《诗》虽殊，多本于申公。清河王太傅辕固生者，齐人也，以治《诗》，孝景时为博士，与黄生争论景帝前。黄生曰，汤武非受命，乃弑也。辕固生曰，不然，夫桀纣虐乱，天下之心皆归汤武，汤武与天下之心而诛桀纣，桀纣之民不为之使而归汤武，汤武不而得已立，非受命为何？黄生曰，冠虽敝，必加于首，履虽新，必关于足，何者？上下之分也。今桀纣虽失道，然君上也；汤武虽圣，臣下也。夫主有失行，臣下不能正言匡过以尊天子，反因过而诛之，代立践南面，非弑而何也？辕固生曰，必若所云，是高帝代秦即天子之位非邪？于是景帝曰，食肉不食马肝，不为不知味；言学者无言汤武受命，不为愚。遂罢。是后学者，莫敢明受命放杀者。窦太后好老子书，召辕固生问老子书，固曰，此是家人言耳。太后怒曰，安得司空城旦书乎！乃使固入圈刺豕，景帝知太后怒，而固直言无罪，乃假固利兵，下圈刺豕，正中其心，一刺，豕应手而倒。太后默然，无以复罪，罢之。居顷之，景帝以固为廉直，拜为清河王太傅，久之，病免。今上初即位，复以贤良征固，诸谀儒多疾毁固，曰，固老。罢归之。时固已九十余矣。固之征也，薛人公孙弘亦征，侧目而视固，固曰，公孙子务正学以言，无曲学以阿世！自是之后，齐言《诗》皆本辕固生也。诸齐人以《诗》显贵，皆固之弟子也。韩生者，燕人也，孝文帝时博士，景帝时为常山王太傅。韩生推《诗》之意，而为内、外《传》数万言，其语颇与齐鲁间殊，然其归一也。淮南贲生受之，自是之后，而燕赵间言《诗》者由韩生。孙商为今上博士。伏生者济南人也，故为秦博士，孝文帝时，欲求能治《尚书》者，天下无有，乃闻伏生能治，欲召之。是时伏生年九十余，老，不能行，于是乃诏太常，使掌故朝错往受之。秦时焚书，伏生壁藏之，其后兵大起，流亡。汉定，伏生求其书，亡数十篇，独得二十九篇，即以教于齐鲁之间，学者由是颇能言《尚书》，诸山东大师无不涉《尚书》以教矣。［以上大节，自相矛盾。亡数十篇一说，乃古文说，武帝时儒者以伏生书全，故有二十八宿以拱北辰（《大誓》）之论。且伏生既以书教于齐鲁之间，奈何又云文帝求治《尚书》者，天下无有？秦焚书，非焚官书，伏生为秦博士，无庸因壁藏而亡数十篇。此段是后来古文学者大改而成，以失其本来面目者也。］伏生教济南张生及欧阳生，欧阳生教千乘兒宽，兒宽既通《尚书》，以文学应郡举，诣博士受业，受业孔安国（此五字使上下文不接，其窜入之迹甚显也）。兒宽贫无资用，常为弟子都养，及时时间行佣赁以给衣食，行常带经，止息则诵习之，以试第次补廷尉史。是时张汤方乡学，以为奏谳掾，以古法议决疑大狱，而爱幸宽。宽为人温良，有廉智自持，而善著书书奏，敏于文，口不能发明也。汤以为长者，数称誉之。及汤为御史大夫，以兒宽为掾，荐之天子，天子见问，说之。张汤死后六年，兒宽位至御史大夫，九年而以官卒。宽在三公位，以和良承意，从容得久，然无有所匡谏于官，官属易之，不为尽力。张生亦为博士，而伏生孙以治《尚书》征，不能明也。自此之后，鲁周霸、孔安国、雒阳贾嘉，颇能言《尚书》事，孔氏有《古文尚书》，而安国以今文读之，因以起其家，逸《书》得十余篇，盖《尚书》滋多于是矣（自"自此以后……"至"……滋多于是矣"，全是古文学者所加。既云兒宽受业孔安国。又云兒宽后鲁周霸、孔安国颇能言《尚书》事，自相矛盾至此，且安国是受鲁《诗》者，又早卒，《史记》有明文。安国与《书》关系，与鲁共王、河间献王同是向壁虚造之谈也。康有为、崔适诸君辩之详，兹不述）。诸学者多言礼，而鲁高堂生最本。礼固自孔子时，而其经不具，及至秦焚书，书散亡益多，于今独有《士礼》（此节亦古文家言，汉初年儒者固不承认其独传《士礼》，且叔孙通等，率鲁诸生所为，何尝是士礼？恐高堂生一节，多改删），高堂生能言之。而鲁徐生善为容，孝文帝时，徐生以容为礼官大夫，传子至孙徐延、徐襄，襄其天资善为容，不能通礼经；延颇能，未善也。襄以容为汉礼官大夫，至广陵内史。延及徐氏弟子公户满意、桓生、单次皆尝为汉礼官大夫，而瑕丘萧奋以《礼》为淮阳太守。是后能言《礼》为容者，由徐氏焉。自鲁商瞿受《易》孔子，孔子卒，商瞿传《易》，六世至齐人田何字子庄，而汉兴，田河传东武人王同子仲，子仲传菑川人杨何，何以《易》元光元年征，官至中大夫。齐人即墨成以《易》至城阳相，广川人孟但以《易》为太子门大夫，鲁人周霸，莒人衡胡，临菑人主父偃皆以《易》至二千石，然要言《易》者本于杨何之家。董仲舒，广川人也，以治《春秋》，孝景时为博士，下帷讲诵，弟子传以久，次相受业，或莫见其面，盖三年董仲舒不观于舍园，其精如此。进退容止，非礼不行，学士皆师尊之。今上即位，为江都相，以《春秋》灾异之变，推阴阳所以错行，故求雨闭诸阳纵诸阴，其止雨反是，行之一国，未尝不得其所欲。中废为中大夫，居舍，著灾异之记。是时辽东高庙灾，主父偃疾之，取其书奏之天子，天子召诸生示其书，有刺讥，董仲舒弟子吕步舒不知其师书，以为下愚，于是下董仲舒吏，当死，诏赦之，于是董仲舒竟不敢复言灾异。董仲舒为人廉直，是时方外攘四夷，公孙弘治《春秋》不如董仲舒，而弘希世用事，位至公卿，董仲舒以弘为从谀，弘疾之，乃言上曰，独董仲舒可使相胶西王，胶西王素闻董仲舒有行，亦善待之。董仲舒恐久获罪，疾免居家，至卒，终不治产业，以修学著书为事，故汉兴至于五世之间，董仲舒名为明于《春秋》，其传公羊氏也（此六字为下文穀梁张本，太史公只见一种《春秋》，则不知有公羊、穀梁之别也）。胡毋生，齐人也，孝景时为博士，以老归教授，齐之言《春秋》者，多受胡毋生，公孙弘亦颇受焉（按胡毋生一节，三十五字应在董仲舒前，上文"惟董仲舒名为明于《春秋》"，应直接下文，"仲舒弟子遂者……"其"瑕丘江生为《穀梁春秋》"至"卒用董仲舒"二十五字，是为穀梁学者所加入）。瑕丘江生为《穀梁春秋》。自公孙弘得用，尝集比其义，卒用董仲舒。仲舒弟子遂者，兰陵褚大，广川殷忠，温吕步舒。褚大至梁相，步舒至长史，持节使决淮南狱，于诸侯擅专断不报，以《春秋》之义正之，天子皆以为是。弟子通者至于命大夫，为郎谒者掌故者以百数。而董仲舒子及孙皆以学至大官（自"而董仲舒"下十三字为后人所补，太史公

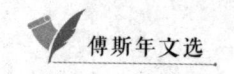

固不及见此也）。

平津丞相的事，关系汉世儒学成为正统者最大，且平津的行品恰是古往今来以《诗》、《书》用世者之代表，而主父偃事既见一种齐人儒学之趋向，又和平津侯传相关连，所以都抄在下面。西汉时齐多相而鲁多师，齐鲁从学的风气固不同。齐士好政治，好阴阳，鲁士谈《诗》、《礼》尚谨。齐人致用而用每随俗，不随俗者每每任才使气，故进而失德则如平津之曲学阿世，退而守德，亦有辕固之面折大君。而申公行事立言，乃真鲁生之情况。大约纯正的儒家，本不能为政治，所以历来所谓"儒相"每每偷偷的用申韩黄老之术，而儒家的修行，亦每每流为形式。虽日日言仁义而曲学阿世者，无时不辈出，观于汉时儒家之毕竟不能致汉于郅治，则儒家效用之局促可知也。

附
《史记·平津侯主父偃列传》[1]
董仲舒《元年举贤良对策》[2]

---

[1] 原注曰"文繁不及抄录"。
[2] 原编者按曰"文繁未录"。

五言诗之起源

四言诗起源之踪迹可以追寻者甚微，因《诗经》以前没有关于韵文的记载遗留及我们，而四言到了西周晚年，体制已经很完整了。五言在这一节上的情形稍好些，因五言起在汉时，我们得见的记载多了。七言更后，所以他的起源更可以看得显明些。至于词和曲的起源，可以有很细密的研究，其中有些调儿也许是受外国乐及乐歌的影响，有些名字先已引人这么想的，如菩萨曼、甘州乐之类；不过这一类的工作现还未开始。作这种研究也不容易。将来却一定有很多知识得到的（中国文学研究中许地山君《论中国歌剧与梵乐关系》一文，即示人此等问题所在，甚值得一看）。这本来是文学史上最重要的问题，只可惜现在研究词曲及他样韵文体裁的人没有注意到这些上。

我们于论五言诗起源之前，先辨明两种传说之不当。

一 论五言不起于枚乘

辨这些问题应以下列四书作参考，一《文心雕龙》，二《诗品》，三《文选》，四《玉台新咏》（《文章缘起》题任昉撰，然实后人书也，故不举列）。

《文心雕龙》云：

汉初四言，韦孟首唱，匡谏之义，继轨周人，孝武爱文,柏梁列韵(按:《柏梁》亦伪诗,亭林以来辨之详矣)。严、马之徒,属辞无方。至成帝品录三百余篇,朝章国采,亦云周备,而辞人遗翰,莫见五言。所以李陵、班婕妤见疑于后代也。

《诗品》云:

逮汉李陵,始著五言之目矣。古诗眇邈,人世难详,推其文体,固是炎汉之制,非衰周之倡也。自王、杨、枚、马之徒,辞赋竞爽,而吟咏靡闻。从李都尉迄班婕妤,将百年间。有妇人焉,一人而已。

《文选》尚无所谓枚乘诗,只有苏武、李陵诗,《玉台新咏》所加之枚乘者,《文选》列入无名氏古诗中。《玉台新咏》除《结发为夫妇》一首与《文选》一样归之苏属国外,所谓李陵诗不见,所谓李陵诗在性质上固然不属《玉台新咏》一格。

比核上列的四说,显然可见五言诗起于枚乘之说实在作俑于徐陵或他同时的人。昭明太子于孝穆为前辈,尚不取此说。自《文心雕龙》明言,"至成帝品录三百余篇",辞人"莫见五言";枚为辞人(即赋家),是枚乘作五言一说,齐人刘彦和尚不闻不见(彦和实齐人,卒于梁代耳)。而钟君《诗品》又明明说枚与他人仅"辞赋竞爽而吟咏靡闻"。徐陵去枚时已七百年,断无七百年间不谈不闻的事,乃七百年后反而为人知道的(若以充分的材料作考证,乃另是一回事)。且直到齐梁尚无枚乘作诗之说,《雕龙》、《诗品》可以为证,是此说不特于事实无当,又且是一个很后之说。这一说本不够成一个严重的问题,我们不必多辩了。

二　论五言诗不起于李陵

比上一说历史较长根据较多的，是李陵创五言之一说。这一说始于甚么时代，我们也很难考，不过班孟坚作《汉书》，大家补成的时候，还没有这一说（可看《李陵传》）。建安黄初时代有没有这一说我们也没有记载可考，而齐梁间人对这还是将信将疑的。所以刘彦和说"李陵、班婕妤见疑于后代"。

我们不信五言起于李陵一说有好几层理由。（一）《汉书》记载苏、李事甚详，独无李陵制五言诗一说，在别处也无五言诗起源之记载。（二）自李陵至东汉中世，时将二百年，为人指为曾作五言者，只有苏武、李陵、班婕妤、傅毅数人，直到汉末然后一时大兴，如五言已始于李都尉，则建安以前，苏、李以后，不应那样零落。（三）现存五言乐府古诗无丝毫为西汉之痕迹，而"游戏宛与落"为人指为枚乘作者，明明是东京（玉衡指孟冬一句，为人指为西汉之口实，其实此种指证，与法国海军官兵某以"日中星火"证《尧典》为真，同一荒唐）。（四）汉武昭宣时，楚调余声未沫，此种绝整齐之五言体恐未能成熟产生。（五）最有力之反证，即《汉书》实载李陵别苏武歌，仍是楚节，而非五言。（六）试取《文选》所指为苏、李赠答诗者一看，皆是别妻之调，无一句与苏、李情景合。如"俯视江汉流"明明不是塞北的话。

不过李都尉成了五言诗的创作者一个传说也有他由来的道理。鸣沙山石室发见文卷中就存巴黎之一部分而论，什七八为佛经及其他外国文籍，中国自著文籍不过什之一，而其中已有关于苏、李故事者四五篇（记忆如此，不获据目录校之），可见李陵的故事在唐五代还是在民间很流行的。现在虽然这李陵的传说在民间已死了。而京调中的"杨老令公碰死在李陵碑"一切层次，尚且和李陵一生的关节相合，若杨四郎"在北国招了驸马"等，又很像李陵，大约这个杨家故事，即是李家故事到了宋后改名换姓的（一种故事的

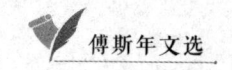

这样变法甚常见）。李陵故事流传之长久及普遍，至今可以想见，而就这物事为题目的文学出产品，当然不少的（一个民间故事，即是一个民间文学出产品）。即如苏、李往来书，敦煌石室出了好几首，其中有一个苏武是大骂李陵（已是故事的伦理化）。有一条骂他智不如孙权。这样的文章自然不是萧统及他的参订学士大夫所取的，所以《文选》里仅仅有"子卿足下勤宣令德……"一文。这篇文极多的人爱他，却只有几个人说他，也许是李陵作的。大约自汉以及六朝，民间传说李陵、苏武的故事时，有些歌调，咏叙这事，如秦罗敷；有些话言，作为由他自己出，如秦嘉妇。汉末乐府属于相和清商等者，本来多这样，所以当时必有很多李陵的诗，苏武的诗，如平话中的"有诗为证"。《水浒传》中（原来也只是一种平话）宋江的题诗，宣和遗事的宋太宗诗，一个道理。如果这段故事敷衍得长了，也许吸收若干当时民间的歌调，而成一段一段的状态，所以无名氏的别妻诗成了苏武的别妻诗。这些诗靠这借用的故事流传，后来的学士们爱他，遂又从故事中抽出，而真个成了苏武的诗。此外很显出故事性质的苏李诗，因为文采不艳，只在民间流行，久而丧失。原来古代的文人学士本不了解民间故事及歌曲的性质，看见李陵故事里有作为李陵口气的五言诗，遂以为李陵作五言诗；但最初也只是将信将疑，后来传久了，然后增加了这一说的威权。

　　何以李陵故事这样流行，也有一层道理，即李陵的一生纵使不加文饰也是一段可泣可咏的事实。李氏本是陇西士族，当时士大夫之望，不幸李广那样"数奇"，以不愿对簿而自杀。李陵少年又为甚多人器许，武帝爱他，司马迁那样称赞他："事亲孝，与士信，恭俭下人，常思奋不顾身，以赴国家之急。"在当时的士人看去，李陵比当时由佞幸倡优出身的大将，如卫青、霍去病、李广利，不可同年语的。偏偏遭际那样不巧，至于"陇西士大夫以李氏为愧"。而李降虏后，还是一个有声色有意气的人。有这样的情形，自然可以成一种故事的题目。苏属国是个完节的人，是个坚忍而无甚声彩的人，拿他和李君亲起来，尤其使这故事有声色。天然造成的一个故事资料，所以便如此成就了。

东汉的故事现在只可于枝枝节节的遗文之中认识他的题目，如杞梁妻（《饮马长城窟行》属之）、秦罗敷（秋胡是其变说。秦嘉故事或亦是其中一节，将秦嘉为男子，遂为秦妇造徐淑之名）、李陵苏武、赵飞燕（班婕妤故事大约附在内）、王昭君等，多半有歌词传到现在。其中必有若干的好文学，可惜现在不见了。

三　论五言不起一人

然则五言是谁创的？曰，这个问题不应这样说法，某一人创造某一体一种话，都由于以前人不明白文体是一种的有机体，自然生成，以渐生成，不是凭空创造的，然后说出。诚然，古来文人卖弄字句的体裁，如"连珠"，最近代印刷术大发达后的出版界中文体，如"自由诗"，都可由一个文人创造，但这样的事都是以不能通行于一般社会的体裁为限，都不能成文学上的一个大风气（即使有人凭空创了，到底不能缘势通行）。所有文学史上的大体裁，并不以中国为限，都是民众经过若干时期造成的，在散文尚且如此（中国近代之白话小说出于平话，《水浒传奇》等，尚经数百年在民众中之变迁而成今体，西洋之Romance字义先带地方人民性，不待说，即novel，渊源上亦经若干世之演化，流变上亦经若干人之修改，然后成近体也）。何况韵文，何况凭传于民间歌乐的诗？所以五言、七言、词等，其来都很渐，都是在历史上先露若干端绪，慢慢的一步一步出现，从没有忽然一下子出来，前无渊源，顿成大体的。果然有人问五言是何时何人创的，我们只好回答他，五言是汉朝的民间出产品，若干时代渐渐成就的出产品。

五言在汉时慢慢出来有痕迹可见吗？曰：现在可见的西汉歌词中（可靠的书籍所记载，并可确知其为西汉者）没有一篇完全五言

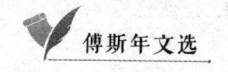

的，只存下列三诗有一个向五言演化的趋势。

一、《戚夫人歌》（见《汉书·外戚传》）

子为王，母为虏。终日舂薄暮，常与死为伍。相离三千里，当谁使告女。

（三、三、五、五、五、五）

二、《李延年歌》（见《汉书·外戚传》）

北方有佳人，绝世而独立。一顾倾人城，再顾倾人国。宁不知倾城与倾国，佳人难再得！

（五、五、五、五、八、五）

（《玉台新咏》已将第五句改成五言，遂为一完全五言诗矣）。

三、《杨恽歌》（见《汉书·杨恽传》）

田彼南山，芜秽不治。种一顷豆，化而为萁。人生行乐耳，须富贵几时？

（四、四、四、四、五、五）

这三篇都不是楚调。戚姬，定陶人；定陶属济阴郡，济阴地在战国末虽邻于楚之北疆，然楚文化当不及此。李延年，中山人。杨恽则明言"家本秦也，能为秦声；妇赵女也，雅善鼓瑟"。故他这歌非秦即赵。我们不能断定西汉时没有一篇整齐的五言诗（《困学纪闻》所引《虞姬歌》自不可据）。但若果多了，当不至于一首不遗留到现在，只见这三首有五言的趋向之诗。那么，五言在西汉只有含蓄在非楚调的杂言中，逐渐有就整齐成五言的趋向，纵使这一类之中偶然有全篇的五言，在当时人也不至于注意到，另为他标一格。大凡一种文体出来，必须时期成熟，《诗经》中虽有"子兮子兮"一流的话，《论语》中的"凤兮凤兮"一歌，也还近于《诗经》远于《楚辞》，直到《孟子》书中引的《沧浪之歌》，才像《楚辞》，所以《九辩》、《九章》的体裁，总不能是战国中期以前的物事，西汉时楚调盛行，高帝武帝都提倡他所以房中之乐（如《安世房中歌》），乃至《郊祀之歌》（说详后），都是盛行楚声的。赋又是楚声之扩张体，如果歌乐的权柄在司马相如、枚皋一般人手里（见《史记》、《汉书》数处），则含蓄在非楚调的杂言诗中之五言，没有发展的机会。一种普行的文体乃是时代环境之所形成，楚调不衰五言不盛。

我们宜注意下列几件事

一、中国一切诗体皆从乐府出，词曲本是乐府，不必论；《诗三百》与乐之关系成说甚多，也不烦证明；只论辞赋，五言，七言，无不从乐府出来。《汉志》于《辞赋略》中标举"不歌而诵谓之赋"一句话，这话说司马相如是对的，说屈原是错的，举一事为证，屈赋每每有乱，《论语》"《师挚》之始，《关雎》之乱，洋洋乎盈耳哉"。有乱的文辞不是乐章是什么？赋体后来愈演愈铺张多，节奏少，乃至于不可歌罢了。七言从汉魏乐府中出来的痕迹更显明（后来再论），五言则除见于东汉乐府者不待说外，所谓古诗，苏、李诗，非相和之词，即清商之祖；后来到曹操所作，还都是乐府，子建的五言也大半是乐府。填词作诗不为歌唱，乃纯是后人的事，古世文人的范域与一般之差别不如后世之大，作诗而不歌，又为什么？所以杜工部还在那里"新诗改罢自长吟"，近代人才按谱填词，毕竟不歌哩（词律之规平仄，辨清浊阴阳，皆为歌时之流畅而起，既不歌矣，而按谱填，真成雕虫之技，不复属于文章之事，无谓甚矣）。

二、中国一切诗歌之原皆是长短句，词曲不必论，四言在《诗经》中始终未整齐，到了汉朝人做那时的"古体诗"（如韦、孟等及自四言诗出之箴铭等）。才成整齐的四言，七言五言从杂言的汉乐府出之痕迹亦可见。

三、从非楚调的杂言中出来了五言，必是当时的乐节上先有此趋势，然后歌调跟着同方向的走，这宗凭传于音乐的诗歌，情

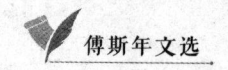

趣虽然属于文学，体裁都是依傍乐章，他难得先音乐而变。可惜汉代乐调一无可考，我们遂不能详看五言如何从杂言乐府出一个重要事实。

《楚辞》不续《诗经》之体及乐，《楚辞》在文情上也断然和《诗经》不同，五言不续《楚辞》之体及乐，五言在文情上也断然和《楚辞》不同。《国风》、《小雅》中的情感在东汉五言诗中重新出现了（应取《古诗十九首》、苏李诗、五言乐府等与《国风》、《小雅》较）。

论五言乐府者见"汉乐府"节，论汉季五言诗者，见"建安五言诗"节。

附　录

《古诗十九首》

苏李诗

拟苏李诗

《玉台新咏》卷一

《乐府诗集》宜为必论之书